CAPITAL NATURAL

Como as empresas e a sociedade podem
prosperar ao investir no meio ambiente

MARK R. TERCEK e JONATHAN S. ADAMS

CAPITAL NATURAL

Como as empresas e a sociedade podem
prosperar ao investir no meio ambiente

Tradução de
Vera Caputo

Copyright © 2013 The Nature Conservancy
Copyright da tradução © 2014 Alaúde Editorial Ltda.
Título original: *Nature's Fortune – How Business and Society Thrive by Investing in Nature*

Todos os direitos reservados. Nenhuma parte desta edição pode ser utilizada ou reproduzida – em qualquer meio ou forma, seja mecânico ou eletrônico –, nem apropriada ou estocada em sistema de banco de dados sem a expressa autorização da editora.

O texto deste livro foi fixado conforme o acordo ortográfico vigente no Brasil desde 1º de janeiro de 2009.

PREPARAÇÃO Cacilda Guerra
REVISÃO Mariana Zanini e Rosi Ribeiro Melo
CONSULTORIA TÉCNICA The Nature Conservancy
CAPA E PROJETO GRÁFICO Rodrigo Frazão
IMAGEM DE CAPA ©Kalenik Hanna | Shutterstock.com
IMPRESSÃO E ACABAMENTO EGB – Editora Gráfica Bernardi Ltda.

1ª edição, 2014
Impresso no Brasil

Dados Internacionais de Catalogação na Publicação (CIP)
(Câmara Brasileira do Livro, SP, Brasil)

Tercek, Mark R.
Capital natural: como as empresas e a sociedade podem prosperar aos investir no meio ambiente / Mark R. Tercek e Jonathan S. Adams; tradução de Vera Caputo. -- São Paulo: Alaúde Editorial, 2014.

Título original: Nature's fortune : how business and society thrive by investing in nature.
ISBN 978-85-7881-261-4

1. Conservação dos recursos naturais - Aspectos econômicos 2. Desenvolvimento sustentável 3. Meio ambiente - Aspectos econômicos I. Adams, Jonathan S. II. Título.

14-09697	CDD-333.72

Índices para catálogo sistemático:
1. Gestão ambiental : Conservação e proteção do meio ambiente Economia 333.72

2014
Alaúde Editorial Ltda.
Rua Hildebrando Thomaz de Carvalho, 60
São Paulo, SP, 04012-120
Tel.: (11) 5572-9474
www.alaude.com.br

Para Amy, Alison, Margo, Luke e Rex.
Para Susan, Madeleine e Joseph.

Sumário

	Uma palavra ao leitor	9
	Introdução	11
1	Afinal, talvez não seja "Chinatown"	21
2	Nem uma gota de água potável	39
3	Que as planícies inundáveis continuem inundáveis	57
4	A nova pesca	79
5	Alimentar o mundo… e salvá-lo	103
6	O recife de 1 milhão de dólares	129
7	Investindo no futuro diante da mudança climática	151
8	Cidade e campo	171
9	As empresas em defesa da natureza	191
	Conclusão	215
	Agradecimentos	225
	Sobre a TNC	229
	Bibliografia	231
	Índice remissivo	253

Uma palavra ao leitor

Como presidente e diretor executivo da The Nature Conservancy, costumo dizer em meus pronunciamentos que poderíamos investir muito mais na proteção à natureza. E reforçar o valioso papel da natureza como infraestrutura. Muitos me incentivaram a resumir minhas opiniões por escrito, a fim de alcançar um público maior. Eu nunca tinha redigido um livro e procurei ajuda. Encontrei Jonathan Adams – excelente autor de obras sobre assuntos científicos cujo trabalho admiro muito. Jonathan foi um parceiro fundamental neste projeto. Nós trabalhamos assim: apresentei o resumo original do livro; em seguida, Jonathan e eu desenvolvemos o material, fizemos pesquisas, conversamos com especialistas, rabiscamos inúmeros rascunhos e refinamos o tema. Gostei muito da parceria. Jonathan foi um excelente companheiro. Mas para traduzir o espírito das conversas que nos inspiraram escrevemos o livro em primeira pessoa.

Mark R. Tercek

Introdução

Por que um banqueiro de investimentos tentaria salvar a natureza? No primeiro grande evento do qual participei depois que fui para a The Nature Conservancy (TNC), eu me vi em uma sala ao lado dos gigantes dessa área – líderes ambientais famosos, filantropos importantes e chefes de organizações conservacionistas.

Um convidado em particular destacava-se dos demais: era um senhor de uns noventa anos, ainda em ótima forma. Tinha gestos impecáveis e, apesar de ser um tanto formal, não estava ali para brincar. Havia algo nele que parecia avisar: "Não me faça perder tempo".

Tratava-se de Russell E. Train, uma lenda no movimento conservacionista: segundo administrador da Agência de Proteção Ambiental (Environmental Protection Agency, EPA), diretor administrativo do Conselho da Presidência para Qualidade Ambiental (President's Council on Environmental Quality, PCEQ) e diretor fundador do Fundo Mundial para a Vida Selvagem (World Wildlife Fund, WWF). Eu era apenas um novato.

"Quem é você?", perguntou-me o sr. Train em tom direto, porém delicado. Expliquei que era o novo presidente e diretor executivo da TNC e acrescentei alguns detalhes sobre a minha passagem por Wall Street.

Ele não se mostrou impressionado. "Como foi que você deixou Wall Street para se tornar presidente da TNC?"

Tentei encontrar as palavras certas, mas não consegui. Passamos a falar de outras coisas. Russell Train faleceu enquanto eu escrevia este livro. Eis o que eu gostaria de ter dito a ele.

Como cheguei até aqui

Diferentemente de outros conservacionistas, sobretudo líderes do movimento ambiental sem fins lucrativos, não passei minha juventude no início dos anos 1970 andando pelo mundo. Não fui mochileiro nem ciclista, não pratiquei caiaquismo, não subi em árvores e não colecionei insetos. Tampouco trabalhei em colheitas ou pastoreei ovelhas. Fui um jovem urbano. Nascido e criado em um bairro operário de Cleveland, vivi muito nas ruas – jogando basquete, entregando o jornal *Cleveland Plain Dealer*, escavando neve, podando gramados –, e não contemplei a natureza no sentido solene do termo.

Na faculdade, formei-me em inglês, fiz teatro e tentei escrever poesia, mas não trabalhei no campo nem me dediquei a causas ambientais. Quando me formei, em 1979, fui para o Japão, onde lecionei inglês e aprendi artes marciais, e depois fui trabalhar no Bank of America. De lá, ingressei na Harvard Business School e em seguida dediquei-me por 24 anos à minha carreira no bem-sucedido banco de investimentos Goldman Sachs.

Minha relação com o movimento conservacionista começou quando eu ainda estava trabalhando no Goldman Sachs como banqueiro de investimentos – ou, mais precisamente, quando me tornei pai. Como tantos outros pais, quis manter meus filhos longe do computador e da televisão. Minhas armas foram fazer acampamentos e longas caminhadas. Então descobri que gostava do contato com a natureza de uma maneira que não conhecera na juventude.

Introdução

Li *The New Economy of Nature: The Quest to Make Conservation Profitable* [A nova economia da natureza: a busca para tornar a conservação lucrativa], de 2002, de autoria de Gretchen Daily, professora de Ciências Ambientais da Universidade de Stanford. O livro explica o funcionamento dos ecossistemas e como eles proporcionam bens e serviços às pessoas. A análise científica dos recursos naturais produzindo valor aumentou ainda mais o meu interesse pela natureza e me levou a refletir sobre oportunidades e custos financeiros.

Terminei de ler o livro e telefonei para a autora. Nossa primeira conversa – Gretchen falando de biologia e eu de finanças – foi meio complicada, mas me impressionou. Comecei fazendo as mesmas perguntas sobre ecologia que tinha aprendido a fazer em meu MBA, aplicadas às finanças corporativas. Qual é o valor da natureza? Quem investe nela, quando e por quê? Que índices de retorno produz um investimento na natureza? Quando é um bom negócio proteger a natureza? Conservar é o mesmo que construir capital natural?

Antes que minha carreira em Wall Street terminasse, tive a sorte de encontrar algumas respostas. Nas vésperas de eu deixar o Goldman Sachs em 2005, o diretor executivo Henry M. Paulson, um conservacionista comprometido que mais adiante seria secretário do Tesouro na gestão do presidente George W. Bush, convidou-me para ficar mais algum tempo na empresa e criar ali um projeto ambientalista.

Nossa ideia era bastante simples: comercialmente falando, fazia sentido contratar um grupo de especialistas em meio ambiente para explorar oportunidades de negócios para o Goldman Sachs. Nossa motivação não era a filantropia nem a responsabilidade social corporativa, por mais importante que isso seja; era puramente comercial.

Buscamos oportunidades que produzissem dois tipos de benefícios: bons resultados comerciais para o Goldman Sachs e boas soluções ambientais. Quanto mais perseguíamos essas oportunidades de ganhos para ambas as partes, mais as encontrávamos. Por exemplo, instigamos nosso setor de pesquisa de investimentos a avaliar não só os resultados financeiros das empresas, mas seu histórico ambiental. Pedimos aos colegas do capital privado que priorizassem investimentos em companhias de energia renovável. Na consultoria a clientes corporativos, mostramos às empresas que melhorar o comportamento ambiental influenciaria de maneira positiva seus resultados comerciais. O Goldman chegou a criar uma área protegida na inóspita Terra do Fogo, ao sul do Chile – investimento que gerou importantes resultados por inspirar funcionários e estagiários, despertar o interesse dos clientes e ganhar a simpatia do governo.

Paralelamente às nossas iniciativas ambientalistas, passamos a colaborar com organizações ambientais sem fins lucrativos como a TNC, a Sociedade de Conservação da Vida Selvagem (Wildlife Conservation Society, WCS), o Instituto de Recursos Mundiais (World Resources Institute, WRI), a Recursos para o Futuro (Resources for the Future, RFF), entre outras. Ficamos surpresos e impressionados com o tanto que aprendíamos com esses parceiros. E provavelmente eles também aprenderam um bocado conosco. Eu me entusiasmei com o universo das organizações ambientais e a produtiva parceria que elas poderiam formar com o setor privado.

Não fui um dos primeiros a chegar, mas proteger a natureza tornou-se minha causa e minha paixão.

A ideia do capital natural

Saí do Goldman Sachs em 2008 para assumir o cargo de presidente e diretor executivo da TNC. Quando meu celular tocou e recebi a notícia de que tinha sido aceito, fiquei tão feliz que bati o carro em uma árvore ao dar marcha a ré. O vidro traseiro quebrou. A árvore não sofreu nada.

A TNC era feita sob medida para mim. Uma organização com sessenta anos de idade, um quadro de 4.000 funcionários dedicados à conservação nos cinquenta estados da federação e em 34 países, e uma boa reputação por agir de forma pragmática, sensata, fundamentada na ciência. Era como um banco de investimentos com um só cliente: a natureza. A organização

Introdução

ideal para defender a ideia do capital natural e atribuir valor à natureza como a um bem.

Atribuir valor à natureza é uma tarefa traiçoeira e até polêmica. Os ambientalistas tendem a amar a natureza como ela é, a apreciar a vida ao ar livre e a acreditar que seus filhos e as futuras gerações herdarão um mundo tão vibrante e diversificado quanto o que eles conheceram. Esses já são motivos suficientes para proteger a natureza. A perspectiva comercial, porém, tem outras razões, talvez menos nobres, mas não menos importantes: por exemplo, garantir água natural potável e madeira para construir casas e fabricar móveis. Valorizar a natureza não significa substituir um conjunto de argumentos em favor da conservação por outro, mas fornece uma base lógica adicional, e muito importante, para se defender o meio ambiente.

Comecei a pensar sistematicamente em negócios, princípios comerciais e o que significa, realmente, natureza. *Natureza* é uma palavra complicada – mais do que se imagina. Fala-se muito em natureza humana ou em Mãe Natureza. Mas, pensando na palavra, me dei conta de que as pessoas costumam considerar a natureza como algo separado delas – algo distante, lá nos parques nacionais, no meio da floresta.

Quero desfazer essa dicotomia. A natureza não é algo que deva ser preservado em alguns lugares e explorado em outros. Ela está em toda parte. Mas também não é só um manancial de benefícios práticos e tangíveis para as pessoas. Ela tem um profundo significado para o ser humano. Na minha definição, natureza são todos os animais e plantas, o ambiente em que vivem e os processos biológicos que os mantêm vivos. Minha definição inclui também o ser humano, mas não tudo que ele constrói, quase sempre na tentativa malograda de controlar a natureza. Não conseguimos dominá-la, mas podemos incluí-la na organização das sociedades, na forma de dirigir a economia, planejar as cidades e até como viver a nossa própria vida.

As empresas como parceiras ambientais

Refletir sobre o valor da natureza leva a outras maneiras de pensar que são bem conhecidas dos analistas de negócios. Por exemplo, conceitos como *maximizar rendimentos, investir em ativos, administrar riscos, diversificar* e *promover inovação* fazem parte do jargão do mundo empresarial e das finanças. Raramente são aplicados à natureza, embora devessem ser.

Ver a natureza através desses princípios básicos dos negócios permite concentrar mais a atenção nos benefícios da conservação. Você pode não se tornar conservacionista, mas reconhecerá que a conservação – a proteção da natureza – é um fator central e muito importante da atividade econômica, tão importante quanto a fábrica, as finanças, a agricultura e outros setores.

Minha experiência como ambientalista no Goldman Sachs revelou novas possibilidades, mas reconheço que as relações com o mundo dos negócios talvez sejam muito complexas e arriscadas para as organizações ambientais. Ambientalistas mais radicais não hesitam em criticar organizações como a TNC quando elas estabelecem alianças com empresas. Às vezes essa colaboração é confundida com fazer um pacto com o inimigo. Na minha opinião, entretanto, ter a oportunidade de trabalhar com firmas que buscam estratégias ambientais para fortalecer seus negócios é uma oportunidade de obter ganhos importantes de conservação.

As companhias são boas parceiras dos ambientalistas também de outras maneiras. As grandes corporações controlam imensas quantidades de recursos naturais, muito mais do que os governos. Ao contrário do que se pensa, elas se saem melhor ao fazer planos a longo prazo para esses recursos do que os governos, que costumam ser paralisados por divisões políticas e ideias imediatistas que visam apenas o próximo ciclo eleitoral. As empresas que ignoram planejamentos e investimentos mais longos sempre perdem no mercado. Mas a maioria se sai bem sendo mais realista. Elas tendem, por exemplo, a aceitar, e não negar, as conclusões da ciência; novamente, se não o fizerem serão punidas pelo mercado. Há exceções – os maus atores da comunidade empresarial que exploram lacunas, infringem

Introdução

regulamentações ou ludibriam o público –, em geral na busca enganosa de ganhos imediatos. Em uma era de grande transparência, porém, mais companhias percebem que é do seu próprio interesse seguir as regras e procurar fazer o que é certo. E elas também compreendem cada vez mais que investimentos na natureza podem produzir excelente retorno financeiro.

Mesmo assim, ninguém está livre de correr riscos. Às vezes os críticos me desafiam: "Tem certeza de que trabalhar com empresas trará benefícios ambientais?" Claro que não tenho. Mas acredito que é preciso tentar. Se outras organizações têm estratégias alternativas, acho ótimo. Vamos ver o que funciona melhor. Precisamos de mais estratégias ambientais para aplicá-las com vigor e confiança, assim como precisamos ser receptivos a críticas e ideias sobre como melhorá-las.

O banco de três pernas

Todas essas considerações nos levam a uma questão importante. Como os ambientalistas devem trabalhar com a área empresarial? Acredito que a melhor maneira de avançar é imaginar esta como uma das três pernas do banco. As outras duas são os governos e os indivíduos. As três são necessárias para salvar o planeta da degradação.

Governos e indivíduos devem incentivar e ser receptivos às iniciativas ambientais voluntárias por parte das empresas. Mas, para que tais ações ganhem corpo, os governos precisam aprovar medidas fortes e eficazes. E seu papel vai ainda mais longe do que essa responsabilidade regulatória. Pense nos bilhões de dólares que eles investem em infraestrutura anualmente. Grande parte desses investimentos poderia ser feita no capital natural.

Por outro lado, para que governos e empresas façam a coisa certa, os indivíduos precisam motivá-los como eleitores e consumidores, respectivamente. Hoje, os três atores – empresas, governos e indivíduos – têm chance de se unir e criar novas práticas de conservação para investir no capital natural e colher seus benefícios. Às organizações conservacionistas cabe fazer o que for necessário para isso acontecer.

Os ambientalistas em geral acreditam no valor inerente da natureza – essa ideia é a pedra angular do movimento. Entretanto, não podem convencer ninguém a pensar como eles. O risco de priorizar apenas as maravilhas inatas da natureza afasta potenciais apoiadores e limita a capacidade da comunidade ambientalista de atingir um público maior e buscar novas ideias. Dizer que "a natureza é maravilhosa" dá a impressão de que ela só oferece benefícios estéticos, ou, pior ainda, que é um luxo que apenas os ricos e os países ricos podem bancar. Companhias, governos e indivíduos precisam entender que a natureza não é só maravilhosa, mas também tem valor econômico. Na verdade, a natureza é a base do bem-estar humano.

Uma saída é ligar a natureza ao que mais preocupa a maioria: viver bem, ter boa saúde, mais empregos, uma economia forte. Onde quer que as pessoas nasçam – na cidade, no campo, nos Estados Unidos, no Brasil ou na Indonésia –, e não importa o que estejam estudando ou lendo, todo mundo se preocupa com as mesmas coisas. Certamente muitos acreditam que suas preocupações são mais prementes do que conservar a natureza, e essas questões continuarão tendo prioridade se eles não entenderem o que a natureza nos oferece.

O caminho a seguir

Sou otimista. Vejo a natureza como algo incrivelmente resiliente e pronto a se recuperar, se fizermos investimentos inteligentes. À parte o otimismo, para encontrar soluções funcionais, orientadas pela ciência, é preciso examinar corajosamente a realidade dos fatos. E os fatos são perturbadores. Apesar das iniciativas louváveis de conservacionistas apaixonados e dedicados, ainda há muito a se fazer. Temos que nos apressar para colocar as coisas no caminho certo.

É claro que a conservação tem alcançado vitórias importantes. Na segunda metade do século passado, só nos Estados Unidos, o governo baniu o DDT, criou a EPA e aprovou as leis das Espécies Ameaçadas, da Água Limpa e do Ar Limpo. O desmatamento da Amazônia desacelerou e novas áreas de proteção marinha foram criadas no Pacífico. Cientistas e

Introdução

ativistas trabalharam junto às agências governamentais para salvar espécies à beira da extinção e proteger alguns dos lugares mais belos do planeta.

Ainda assim, outras preciosidades da natureza – fervilhantes atóis de corais, amplas pradarias, florestas exuberantes, a rica diversidade da vida propriamente dita – estão em declínio. Tudo o que a humanidade deveria reduzir – crescimento desordenado, desmatamento, pesca predatória, emissões de carbono – aumentou. Os treze anos mais quentes do planeta ocorreram todos de 1998 para cá, e 2012 foi o pior deles. Embora saibamos que as variações diárias do tempo não estão vinculadas à mudança climática, a quantidade de secas, inundações, ondas de calor, tempestades arrasadoras e chuvas torrenciais são sinais indiscutíveis de que precisamos agir.

Comunidades e países já avançaram em termos de conservação antes, e têm condições de fazê-lo de novo. Desta vez, em lugar das grandes personalidades da história da conservação, como Theodore Roosevelt e Rachel Carson, os catalisadores podem ser ambientalistas inovadores que estão surgindo – como Wangari Maathai, do Quênia, morto prematuramente em 2011. Corajoso, Wangari conseguiu reunir conservação, desenvolvimento econômico, direitos humanos e metas democráticas, e fazer substanciais progressos ambientais, primeiro no Quênia, depois no mundo todo. Precisamos de mais pessoas que desafiem as convenções, corram riscos e enfrentem os imensos desafios ligados ao meio ambiente em todo o mundo. Alianças inesperadas surgirão – empresas, investidores e governos em associação com fazendeiros, agricultores, estudantes e urbanistas – para buscar novas estratégias que se baseiem no entendimento comum de que todos nós dependemos da natureza.

Essas novas alianças nos permitirão conservar a natureza num grau jamais visto. O importante não é apenas ajudar empresas e governos a causar menos danos, mas fazê-los se tornar parte de algo muito maior. Salvar a natureza não significa simplesmente preservar animais e ambientes selvagens, mas também salvar a nós mesmos. Esta é uma oportunidade real, que pode não se repetir, e deve ser prioridade da espécie humana aproveitá-la plenamente – e já.

1

Afinal, talvez não seja "Chinatown"

Conheci Carlos Salazar durante um almoço que reuniu cientistas conservacionistas e líderes empresariais em Cartagena, Colômbia, em outubro de 2011. Empresário astuto e bem-sucedido, Salazar não é ambientalista. Seu negócio, porém, depende quase inteiramente da água. Nos últimos anos, ele começou a levar a sério a possibilidade de que a crescente escassez global de água não demore a bater a sua porta.

Salazar dirige a Coca-Cola FEMSA, a maior engarrafadora independente da Coca-Cola do mundo. Sua empresa está presente em nove países da América Latina. Dirigir uma organização tão gigantesca no passado não exigia *expertise* em ecologia ou biologia, mudança climática ou perda de ambiente natural. Mas isso está mudando. Hoje, Salazar e outros como ele estão se fazendo perguntas difíceis sobre a água, os negócios e o valor da natureza.

A Coca-Cola FEMSA não é proprietária da água nem tem acesso garantido a ela no centro de seus negócios. A principal reserva hídrica confiável fica muito longe das instalações de engarrafamento, no alto das montanhas. As matas que recobrem as montanhas retêm a água da chuva e recarregam os aquíferos, garantindo seu fluxo constante para o rio que atravessa o vale. Embora a empresa pague pouco pela água, Salazar vê as florestas como um bem a ser gerido em seu plano de negócios. E, para que isso aconteça, ele necessita de números precisos.

Salazar, intenso e focado como costumam ser os presidentes executivos, queria respostas de mim e dos cientistas conservacionistas que convidou para aquele almoço. Ele nos perguntou: "Se eu quero ter água, devo proteger uma floresta que já existe ou restaurar uma que foi cortada?" E continuou nos questionando: "As florestas mistas são melhores para conservar água do que as florestas de uma só espécie? Quanta água obterei em uma e na outra? Quais são os locais que devo conservar para garantir um abastecimento confiável de água?" E – Salazar quis saber – o mais importante, ao menos do ponto de vista dos negócios: "Quanta água obterei em cada dólar que eu gastar em conservação?"

Salazar tem um objetivo muito simples: garantir o abastecimento de água. Se para isso tiver que salvar mais vegetação e mais animais, melhor ainda. Ele também reconhece que outras pessoas dependem da mesma água. Se os mananciais forem danificados, a imagem da empresa e sua capacidade de operar também serão prejudicadas. Sejam quais forem seus motivos, a obtenção de água para as instalações de engarrafamento da Coca-Cola pode caminhar de mãos dadas com a preservação das florestas com toda a sua riqueza.

Mas nem sempre é esse o caso – talvez o cenário de ganhos para ambas as partes nem sempre seja possível. Os ecossistemas produzem uma série de benefícios, dependendo de como são geridos, que em geral são intercambiáveis. Quando há muitas árvores em um ecossistema, por exemplo, costuma haver menos água nos rios em períodos de seca porque as árvores absorvem mais água. A vantagem de se plantar árvores é que a terra tem maior capacidade de absorção e armazenamento de água, controlando assim as inundações e garantindo o fluxo de água nos rios, mesmo nos meses de estiagem. Portanto, as circunstâncias terão que ser examinadas isoladamente e os intercâmbios, pesados e balanceados. Mas é animador ver que a Coca-Cola e outras empresas que precisam da água reconhecem que seu sucesso depende cada vez mais de onde elas a obtêm, do quanto isso lhes custará, e também se a água usada trará consequências para outras pessoas e comunidades dependentes do mesmo recurso.

Minha conversa com Salazar deixou-me impressionado com seu foco na proteção de florestas como investimento, o interesse em saber quanto renderia o investimento, desafiando o raciocínio dos conservacionistas presentes à mesa, que raramente formulam questões em termos de negócios. Os executivos corporativos, assim como os conservacionistas, deveriam fazer como Salazar e levar em conta o papel do capital natural em todos os seus planos de negócios.

Conhecemos bem o alarmante motivo de outros executivos como Salazar fazerem as mesmas perguntas: a crescente escassez mundial de água limpa, potável. A atual situação da água ilustra bem quanto os valiosos serviços prestados pela natureza beneficiam o meio ambiente, nossas comunidades e economias. Há muito tempo um assunto que interessa a economistas e prognosticadores, recentemente a escassez veio a ocupar também o topo das prioridades dos líderes corporativos.

Entre os dias de hoje e 2050, a população mundial provavelmente terá aumentado em 2 bilhões de pessoas ou mais. Nesse mesmo período, bilhões terão ascendido à classe média. Por volta de 2030, quase dois terços da população mundial – atualmente um quarto – serão consumidores de classe média. Mas uma população mais rica e que cresce mais rápido também significa maior demanda por comida, energia, espaço e água – sobrecarregando os sistemas naturais que mantêm a diversidade natural, a saúde humana e a prosperidade.

Muito pouca água

Quem controla recursos como a água também controla o desenvolvimento. Pergunte a William Mulholland.

Capital natural

Como responsável pelo Departamento de Água e Energia de Los Angeles por mais de 25 anos, Mulholland comprou uma grande área do vale Owens, situado a algumas centenas de quilômetros ao norte da cidade. Ele não estava interessado nas terras. O que ele queria era ter direito à água que corria pelo vale ou por baixo dele. Por volta de 1913, Mulholland já acumulava esse direito, às vezes com táticas furtivas e inescrupulosas, e construiu um aqueduto para levar a água para Los Angeles. A água não só ajudou a construir a cidade como a gigantesca infraestrutura que a transporta ainda impulsiona a economia da Califórnia. E em consequência disso o lago Owens secou.

Assim começou a guerra da água na Califórnia. Os agricultores do vale tentaram explodir o aqueduto. Eles abriram as comportas para encher o rio Owens e irrigar seus pomares. A rebelião armada fracassou. A agricultura da região do vale Owens foi dizimada quando o aqueduto redirecionou a água para Los Angeles. Mulholland disse em tom jocoso que lamentava a morte de tantas árvores porque haveria menos galhos para pendurar as cordas que enforcariam os arruaceiros.

Mulholland deixou um legado decididamente polêmico: em parte um engenheiro visionário, em parte maquiavélico. Essas duas faces foram incorporadas por dois personagens em *Chinatown*, o clássico filme *noir* de Roman Polanski; Hollis Mulwray, o engenheiro municipal que é assassinado no início da história, e Noah Cross, o inescrupuloso fazendeiro que está por trás tanto do crime quanto do desvio da água. John Huston fez um Noah Cross deliciosamente ameaçador, em uma interpretação bastante verossímil. Afinal, Mulholland/Cross roubou a água que corre debaixo dos pés dos fazendeiros da Califórnia e a mandou para Los Angeles.

Isso não deveria mais ser visto como algo negativo. Remover a água da agricultura para usá-la em outro lugar – nas cidades, ou simplesmente deixá-la nos rios e estuários para os peixes e pássaros – pode ser benéfico. São intercâmbios que comunidades, governos e empresas enfrentarão com muita regularidade. Uma abordagem alicerçada no mercado, orientada pela ciência e pela ética, pode servir de base para que essas escolhas difíceis sejam feitas. Comprar e vender água ou outros aspectos da natureza, como o controle de inundações ou o acesso a pescarias, pode ser uma força para o bem, se as leis que governam as transações fizerem sentido e as pessoas pensarem mais abertamente sobre quem ganha e quem perde com isso. Os ganhos privados dos que possuírem o que historicamente sempre foi um bem público podem beneficiar tanto o homem quanto a natureza.

O desafio da escassez e distribuição da água é mundial; nenhum país está protegido desse impacto, nem mesmo a China, economicamente tão afluente. Todos conhecem seu espantoso sucesso econômico, mas poucos se dão conta de que o problema da água põe em risco a continuidade do crescimento. Quase metade dos rios chineses está severamente poluída; mais de 450 cidades têm racionamento de água; e 300 milhões de pessoas não têm acesso a água potável. Mais de um quinto da água de superfície do país não é adequada à agricultura. A quantidade de água disponível para cada habitante é cerca de um quarto da média mundial, porém a quantidade de água consumida por unidade do produto interno bruto é três vezes maior que a média mundial. A China não tem água suficiente e está usando o que resta de um modo ineficiente.

O país reconhece a escassez de água, mas a solução que propõe reflete os desafios de se trabalhar em uma escala tão gigantesca. Em 2011, o "Documento Nº 1" da China, no qual são declaradas as prioridades do governo, tenciona investir 635 bilhões de dólares nos próximos dez anos para solucionar o problema da água. É muito dinheiro para ser gasto em tão pouco tempo, por isso não surpreende que esse plano tenha uma séria desvantagem: ele conta quase que inteiramente com soluções de engenharia para enfrentar o desafio da escassez de água, em vez de investir em ecossistemas naturais.

Os Estados Unidos enfrentam desafios similares: San Diego, por exemplo, pode secar. A cidade, que não para de crescer, depende do rio Colorado para suprir mais da metade do seu consumo de água. Muitos usuários rio acima também reivindicam direito à água – para irrigar suas terras, alimentar os chafarizes de Las Vegas, regar seus gramados e seus campos de golfe. Para usar um termo perfeitamente burocrático e ameno, o Colorado tem "excesso de demanda" – com frequência o rio se transforma em um triste gotejamento alguns quilômetros ao norte de onde antes existia o golfo da Califórnia. Em anos como o de 2012, quando as chuvas e a neve estiveram bem abaixo do nível normal, o Colorado ficou quase sem água. Com o clima em constante mudança, logo todos os anos serão anos ruins.

A bacia hidrográfica do Colorado abrange sete estados; uma série de acordos complexos, contenciosos, que datam de quase um século, determinam quem tem direito à água do rio e quanto pode usar. O último lance neste longo drama aconteceu em 2003, quando o governo federal reduziu e limitou a cota do sul da Califórnia. Esse decreto obrigou San Diego a se mexer para achar água. A solução encontrada pelo governo local foi uma versão mais transparente e imparcial – embora ainda polêmica – do que a ideia de William Mulholland: desviar a água dos pomares e plantações do vale Imperial e levá-la para a cidade. Em vez de roubar a água, a cidade paga aos agricultores do vale para que consumam menos água. Isso os tem incentivado a construir canais de irrigação para evitar a perda de água, a usar técnicas de irrigação mais eficientes, como a que é feita por pingos ou com *microspinklers*, e a medir a umidade do solo com tecnologia avançada para saber exatamente quando e onde irrigar. Alguns agricultores também abandonaram o cultivo de culturas em algumas áreas. É a maior transferência de água do campo para cidade de que se tem notícia. Só em 2011, os fazendeiros mandaram para a cidade cerca de 98,5 milhões de litros de água, e até 2021 serão cerca de 246,6 milhões de litros.

Até aí tudo bem. Porém, outros detalhes do acordo geraram tanto polêmicas públicas como ações judiciais entre as agências gestoras da água do sul da Califórnia. Em primeiro lugar, os agricultores do vale Imperial compram água a preços subsidiados pelo governo federal, mas vendem o excedente para San Diego por muito mais. Isso significa que eles lucram à custa de outros agricultores que vivem mais perto da cidade, pagam um dos impostos mais altos do estado pela água e em geral não têm como pagar o que consomem. Em segundo lugar, o Salton Sea, o maior lago da Califórnia, depende da água do rio Colorado. Se os fazendeiros do vale Imperial não vendessem a água, mas permitissem que a água não usada escorresse de suas plantações, ela iria para o Salton Sea. Sem esse escoamento, o Salton Sea, assim como aconteceu com o lago Owens, pode secar.

Para equilibrar o consumo de água que sustenta as necessidades competitivas da agricultura, das cidades, dos rios e lagos é preciso mudar padrões de comportamento profundamente arraigados. Ou seja, mudar quem usa a água, para qual fim a usa e quanto paga por esse privilégio.

A visão mais comum entre os economistas põe a última parte, o preço, acima de todas as outras considerações. Na verdade, dentre os estudiosos do problema, alguns acreditam que aumentar o preço resolveria como num passe de mágica não só os problemas da água como os de todos os recursos naturais. Se fosse tão fácil...

Há 150 anos o mundo todo compra e vende petróleo, mas ainda temos que encontrar uma maneira econômica e ambientalmente sensata de vender água. Quando o preço do petróleo sobe, as pessoas usam menos o carro e diminuem o aquecimento das casas, e as empresas buscam mais eficiência no uso desse recurso ou fontes de energia alternativas. Mas aumente o preço da água e as consequências serão terríveis. Certamente alguns usarão menos água – mas isso também afastará os agricultores de suas terras e faltará alimento.

A polêmica do compartilhamento da água entre agricultores e as cidades do sul da Califórnia tem uma razão simples: não há água suficiente para todos. Aqui, os pontos contenciosos são distribuição e valor. Quem tem prioridade: os agricultores do vale Imperial, que usam a água para regar plantações, ou os moradores de San Diego, que a usam para beber, cozinhar e suprir todas as necessidades domésticas? Em outros lugares, a questão talvez não seja a escassez, mas o acesso, o caríssimo deslocamento de pequenas quantidades de água através de novas tubulações e centrais de tratamento que precisam ser construídas para levar água às áreas urbanas mais pobres. Em ambos os casos, o princípio é claro: a água, como todos os bens e serviços do planeta, não deveria – pelo menos não sempre – ser gratuita.

Que partes da natureza as pessoas podem ter?

É muito mais fácil falar do que fazer valer esse princípio. Necessidades básicas como água, pescados, madeira ou terrenos a salvo de inundações têm que ser acessíveis, até aos mais pobres, que não conseguem pagar por coisa alguma, mas também não podem ser tão baratas que não se tenha nenhum incentivo para conservar o recurso. Os mercados propõem uma maneira óbvia de abordar o problema.

Para que exista um mercado, antes é preciso haver uma propriedade; afinal, não se pode vender o que não se possui. Mas que partes da natureza as pessoas podem possuir?

Elas possuem minas de carvão e campos de petróleo, florestas com madeira valiosa e pastagens. Mas podem ser proprietárias também de toda a água que corre sob os pastos ou no rio ao lado? Será que alguém – governo, empresa ou indivíduo – pode ter a posse da diversidade de uma floresta ou da proteção contra inundações que nos dão os recifes de coral?

O mal-estar gerado pela propriedade particular de uma importante parte da natureza também é sentido no contexto global. Em junho de 2010, a Assembleia Geral das Nações Unidas (AGNU) declarou, sem nenhum voto contrário, que a água é um direito da humanidade. Os votos não foram unânimes: 41 países, entre eles os Estados Unidos, o Canadá, o Reino Unido e a Austrália, abstiveram-se quanto à questão da soberania. O fato de nenhum país ter votado contra a resolução sugere que nem mesmo os piores déspotas assumem publicamente o direito de negar água a alguém.

Afinal, talvez não seja "Chinatown"

A propriedade da água é diferente da propriedade do petróleo, porque tem um componente inegavelmente moral.

O princípio muito difundido de que a água e outras dádivas da natureza são e devem ser sempre gratuitas tem raízes profundas e, por isso, é difícil de ser mudado. Ao menos no mundo civilizado, todos nós temos certeza de duas coisas: quando abrimos a torneira do chuveiro para o nosso banho matinal, a água é limpa; e, quando a conta chegar, será pequena. Em Santa Fé, que em 2011 era a cidade norte-americana onde a água custava mais caro, um copo de água de torneira custa cerca de 1 *dime* [dez centavos de dólar].

Mesmo que seja um exagero, Santa Fé é um caso atípico. Por faltar muita água na cidade, em 2008 teve início a construção de um imenso e dispendioso projeto para desviar água do rio Grande – projeto que é pago pelos moradores na conta de água. Em outros lugares, até na árida Phoenix, um copo de água custa uma fração de 1 centavo de dólar. A escassez de água tem pouca relação com o preço cobrado. Enquanto no deserto a água não custa nada, na úmida Seattle ela tem um dos preços mais altos dos Estados Unidos. Isso se deve em parte à necessidade da cidade de quitar a dívida pela construção de estações de tratamento, e em parte a uma decisão consciente dos legisladores locais de manter os preços elevados para incentivar a conservação.

O fato é que a maioria das pessoas nos Estados Unidos não paga absolutamente nada pela água. As contas que recebemos não se referem à água em si, mas à tubulação que a traz até nossa casa e ao pagamento do pessoal que mantém o sistema funcionando. O preço que se paga por ela não corresponde a sua importância – um lapso que oculta o risco da falta de água há muitos anos.

Por exemplo, consideremos o Escritório Federal de Recuperação (Federal Bureau of Reclamation, FBR), setor do Departamento do Interior que supervisiona os recursos hídricos em dezessete estados do Oeste norte-americano. Inaugurada no início do século XX, essa repartição iniciou grandes projetos para controlar a água na região. Entretanto, as pessoas que usam a água ou hidroenergia de projetos como a Represa Hoover e o Projeto do Vale Central da Califórnia não arcam com todos os custos das obras. O próprio nome, Escritório de Recuperação, revela sua filosofia básica; a água de um rio pesqueiro foi "mal usada" e tem que ser "recuperada" para uso humano. Como mostra Marc Reisner em seu clássico *Cadillac Desert*, de 1986, no Oeste dos Estados Unidos a escassez de água é uma realidade e seus habitantes apoiarão qualquer proposta para resolver o problema, independentemente das barreiras que a engenharia possa encontrar. No Oeste, escreve Reisner, "a água sobe a montanha atrás do dinheiro".

A venda de água

É certo que em muitos lugares existe um comércio de água que é praticado há milênios pela população. Nos desertos de Omã, por exemplo, sistemas chamados *aflaj* garantem aos agricultores da aldeia o fornecimento de água – por uma hora, um dia, uma semana – que abastece os canais de irrigação construídos e mantidos por todos. A água que não é usada pode ser alugada ou vendida a outros agricultores. O sistema, que existe há pelo menos 2.500 anos, estabelece um preço de mercado para os agricultores e garante o abastecimento sustentável de água em um dos lugares mais áridos do planeta.

No Texas, os usuários de água que vivem sobre o Aquífero Edwards têm permissão de bombear a água subterrânea. A licença pode ser vendida aos interessados desde meados dos anos 1990. Por exemplo, os agricultores vendem suas licenças a San Antonio, e a cidade tem o direito de extrair aproximadamente 60 milhões de litros de água. Esse mercado gera investimentos para uma irrigação mais eficiente, transferindo a água de benefícios menos valiosos, como a irrigação de forragem, para usos urbanos ou industriais mais valiosos.

A iniciativa em escala nacional para criar mercados da água desponta por toda parte, mas não sem causar polêmica. Na Austrália, um mercado da água flexível ajudou o país a lidar com uma estiagem devastadora que afetou a todos durante uma década inteira e ainda continua em alguns lugares. Hoje, o direito à água pode ser vendido, negociado ou arrendado. Esse sistema aumenta expressivamente sua eficiência em períodos de estiagem e é um fator de sobrevivência de inúmeras fazendas australianas.

No interior da Austrália, porém, particularmente na bacia do rio Murray-Darling, os resultados não foram tão bons. Quando a água de superfície valorizou demais, os fazendeiros começaram a usar mais água subterrânea e a captar a água da pouca chuva que caía em suas propriedades, impedindo que ela escorresse para o rio. "Quanto mais eficiente você é, menos água há no rio", escreveu o economista australiano Michael Young. O desafio dos conservacionistas não é abandonar o mercado, que funciona bem em muitos aspectos, mas aperfeiçoar essa ferramenta sofisticada para garantir que os benefícios ambientais sejam valorizados de maneira adequada.

Mas os poucos mercados nacionais existentes são exceções. Na maioria dos lugares, a água é gratuita para todos os fins práticos. Isso nos leva a resultados absurdos, como explica em detalhes o jornalista Charles Fishman em seu livro *The Big Thirst: The Secret Life and Turbulent Future of Water* [A grande sede: a vida secreta e o futuro turbulento da água]. Por exemplo, a fábrica das sopas Campbell em Napoleon, Ohio, a maior do mundo, retira toda a água de que necessita do rio Maumee, sem pagar um tostão. E em 2008 o estado da Flórida concedeu à Nestlé, a maior companhia de alimentos do mundo, o direito de usar a água do Parque Estadual Blue Springs durante dez anos mediante uma taxa de 230 dólares. Por um "trocado" qualquer, e apesar de os administradores locais terem protestado e avisado que a estiagem esgotaria as fontes, a Nestlé continua extraindo água em quantidades ilimitadas de terras públicas, engarrafando-a e vendendo sob o rótulo Deer Park.

Para alguns economistas e legisladores, criar mercados para os recursos naturais que atualmente não são negociados faz todo o sentido. Esses teóricos acreditam que, quando tudo tem seu preço, o preço é um incentivo para a conservação. A teoria é clara – se a Nestlé tivesse que pagar mais por aquela água de Blue Springs, provavelmente usaria menos água para manter seus preços baixos. Nas circunstâncias certas, os mercados podem ajudar a determinar o valor da natureza, e também ajudar a conservá-la, como está acontecendo com o Aquífero Edwards, no Texas.

As questões sobre a propriedade e o preço da água continuam sendo, até certo ponto, filosóficas e éticas, com indiscutíveis implicações políticas, mas o uso desse recurso é sobretudo uma questão legal. A lei da água pode ser bastante complexa, particularmente nos Estados Unidos, onde as diferenças regionais, climáticas e políticas requerem abordagens muito desiguais. No Texas, por exemplo, a Suprema Corte do estado determinou em 2011 que os proprietários de terras que possuem reservas de água subterrânea também são donos do aquífero. Portanto, pela lei texana, a água é tal qual o petróleo; se você é dono das terras que estão sobre um aquífero e tem uma boa bomba, pode drenar o aquífero independentemente de quem mais queira ou precise dessa água. Por consequência, a lei ou regulamentação de conservação da água que limite quanto os proprietários podem usar é uma invasão da propriedade privada e eles teriam que ser compensados.

O problema não está ligado só a quem é proprietário da água, mas também a quem tem direito a ela: quanto pode usar, por quanto tempo e o que pode fazer com ela. Contudo, as grandes corporações só perceberam a urgência dessas questões de propriedade, uso, preço e escassez em 2004, quando irrompeu o conflito no estado de Kerala, ao sul da Índia.

Empresas, água e risco

Os habitantes de Kerala vivem sobretudo da agricultura de subsistência, com o cultivo de arroz e coco. Os moradores de um lugarejo chamado Plachimada sobreviviam humildemente até 1999, quando uma subsidiária da Coca-Cola inaugurou nas imediações uma fábrica de 40 acres que produzia refrigerantes e engarrafava água mineral. Os problemas surgiram em 2004, quando os poços de Plachimada secaram e os agricultores não puderam mais irrigar suas plantações.

A comunidade culpou a Coca-Cola pela falta de água. Os revoltosos obrigaram a empresa a fechar a fábrica de Plachimada, uma das maiores da Índia, em março de 2004. A principal rival da Coca-Cola, a PepsiCo, tem sido alvo das mesmas reclamações no país. Embora a justiça tenha decidido, em junho de 2005, que a Coca-Cola contribuía apenas em parte para a escassez de água em Kerala – a agricultura era a grande culpada – e permitido que a fábrica reabrisse, a reputação da empresa estava abalada. Salientando o valor visceral da água, o governo de Plachimada permitiu em 2010 que os moradores exigissem uma compensação pelo suposto prejuízo causado pela companhia por ter esgotado a água subterrânea entre 1999 e 2004.

Os problemas da empresa foram muito além do que aconteceu em Kerala. Quando os ativistas iniciaram o boicote, o assunto atraiu a atenção mundial e transformou-se em uma causa nos *campi* universitários dos Estados Unidos e da Europa. A Coca-Cola sofreu outro golpe – desta vez mundial. Quase todas as indústrias usuárias de água tomaram conhecimento do caso. Embora pouco se admita publicamente, por ter sido ouvida em todo o mundo Kerala foi decisiva para que as empresas tenham consciência de quanta água estão usando, quem mais usa a mesma água e até que ponto as reservas são confiáveis.

Considerando que Coca-Cola é uma mistura de açúcar e água, dois ingredientes baratos e fartos, em uma combinação que qualquer criança pode fazer, não poderíamos imaginar que ela teria tamanho sucesso. Contudo, a Coca-Cola – à parte os vigorosos esforços para criar uma das marcas mais respeitadas do mundo – construiu um império multinacional exatamente por isso. Seu valor de mercado, que é o número de ações multiplicado pelo valor da ação na bolsa de valores, superou em muito seu valor contábil, ou seja, o valor de seus ativos tangíveis, o que seus acionistas receberiam se a empresa fosse liquidada. Além da sua famosa receita secreta, a Coca-Cola é um titã no mundo corporativo por causa da marca e mais de um século de prestígio entre seus consumidores.

O mesmo se aplica a outras gigantes globais dependentes da água, como a Nestlé e a cervejaria SABMiller. Tirando-se a água e a marca, pouca coisa sobra. Mas a Coca-Cola aprendeu em Kerala que o prestígio pode ser frágil. Se ele não for alimentado, a longo prazo as empresas estarão arriscando a própria existência. Não só porque usam imensas quantidades de água, mas porque o fazem em centenas de comunidades. Ninguém pode prever onde acontecerá a próxima crise da água, mas ela acontecerá; seja onde for, as pessoas continuarão comprando cerveja e refrigerante, e a Coca-Cola, a SABMiller e a Nestlé lá estarão para vender. Os comandantes de empresas como essas já estão percebendo que, além de se preocupar com a água onde quer que estejam, terão que pensar também nas comunidades com as quais a compartilham.

Indústrias que dependem da água estão, de várias maneiras, bem à frente no que concerne à valorização da natureza. Já sabem que prosperarão, ou não, se houver disponibilidade desse ingrediente para o qual não há substituto. Sabem também que dependem diretamente de consumidores cada vez mais dispostos a escolher produtos baseados no currículo ambiental do fabricante.

A Coca-Cola ouviu claramente a mensagem de Kerala. Charles Fishman observa que, no relatório anual de 2002 da companhia para a Comissão de Valores Mobiliários, a palavra água não aparece na seção "Materiais naturais". Em 2010, a mesma seção dizia: "A água é o principal ingrediente em praticamente todos os nossos produtos [...]. Nossa empresa reconhece a disponibilidade, a qualidade e a sustentabilidade da água [...] como um dos grandes desafios ao nosso negócio".

Em 2007, a Coca-Cola prometeu "devolver com segurança à natureza e às comunidades, até 2020, uma quantidade de água equivalente ao que usarmos para produzir nossas bebidas". De início a empresa disse querer ser "neutra em água", mas hoje chama essa ideia de "reabastecimento". A Pepsi, evidentemente para não ficar atrás da concorrente, anunciou em 2010 que será "água-positiva" – ou seja, devolverá mais água do que usa.

Ninguém, ao menos em toda a Coca-Cola, deseja outra Kerala. Nenhuma companhia, aqui incluídas a Coca-Cola e a Pepsi, fez qualquer mudança fundamental em suas políticas. Ainda estão buscando valor para seus investidores baseados em cálculos e boas táticas comerciais. Nenhuma delas adotou a conservação como principal causa. Entretanto, em especial na última década, começaram a pensar melhor no valor da natureza e entenderam que investir nela melhoraria muito os resultados de seus negócios.

O uso e o manejo cada vez mais eficientes da água envolvem mais do que métodos de produção aperfeiçoados. Será mais importante, e mais desafiador, olhar para os muros das fábricas e as torneiras das cozinhas e ver que todas as peças desse grande sistema – fábricas, fazendas, florestas, comunidades, governos – se encaixam perfeitamente.

Essa visão mais ampla tem importância porque grande parte da água que a Coca-Cola usa para fazer refrigerantes, ou que a SABMiller usa para fazer cerveja, vai para plantações de cana-de-açúcar, cevada ou trigo, e não para as linhas de produção das fábricas. A mudança de perspectiva também muda o cálculo tanto para os negócios quanto para a conservação – que hoje envolve a dinâmica das florestas, mas também as decisões específicas que empresários como Carlos Salazar precisam tomar ao longo de toda a cadeia de fornecimento.

Pegadas de água

A conservação da água não depende apenas de como empresas como a Coca-Cola fazem seus produtos, mas também da mudança dos hábitos de consumo das pessoas. Todos nós já ouvimos falar em "pegada de carbono" – o termo se popularizou quando o aquecimento global tornou-se uma preocupação geral. Da mesma maneira, os consumidores já podem considerar a "pegada de água", conceito introduzido pelo holandês Arjen Hoekstra, professor da Universidade de Twente, em 2002. A pegada de água de um produto é a quantidade de água necessária para produzi-lo, desde o primeiro passo do processo de fabricação até o produto embalado na prateleira da loja.

Os números são perturbadores. Segundo Hoekstra, uma garrafa plástica com 1 litro de Coca-Cola requer 1 litro de água para o preparo da bebida, 1 litro para a produção e a lavagem, 10 litros para a fabricação da garrafa e absurdos 200 litros para a produção do açúcar – um total de 212 litros de água para apenas 1 litro do refrigerante.

Muitos produtos comuns têm pegadas surpreendentes: são necessários 2.500 litros de água para produzir uma camisa de algodão, uns 450 litros para meio quilo de trigo e cerca de 7.570 litros para meio quilo de carne. Um típico café da manhã norte-americano com dois ovos, torrada e café requer 454 litros de água – e mais ainda se você passar manteiga na torrada ou puser leite no café. Os números são realmente apavorantes se pensarmos em todos os produtos, alimentos e bebidas que consumimos, e acrescentarmos tudo o mais que usa água – regar o jardim, dar descarga, escovar os dentes, tomar banho, lavar roupas, pratos e carros. Em 2004, os norte-americanos foram os que atingiram as pegadas de água mais altas por ano – em média mais de 2,5 milhões de litros por pessoa, o suficiente para encher uma piscina olímpica.

As pessoas se assustam diante desses números. Informar os consumidores sobre a quantidade de água – ou energia, combustível ou qualquer outro recurso – que é usada nos produtos do dia a dia é o primeiro passo para que tomem decisões conscientes sobre o que comprar e quanto consumir. Nem as pegadas de carbono nem as pegadas de água causaram o impacto necessário, ainda. Temos esperança de que acabem integrando as inúmeras escolhas rotineiras do consumidor, algo que por enquanto não está acontecendo.

O consumidor costuma controlar a pegada de água direta, a água que ele usa no cotidiano, instalando descargas econômicas e chuveirinhos de mão, obedecendo a decretos locais e a restrições nos períodos de estiagem. Ainda assim, a pegada de água total por consumidor – o volume de água daquela piscina olímpica – é muito maior que a direta, e, lamentavelmente, ele ainda não tem consciência disso.

Hoje, ao promover o conceito de pegada de água incluindo-o nos rótulos dos produtos, pesquisadores e ativistas querem chamar a atenção para o fato de que estamos desperdiçando drasticamente o nosso recurso mais precioso. Em 2008, Hoekstra ajudou a fundar a Rede da Pegada de Água (Water Footprint Network, WFN), cuja meta é precisamente essa. Algumas empresas estão fazendo da necessidade de usar menos água uma vantagem. Em 2010, a Levi's lançou uma linha de jeans chamada Water<Less. A fabricação de uma calça jeans normal requer 42 litros de água em múltiplas lavagens para se obter a textura ideal. Segundo a Levi's, sua nova linha reduz o consumo de água no processo de fabricação em média em 28 por cento, e até em 96 por cento em alguns produtos. A reação inicial foi positiva: em 2011, as vendas da Water<Less superaram as do jeans normal, custando o mesmo preço.

O racionamento de água não é simplesmente um risco para empresas como a Levi's ou a Coca-Cola, nem uma oportunidade para investidores comprarem ou venderem direitos à água no Texas. Ele também tem consequências profundas na vida. As iniciativas para minimizar essas consequências são imensamente benéficas. O modo como as pessoas decidem usar ou conservar a água e outras dádivas da natureza terá efeitos duradouros e profundos sobre todos nós.

Todas essas questões estavam por trás das perguntas que Carlos Salazar nos fez em Cartagena em 2011. As grandes cidades e as grandes corporações dependem dos rios que cortam os vales ou correm para o mar. Entretanto, é o que acontece antes, na cabeceira do rio, que determinará como ele fluirá. Proteger a água que alimenta os negócios de Salazar e as inúmeras comunidades humanas e naturais é proteger as florestas. Os conservacionistas estão encontrando novas formas de fazer isso na América Latina, sobretudo os amigos do vale do Cauca, na Colômbia, mas as raízes da ideia remontam a uma inesperada fonte de inspiração para salvar a natureza: a cidade de Nova York.

2

Nem uma gota de água potável

Em outubro de 2011, conheci um grupo de plantadores de cana-de-açúcar em Bogotá, Colômbia. Eram anfitriões afáveis e calorosos, ótima companhia durante o jantar, orgulhosos de suas belas paisagens e negócios bem-sucedidos. Não tinham uma visão de mundo como a minha e certamente não se consideravam ambientalistas. Mas concordávamos em um ponto muito simples: fazia todo o sentido investir na natureza para proteger as bacias hidrográficas.

Dez anos atrás, esses plantadores de cana-de-açúcar colombianos estavam muito preocupados que o vale do Cauca, próximo à costa do Pacífico e uma das regiões canavieiras mais ricas do mundo, não tivesse mais água suficiente para irrigar suas imensas plantações. A solução que eles encontraram aproximava-se da base econômica e ecológica que reuniu Carlos Salazar e a FEMSA à mesma mesa: garantir o abastecimento de água protegendo as florestas das bacias hidrográficas que alimentam o rio Cauca. Os plantadores de cana do vale do Cauca estão mantendo as florestas intactas com um investimento estrategicamente chamado fundo da água – uma dotação para a conservação da água.

Capital natural

Essa solução inteligente era a resposta concreta para algumas das perguntas de Carlos Salazar. As florestas são capital natural. A ideia é simples: investir hoje relativamente pouco na natureza para obter água limpa amanhã e evitar prováveis despesas astronômicas com filtros e equipamentos caríssimos. Proteger as florestas sai mais barato do que custear engenharia alternativa, um investimento que gera inúmeros benefícios adicionais.

A ideia do capital natural não é nova. Estudiosos e autores como E. F. Schumacher, Herman Daly, Paul Hawken, Walt Reid e Gretchen Daily falam sobre isso há muito tempo. Embora a ideia seja bem conhecida, colocá-la em prática em situações reais é uma novidade que abre portas. Quanto mais empresas e governos aderirem, maior é o potencial para a solução dos dois principais desafios que o movimento de conservação enfrenta atualmente.

Em primeiro lugar, há mais de um século os conservacionistas dependem da ajuda de filantropos e são profundamente gratos à generosidade deles. Esse apoio continua sendo vital. Mesmo assim, nenhuma organização ou grupo conseguiu levantar capital filantrópico suficiente para comprar terrenos grandes, interligados e resilientes o bastante para salvar áreas naturais e as espécies que nelas vivem. Contudo, convencer governos e líderes empresariais de que o investimento na natureza trará benefícios importantes é uma nova forma de se obter capital para a conservação.

Em segundo lugar, hoje em dia muita gente está desconectada da natureza e não entende por que deveria cuidar dela e protegê-la. Mas essas mesmas pessoas se importam com o que precisam para sobreviver – água e ar puros, solo fértil, madeira para construir suas casas, proteção contra inundações e outras tragédias naturais. O capital natural é um conceito importante para divulgar a ideia de que devemos nos preocupar em manter um meio ambiente diversificado e resiliente.

Por estabelecer uma relação direta entre a natureza e as necessidades básicas dos seres humanos e das empresas, a conservação ganha importância em todo o mundo. Incluem-se aqui não só os plantadores de cana do vale do

Cauca, que hoje entendem perfeitamente que dependem da natureza, como também os moradores das cidades, que estão mais distantes dela.

Quando eu morava em Nova York, nem eu nem meus vizinhos nos preocupávamos em saber de onde vinha a água que abastecia a cidade. Embora eu tivesse água potável em abundância em todas as torneiras, costumava comprar água engarrafada para o meu escritório. O que eu não sabia é que há cem anos os moradores de Nova York descobriram uma maneira de obter água potável a baixo custo, e que uma variação dessa solução já tem raízes no vale do Cauca e em outras partes da América Latina.

A água de Nova York

O Eddie & Sam's Pizza no centro de Tampa, Flórida, diz que faz a "Verdadeira Pizza de Nova York". O que distingue a verdadeira pizza de Nova York? Não é a massa, nem o queijo, nem o molho, nem as coberturas, nem as fatias gigantescas. É a água. A cada poucos meses, o Eddie & Sam's importa mais de 3.700 litros de água das nascentes de Catskill que alimentam os reservatórios nova-iorquinos. Outra empresa, a Brooklyn Water Bagel Co., com suas vinte lojas espalhadas pelo país, vai ainda mais longe. Em vez de usar a água do Brooklyn, ela procura recriar a química exata da água de Nova York através de um processo patenteado de filtragem em catorze etapas, e só então a água está pronta para o preparo de seus *bagels*.

Tanto tempo, dinheiro e tecnologia só para obter a água certa para a pizza e os *bagels* pode parecer exagero, mas os nova-iorquinos orgulham-se de sua água, e com razão. A maior parte do fornecimento da cidade não passa por filtros e recebe, comparativamente, pequenas quantidades de cloro e flúor.

Nova York deve essa água leve e de boa qualidade a algumas montanhas cobertas de árvores e a um pequeno grupo de urbanistas com um ideal. Embora não pensassem nesses termos, esses homens investiram na natureza, e desde então as novas gerações estão colhendo os benefícios disso.

O investimento deles foi movido por uma necessidade específica. O surto de cólera que se espalhou pela cidade através da água, no início do século xix, matou milhares de cidadãos. A epidemia, mais a poluição da água e o rápido crescimento da população obrigaram as autoridades locais a buscar nos arredores mananciais mais limpos e confiáveis do que a água de superfície e dos poços. Por volta de 1837, já prevendo o crescimento da cidade, elas investiram em um sistema de aquedutos para captar água do rio Croton, situado a leste do rio Hudson, uns 40 quilômetros ao norte da cidade.

No final do século xix, o número de habitantes já ultrapassava a capacidade dos aquedutos do rio Croton. Para complementar o abastecimento, as autoridades voltaram sua atenção para Catskill, os 5.000 quilômetros quadrados de montanhas e vales a oeste do Hudson e três vezes mais distantes que o Croton. Nessa região predominantemente rural existiam algumas fazendas, mas as florestas permaneciam intactas e os riachos, cristalinos. Em 1905, teve início ali a construção de um sistema de tanques, túneis e condutores.

A obra foi além de Catskill e incluiu a bacia do rio Delaware; em 1964, o sistema completo, a maior usina hidráulica de todo o país, estava concluído. Prodígio da engenharia, o sistema hídrico de Nova York conta com um pouco mais que a força da gravidade para distribuir 4,5 bilhões de litros de água diariamente a partir de seus nove reservatórios, três lagos, 480 quilômetros de túneis e 9.650 quilômetros de tubulação.

O sistema vem funcionando bem há décadas e nos ensina uma lição valiosa: bem cuidado, e na ausência de uma mudança climática catastrófica, ele pode fornecer água potável para sempre. Os engenheiros não pensaram em construir represas e tubulações que jamais se deteriorassem. Eles confiaram nos serviços que a natureza tinha a oferecer. O solo e as raízes filtram a água, os micro-organismos destroem os contaminantes, as matas absorvem o nitrogênio das emissões dos carros e do vazamento de fertilizantes, e as plantas aquáticas absorvem nutrientes e retêm os sedimentos e os metais pesados. Proteger esses serviços – que só melhoram com o tempo – e todo o resto nada mais é que manutenção.

A bacia hidrográfica de Catskill é um verdadeiro manual do que hoje é conhecido como infraestrutura verde. Em contraste com a infraestrutura cinza, que envolve tubulações e estações de tratamento, a verde consiste em florestas e pradarias, charcos e rios. A rede formada por terrenos naturais, aliada à paisagem rural de fazendas, matas e outros espaços abertos, mantém os ecossistemas em funcionamento, abriga vida selvagem e contribui para o bem-estar de comunidades humanas, filtrando a água, controlando inundações, resfriando e limpando o ar e criando áreas de recreação, entre outros benefícios.

Entre construir uma nova infraestrutura cinza e conservar a área verde, esta última opção é muito mais barata e eficiente. Consideremos, por exemplo, as bacias hidrográficas do rio Croton e de Catskill. O Croton é, em sua maior parte, um rio suburbano, localizado não muito longe da cidade. As autoestradas, os estacionamentos, os vastos gramados dos subúrbios, os campos de golfe e outros elementos contribuem para aumentar a poluição nos reservatórios: fertilizantes e outros produtos químicos, o lixo, o óleo dos motores, as partículas lançadas pelos escapamentos dos carros e tratores. A chamada poluição de origem não pontual é a desgraça dos ecossistemas de água potável em todos os lugares e notadamente difícil de controlar.

No fim da década de 1980, as autoridades de Nova York desistiram de controlar a poluição por meio de medidas como o melhoramento dos sistemas sépticos e a redução da erosão, e se decidiram por um sistema de filtragem para os cerca de 10 por cento da água da cidade que passa pelo sistema Croton. A construção levou seis anos e custou 3,4 bilhões de dólares; o sistema começou a operar em 2012, e consumirá anualmente milhões de dólares.

A poluição não era problema em Catskill nas décadas de 1980 e 1990, mas os riscos vinham aumentando, em consequência das mudanças eco-

Capital natural

nômicas na região. Os pequenos fazendeiros e os proprietários de matas estavam lutando para manter suas propriedades. Muitos se voltaram para a agricultura intensiva em áreas menores, o que aumentou o escoamento da água e a erosão do solo, ou abriram estradas para obter mais madeira para as serrarias. Outros preferiram vender suas terras para construtoras de casas de veraneio, o que exigiu a abertura de mais estradas e a salga necessária para manter essas estradas abertas durante o inverno. A poluição aumentava cada vez mais e poderia piorar se essas ações saturassem os sistemas sépticos rurais.

Os nova-iorquinos já viam um novo sistema de filtragem como inevitável. Quando a EPA criou normas rígidas para a água de superfície em 1989, a cidade se viu diante da terrível perspectiva de ter que construir um sistema de filtragem ainda maior do que o do rio Croton, talvez a um custo de 8 bilhões de dólares.

Os proprietários das mais de 800.000 construções de Nova York arcariam com a conta, pagando taxas mais caras de água e esgoto. O custo financeiro seria altíssimo. As autoridades locais, lideradas por Al Appleton, comissário do Departamento de Proteção Ambiental de Nova York e diretor do sistema de água e esgoto da cidade, teve uma ideia. Em vez de construir uma estação de filtragem, sairia mais barato proteger as bacias e os resultados seriam os mesmos, senão melhores. Coloquemos esse complexo argumento político, econômico e científico em termos mais simples: se você evitar a poluição, não terá que gastar somas astronômicas para limpar a água. Appleton e outras autoridades reconheceram que investir na natureza, especificamente na bacia hidrográfica de Catskill, renderia dividendos expressivos: anos e anos de água limpa para a cidade de Nova York.

Ninguém tinha feito isso antes – não nessa escala. Mas, com esse projeto multibilionário no horizonte, as autoridades nova-iorquinas decidiram se mexer. Ao longo de grande parte da década de 1990, Nova York, sessenta cidades menores, dez vilarejos, sete condados, o estado de Nova York, a EPA e grupos ambientalistas, todos negociaram os termos segundo os quais a agência renunciava à necessidade de filtragem e aceitava que a cidade não construísse o novo sistema.

Por fim chegou-se a um acordo em 1997. Ele limitava o desenvolvimento na bacia e encarregava a cidade de gastar 1,5 bilhão de dólares na compra de terrenos, na construção de tubulações para escoamento e sistemas sépticos, e na melhora do sistema de esgotos existente.

A brilhante solução encontrada por Nova York foi que Al Appleton e outras autoridades não se ocuparam de apenas um problema. Eles pensaram grande. Em vez de cuidar de uma fonte de poluição por vez – abordagem que tem fracassado repetidamente –, a cidade trabalhou com os fazendeiros para ajudá-los a cuidar da terra de tal maneira que suas necessidades financeiras fossem atendidas e ao mesmo tempo eles não sujassem a água do rio.

Embora, pelas leis estaduais, a cidade possa controlar o desenvolvimento em Catskill, a maior parte das terras é propriedade privada. A cooperação teria que ser de todos. A menos que os moradores da área se engajassem, Nova York sabia que jamais daria certo estabelecer padrões de poluição a centenas de quilômetros de distância.

A cidade começou bancando investimentos de controle de poluição nas fazendas, para incentivar a adesão de seus proprietários. Em vez de seguir uma lista das melhores práticas de administração, os fazendeiros trabalharam com as agências estaduais e municipais para customizar medidas de controle de poluição que maximizassem a eficiência e minimizassem os custos, como a construção de cercas e pontes a fim de manter a criação longe dos cursos d'água. As soluções não foram só melhores e mais baratas que as tentativas anteriores de controlar a poluição como os fazendeiros economizaram tempo e dinheiro.

Essas medidas viraram de ponta-cabeça a dinâmica usual da poluição. Empresas e comunidades tendem a resistir às novas regulamentações, vendo-as, correta ou erroneamente, como onerosas. É muito melhor, então, envolvê-las como prestadoras de um serviço valioso para um mercado receptivo. Agora os fazendeiros tinham um novo produto para vender: a água.

Capital natural

A cidade depende de licenças periódicas da EPA, a última delas emitida em 2007, com duração de dez anos. Como parte desse acordo, Nova York comprometeu-se a gastar mais 241 milhões de dólares na compra de terras nos próximos dez anos. No início de 2011, o estado deu permissão para que a cidade comprasse mais 105.000 acres na bacia hidrográfica.

Nova York tem injetado muitos recursos na bacia de Catskill, numa grandiosa transferência de recursos da cidade para o campo. Esses investimentos estimularam a economia em todo o estado, gerando mais empregos e atraindo mais empresas, desde empreiteiras que instalam sistemas sépticos e melhoram os sistemas de tratamento de águas residuais a empregos na cidade e no estado e novas empresas de turismo. Os fazendeiros de Catskill, que antes pensavam que o ambientalismo os obrigaria a gastar dinheiro para resolver o problema dos outros, hoje ganham para ser ambientalistas. Para alguns, essa renda fez a diferença entre vender ou permanecer na terra. Mais de 90 por cento das fazendas na bacia hidrográfica participam do programa e por volta de 75.000 acres já estão sob gestão melhorada.

A combinação de proteção da terra e melhoramento de gestão permitiu que Nova York fizesse um truque simples: ganhos em três frentes. A população da cidade ganhou água mais pura e mais segura; os moradores de Catskill foram pagos por um benefício que durante muito tempo haviam fornecido de graça; plantas, animais e pessoas se beneficiaram com mais conservação. E, por último, Gretchen Daily resume tudo isso em uma única pergunta, e só parcialmente em tom de brincadeira: "Você passaria um fim de semana romântico em uma estação de filtragem ou em Catskill?"

Uma verba para a água

As lições de Nova York são uma promessa quando consideramos o fornecimento de água para as grandes cidades fora dos Estados Unidos. Tomemos como exemplo Quito, a capital do Equador, que se estende ao longo de um vale no alto dos Andes. Cerca de 0,5 milhão de hectares de parques forma-

Nem uma gota de água potável

dos por florestas e extraordinárias planícies de grande altitude chamadas páramos protegem as bacias hidrográficas da cidade.

Os parques abrigam algumas espécies típicas da América Latina, como o condor-dos-andes. Diferentemente do condor-da-califórnia, o andino continua presente em grande parte da histórica cordilheira. Esse pássaro faz seus ninhos em penhascos inacessíveis, mas os animais dos quais depende para se alimentar estão nas florestas que recobrem as encostas, mais próximos das fazendas e das cidades e, portanto, em muito menos segurança que seu enorme predador alado.

Mais de 2 milhões de pessoas vivem perto desses parques. Felizmente, elas entendem que dependem das florestas tanto quanto os ursos e os pumas. E toda essa gente está disposta a pagar pelas florestas. O fornecimento de água limpa para elas é essencial para salvar também os condores.

Quem vive nesses parques, ou próximo a eles, não conta com estradas nem escolas, tem assistência médica precária e poucas oportunidades financeiras. Não resta outra escolha a essas pessoas senão transformar florestas e pradarias em plantações e pastos. Isso nos leva aos mesmos problemas que vimos em Catskill – erosão, a consequente sedimentação que diminui tanto a quantidade como a qualidade da água dos reservatórios, e a poluição gerada pela criação de animais e pelos fertilizantes que escorrem para os rios.

No Equador, o principal responsável pelo fornecimento da água dos que vivem embaixo é o páramo, que só existe no alto das montanhas, a mais de 3.000 metros acima do nível do mar. Caminhar sobre o páramo é como andar sobre uma esponja gigante, afundando levemente no solo macio a cada passo. Essa porosidade é responsável pelo importante papel ecológico do páramo: absorver a água da chuva e liberá-la lentamente para os inúmeros riachos e rios.

Mas o páramo age como uma esponja somente quando intacto – o que não dura muito tempo quando começam a plantar batatas ou criar animais sobre ele. De acordo com o costume, os fazendeiros queimam o mato para

Capital natural

liberar grande quantidade de nutrientes, que logo se dispersa, e soltam os animais para comer. Esse processo transforma rapidamente o poroso páramo em um solo empedrado, que não absorve a água.

Deixar o gado fora do páramo é o primeiro passo para manter o abastecimento de água de Quito. Isso significa facilitar a cooperação entre grupos que não estão acostumados a trabalhar juntos: agências dos governos local e nacional, comunidades rurais, o serviço público de água local, empresas que fazem uso intensivo da água e organizações de conservação. Como na bacia de Catskill, todos juntos precisam encontrar a melhor maneira de administrar as fazendas e buscar novas fontes de renda. Como em Nova York, o desafio é transferir uma parte do dinheiro da cidade para o campo, mas sem esquecer que Quito é bem menos rica que Nova York.

Quito aprendeu outras lições com Nova York: manter pradarias e florestas intactas e trabalhar com os fazendeiros para diminuir a poluição, em vez de tentar resolver os problemas na outra ponta da tubulação. Mas, devido ao rápido crescimento da cidade e ao avanço da ocupação humana e da agricultura nas montanhas próximas, no final da década de 1990 a crise da água foi inevitável. À medida que as florestas eram derrubadas, a água de Quito ficava mais suja. Construir um novo sistema de filtragem da água seria proibitivamente caro e uma medida apenas paliativa se o desmatamento continuasse.

Um passo importante no caso de Nova York foi transformar algumas áreas privadas em públicas, o que permitiu ao governo impor regras para o uso da terra. Em Quito, a maior parte da bacia hidrográfica já era pública, mas havia um problema maior: nem a cidade nem o governo nacional tinham dinheiro para administrar uma área tão grande.

A cidade optou por uma solução muito simples: criar uma verba destinada à conservação que foi chamada de "fundo da água". Esse mecanismo financeiro reuniu o público em geral, os governos nacional e local, serviços públicos, empresas e organizações internacionais para capitalizar um fundo de investimento. O rendimento dessa aplicação paga pela conservação das florestas e pela manutenção de rios, riachos e lagos, para garantir que das torneiras de Quito saia água potável cada vez que alguém as abrir.

O Fundo da Água de Quito foi estabelecido em 2000, com um pequeno investimento por parte das autoridades gestoras da água pública da cidade e da TNC. Um quadro diretor composto por representantes dos usuários de água privados e públicos, comunidades locais, grupos indígenas e organizações sem fins lucrativos supervisiona o fundo e determina como aplicar os rendimentos. A autoridade gestora de energia elétrica aderiu ao fundo em 2001, e uma cervejaria local, a Cervecería Nacional, fez o mesmo em 2003, seguida pela engarrafadora de água Tesalia Springs; todos reconheceram a dependência, por parte de seus negócios, de um abastecimento confiável de água limpa e barata.

O fundo recebeu um enorme incentivo em 2006, quando Quito conseguiu que a empresa pública de água contribuísse com 1 por cento das tarifas coletadas a cada ano dos usuários de água. Essas tarifas seriam muito mais altas se as pessoas tivessem que bancar os custos da construção de um novo sistema de filtragem.

O serviço público de água percebeu que investir na proteção das bacias hidrográficas era a maneira mais barata de administrar seus riscos. Menos poluição e menos erosão significam menor risco de interromper o fornecimento de água – como se vê em outras partes da América Latina, quando os deslizamentos de terra invadem os aquedutos –, além da vantagem evidente de não ser necessário construir outras estações de filtragem. O fundo da água é também uma forma de a companhia de água e todos os demais acionistas terem um programa de ação comum. Motivar o setor privado a conversar com o setor público, algo difícil em qualquer lugar, é um desafio ainda maior nos países emergentes, onde ninguém confia nas instituições públicas. Se não há confiança, a boa governança tanto dos ambientes construídos como dos naturais torna-se impossível.

O investimento inicial para o fundo da água totalizava um capital próximo de 10 milhões de dólares no fim de 2011. O fundo pode usar agora 800.000 dólares dos rendimentos anuais dessa verba para solicitar subsídios equivalentes e cofinanciamentos de até 3 milhões de dólares ao ano para projetos de redução de danos ao páramo, às florestas e à água. O dinheiro do fundo atende também a dezenas de outras iniciativas, como reforçar a segurança do parque, apoiar o reflorestamento comunitário e construir cercas para manter o gado e as plantações a uma distância segura de riachos e rios. O fundo ainda financia microempresas para mulheres que, de outro modo, trabalhariam na terra ou cuidariam de pastagens de carneiros – por exemplo, fornecendo o capital para a compra de máquinas de costura para a confecção de trajes tradicionais para outras comunidades andinas mais distantes de Quito. O fundo também financia as torneiras a serem instaladas nas próprias comunidades indígenas.

As evidências ecológicas sugerem que os empreendimentos do fundo da água estão fazendo a diferença no páramo. Se ainda não retornaram ao seu estado original, as áreas beneficiadas com projetos de conservação em andamento estão mais saudáveis do que outras que ainda são queimadas. Num mundo ideal, a maior parte do páramo permaneceria intocada e todos os que nele vivem teriam suas necessidades satisfeitas sem precisar degradá-lo. O mundo real exige compensações; talvez um páramo não tão primitivo, mas que ainda preste um serviço ecológico vital para as pessoas e ao mesmo tempo preserve a diversidade de espécies, seja o melhor que se possa fazer. Mesmo imperfeita, se essa visão ecológica, social e econômica prevalecer, talvez já baste.

Mas nem todas as iniciativas do fundo da água são tão promissoras. Experiências de conservação muito inovadoras às vezes não funcionam. Em muitas partes, o fundo paga aos camponeses para reflorestar as áreas transformadas em pasto para os animais. A ideia é intuitivamente interessante e foi bem recebida pelo povo equatoriano. Mas o reflorestamento é caro, em especial se comparado à conservação do páramo, e talvez não valha a pena, ao menos a curto prazo. Reflorestar algumas poucas dezenas de acres pode custar quase o mesmo que restaurar milhares de acres no páramo.

Ainda assim, os fundos da água têm dado resultado. Uma razão é a simplicidade do modelo: todo mundo precisa de água, e a relação entre as florestas e o páramo rio acima e o abastecimento de água rio abaixo é evidente. A maioria das pessoas já paga para manter a infraestrutura cinza que nos abastece, portanto é justo que os usuários de água também paguem por sistemas naturais mais adequados para distribuí-la. Por essa razão a América Latina tem hoje 32 fundos da água em estágios variados de operacionalidade e de planejamento.

Para que os resultados dessas iniciativas correspondam ao potencial é preciso boa ciência, investimento financeiro responsável e maior colaboração entre os vários níveis de governo. Para isso, uma parceria público-privada entre a TNC, a Fundação FEMSA (o instrumento de investimento social da FEMSA), o Banco Interamericano de Desenvolvimento (BID) e o Fundo Global para o Meio Ambiente (Global Environmental Facility, GEF) comprometeu, em 2011, 27 milhões de dólares na criação de quarenta novos fundos da água nas principais cidades da América Latina, entre elas Bogotá, São Paulo e Lima. A Parceria de Fundos de Água da América Latina é a esperança de expandir os fundos da água de alguns poucos locais para algo que permita mudar o modo como as pessoas usam e pagam por esse recurso em regiões muito mais vastas. Os projetos apoiados pela parceria têm potencial para garantir o abastecimento de água limpa para 50 milhões de pessoas, pelo menos.

Com a crescente popularidade dos fundos da água, cientistas, economistas, conservacionistas e empresários estão fazendo perguntas básicas: Qual é o fundo da água ideal? Se quiséssemos obter as melhores informações e usar as melhores ferramentas que existem, quais seriam elas?

O resultado a longo prazo que responde a essas perguntas é um só: o esforço vale a pena. O sucesso dos fundos da água nos dá a direção para criar incentivos e leis que mudem a forma como as pessoas valorizam a água, as florestas e os oceanos e toda a vida selvagem que é mantida por esses recursos. Já não se trata mais só de água e fundos da água, mas de toda a natureza.

O plantio de cana

O vale do Cauca é um teste para a criação de um fundo da água ideal, e os resultados produzirão os dados necessários para provar que os fundos são úteis. Todos que vivem e trabalham no vale hoje reconhecem que, se as bacias hidrográficas que alimentam o rio Cauca forem destruídas – 1.500 quilômetros quadrados de florestas tropicais e páramo, ainda selvagens e ambiente natural do urso-de-óculos e da anta-da-montanha –, o fluxo de água necessário para o cultivo e processamento da cana-de-açúcar diminuirá. Plantadores e donos de moinho estão fazendo os cálculos sobre o futuro dos negócios e já concluíram que é melhor investir na natureza.

O vale do Cauca é onde se encontram as maiores plantações de cana--de-açúcar em todo o mundo. Quase todo o vale, cerca de 0,5 milhão de acres, está voltado para essa única cultura, que dá o ano todo no clima quente e seco. O solo profundo, aluvial, produz 50 toneladas de açúcar por acre – mais que a Flórida ou o Brasil.

Os plantadores de cana-de-açúcar e o governo da Colômbia temeram pela água do vale do Cauca pela primeira vez na década de 1950, e o açúcar foi a primeira indústria colombiana a exibir um componente explicitamente ambiental. Em 1954, o governo criou a Corporação Autônoma Regional do Vale do Cauca (CVC) para incentivar o desenvolvimento do vale do rio Cauca e proteger seus recursos naturais.

Embora tivesse previsto problemas com o fornecimento de água, a CVC não conseguiu evitá-los. Em meados dos anos 2000, quase 80 por cento da água usada no vale era destinada à cana-de-açúcar, e com o crescimento populacional o recurso estava próximo de seu limite. A água para consumo humano tem prioridade máxima, e, mantendo o uso atual, nos próximos anos os plantadores de cana teriam que passar de cinco para quatro ciclos anuais de irrigação, o que reduziria em 9 por cento suas safras, por volta de

4 toneladas de cana por acre. Com a cana vendida a quatro dólares por tonelada, se continuassem fazendo como sempre fizeram, os plantadores de cana dos 350.000 acres cultivados do vale deixariam de ganhar 6 milhões de dólares por ano.

A perspectiva de perder tanto dinheiro faz qualquer empresário parar para pensar. Para ganhar o apoio para a criação de um fundo da água, porém, era preciso provar o potencial econômico do fundo. Isso significava levar em conta pesos e centavos: se os custos potenciais são claros, os benefícios também devem ser. Plantadores e donos de moinho querem números, e não imagens coloridas de vistas maravilhosas e criaturas curiosas que vivem nas montanhas acima dos canaviais – por mais fiéis que sejam.

Os dados precisam ser tanto econômicos quanto ecológicos, delineando com exatidão em que ponto da bacia hidrográfica o fundo vai investir. Alguns fundos da água funcionam na base da subscrição geral. Todos que moram na bacia hidrográfica coberta pelo fundo podem participar, e o fundo paga uma quantia a todos os participantes. Isso pode ser importante politicamente para garantir uma distribuição mais ampla dos benefícios, mas talvez não seja o modo mais eficiente de melhorar o fornecimento de água. Os grupos que estão por trás do fundo da água do vale do Cauca preferiram especificar de onde viriam os retornos mais altos.

O primeiro passo, dado no verão de 2009, foi reunir representantes de todas as partes interessadas: plantadores de cana, proprietários de moinho, comunidades locais, agências do governo, a CVC, organizações de conservação e organizações de base de nove bacias hidrográficas do vale. Nos vários encontros, todos se debruçaram sobre mapas para identificar os lugares que teriam importância ecológica, econômica e social, e o que deveria ser feito para conservá-los. Esses locais incluíam nascentes, cursos d'água e rios, áreas de páramo e pastagem, e encostas íngremes propensas à erosão.

Quando esses lugares-chave foram identificados, os participantes tiveram que decidir o que fazer ali e quanto isso custaria. Entre as possíveis intervenções de conservação estavam isolar nascentes e o curso dos rios com a construção de cercas para manter o gado afastado, restaurar florestas degradadas, reflorestar áreas desmatadas convertendo--as em sistemas sustentáveis de produção e sistemas agroflorestais, melhorar a gestão das áreas de conservação existentes ou criar novas. A partir do mapeamento vieram os planos para cada uma das nove bacias. Os planos identificavam atividades diferentes em diversas partes das bacias em que todos os especialistas estivessem de acordo e os custos estimados para cada uma.

Isso se assemelha a um exercício normal de planejamento, comum a todos os projetos de conservação e desenvolvimento rural, mas com uma diferença importante. Entre os que participaram das reuniões de mapeamento havia economistas e ecologistas de um centro de pesquisa colombiano, do Centro Internacional para a Agricultura Tropical (International Center for Tropical Agriculture, ICTA) e do Projeto Capital Natural (Natural Capital Project, NatCap). Este último, uma iniciativa conjunta das universidades Stanford e de Minnesota, da TNC e do WWF, foi criado para fornecer análises econômicas e ecológicas inovadoras e ferramentas para incorporar o capital natural em decisões concretas. Uma das ferramentas era um *software* que permitia acessar uma série de variáveis biofísicas de cada uma das bacias do vale do Cauca.

Os dados que os cientistas inseriram nos computadores incluíram intensidade de chuva, inclinação das encostas, profundidade de solo, uso da terra, distância do rio e altitude. Isso resultou em um modelo que indicava quais seriam os investimentos e em que sítios eles produziriam melhores resultados no sentido da redução da sedimentação e da melhora da qualidade da água. Os cientistas puderam identificar, então, quais locais do vale seriam mais importantes, viáveis e eficazes em termos de custo conservar. Repetindo esse mesmo processo em todas as bacias hidrográficas, eles desenvolveram um portfólio de investimentos para o fundo da água.

O modelo também permitiu que os cientistas previssem como a mudança climática afetava esses sítios e os serviços que eles ofereciam. As

Nem uma gota de água potável

estimativas mais recentes revelam que a região pode se tornar mais úmida com a mudança do clima, e o abastecimento de água talvez não seja mais uma questão tão preocupante. A erosão, porém, pode piorar muito.

Quando a análise foi feita, a situação era clara: investir de 1 milhão a 3 milhões de dólares por ano durante oito anos na conservação da bacia hidrográfica pode diminuir pela metade o nível de sedimentação. Nesse cenário, os plantadores de cana-de-açúcar não teriam mais que encurtar o período de crescimento. Em suma, investir apenas 8 milhões de dólares em conservação renderia uma economia de mais de 45 milhões de dólares.

Ainda não há comprovação desses números, mas o potencial deles não deixa dúvidas. Assim foi em Nova York, assim foi em Quito e pode ser também no vale do Cauca. Se os resultados forem satisfatórios – e já existe um monitoramento que comprove isso –, terá sido um grande passo para demonstrar que investir em conservação pode funcionar em termos econômicos, além de beneficiar as pessoas, a vida selvagem e os ecossistemas que os abrigam.

Quando os plantadores de cana e os donos de moinho viram o retorno potencial de seus investimentos em conservação, decidiram na mesma hora aderir ao fundo da água. Os donos de moinho tinham ainda outro estímulo para participar. A abordagem ampla e inclusiva do fundo permitia que eles se envolvessem muito mais com os cuidados da bacia hidrográfica. E eles não só conquistaram um assento à mesa, ao lado do governo e de outros acionistas, como ganharam visibilidade e um incentivo em termos de relações públicas.

Os mesmos empresários que querem ver números concretos para justificar seus investimentos também querem provas de que estes estão compensando. Os projetos encontram-se em andamento, e os sistemas estão a postos para gerar os dados necessários, mas o impacto exato das iniciativas do fundo da água levará anos para aparecer. Os resultados dos investimentos do fundo da água serão visíveis já nos próximos anos em terras individuais, mas é preciso tempo, talvez de cinco a dez anos, para que surjam os benefícios de uma bacia hidrográfica inteira. Mesmo assim, as pessoas aderiram.

Os fundos da água rendem incentivos financeiros para que o envolvimento em conservação seja contínuo. Pela primeira vez, usuários de água, comunidades, governos e conservacionistas têm acesso às mesmas informações e aos mesmos padrões que determinam o impacto das iniciativas de gestão no vale do Cauca.

Os conceitos que estão por trás do fundo da água são claros e convincentes, mas é fácil demais aceitar que, no final, todos serão beneficiados. O cenário é animador demais. Numa visão mais realista, todos os envolvidos terão que se comprometer. Alguns proprietários de terra talvez precisem abrir mão de oportunidades potencialmente lucrativas, e pode ser que algumas áreas naturais sofram transformações. As questões envolvidas no vale do Cauca – e em muitos outros lugares – serão que compensações valerão a pena fazer, quem se beneficiará e quem bancará os custos.

Ter simplesmente as melhores informações é o primeiro passo, e mesmo isso pode ser transformador. Nos estágios iniciais da implantação do fundo, por exemplo, os donos de moinho perceberam que poderiam administrar não só o próprio fornecimento, mas também o uso da água. E começaram a explorar quanta água cada moinho usa e para onde ela vai. Isso reflete um desejo de fazer parte de uma visão mais ampla para o futuro do vale e de seu povo. Hoje, os plantadores de cana estão a caminho de se tornar ambientalistas de pleno direito.

3

Que as planícies inundáveis continuem inundáveis

Os plantadores de cana do vale do Cauca e os urbanistas de Quito concentraram suas iniciativas de conservação no desafio da escassez de água. A mudança climática, porém, obriga outros a enfrentar o problema exatamente oposto.

No outono de 2010, estive em Iowa, um estado que conhece muito bem a devastação que água em excesso pode causar. O rio Missouri delimita Iowa a oeste e o Mississippi a leste, com vários afluentes entre um e outro. Praticamente todos os anos, pelo menos um deles e a maioria dos afluentes transbordam. Nos piores anos as águas invadem estradas e pontes, inundam cidades e destroem plantações e criações. Uma coalizão de colaboradores improváveis – esportistas, fazendeiros, organizações conservacionistas, empresários e autoridades eleitas – decidiu apoiar a maior iniciativa de conservação a ser votada no país. Se aprovada, a emenda financiaria a restauração das planícies fluviais de Iowa, não só protegendo importantes hábitats da vida selvagem como também diminuindo a poluição da água; blindando das inundações comunidades, empresas e fazendas; e poupando o solo fértil dos agricultores.

O desafio: os moradores teriam que aprovar a emenda em uma eleição estadual. Não seria fácil convencer os cidadãos de um estado politicamente conservador, em plena recessão, de que os impostos arrecadados deveriam ser aplicados em conservação. Estive em Des Moines para uma conferência antes da votação. Meu papel como primeiro orador era convencer os habitantes – que não possuem fama de ambientalistas típicos – de que o investimento na natureza gera múltiplos benefícios. Isso, por si só, seria difícil, mas para piorar a situação meu avião atrasou. Cheguei depois do início do evento e o meu discurso de abertura foi transferido para o final.

Por fim, minhas observações nem foram necessárias. Enquanto eu esperava a minha vez de falar, os demais oradores defenderam a ideia de investir na natureza. As inundações tinham mudado o tom da conversa e feito os moradores se tornar conservacionistas apaixonados. Cada orador descreveu a devastação causada pelas recorrentes enchentes no estado. Eles também explicaram que diques, represas e reservatórios nem sempre são as melhores soluções. Um engenheiro local acrescentou: "É hora de as planícies inundáveis voltarem a ser inundáveis". Tirou as palavras da minha boca!

Alguns meses depois, a emenda foi aprovada com mais de dois terços dos votos. A lei previa um fundo permanente para restaurar os terrenos alagadiços e melhorar a qualidade da água. O fundo geraria 150 milhões de dólares em novos financiamentos anuais para os recursos naturais de Iowa. Foi uma grande vitória da conservação.

É claro que Iowa é apenas uma gota no oceano se considerarmos o recurso água em todo o mundo. Mas suas lições são aplicáveis a outras planícies inundáveis. Uma delas – talvez a mais importante – é que investimentos inteligentes em serviços naturais das planícies inundáveis resultam em imensos benefícios sociais, econômicos e ambientais.

Tempo instável

O tempo no planeta está se tornando cada vez mais instável. Em toda parte haverá chuvas menos frequentes, porém mais torrenciais, se comparado ao século passado, e períodos mais longos de estiagem entre os aguaceiros. Esse problema já é tão grave que algumas regiões experimentam os dois extremos em anos consecutivos. Em Memphis, no Tennessee, por exemplo, houve registros de cheias em 2011, mas no verão de 2012 o Mississippi recebeu tão pouca água que os barcos encalharam. No Paquistão, em 2010 as fortes chuvas de monção provocaram os piores alagamentos da história do país. Entretanto, em 2012, a monção do país falhou e os reservatórios de água baixaram drasticamente.

A natureza tem soluções tanto para os problemas de escassez quanto de excesso de água. Comparativamente, as infraestruturas construídas pelo homem costumam ser menos eficientes e mais inseguras que as alternativas naturais.

Consideremos, por exemplo, o método tradicional que usamos para prevenir alagamentos: a construção e manutenção de diques. Do Mississippi ao Yangtzé, os diques protegem as cidades das inundações. Para muitos que vivem perto da água, essas barragens sempre estiveram ali e são vistas com naturalidade: lugares para caminhar ou pescar na margem do rio – sempre foi assim e continuará sendo.

A natureza tem outro método para controlar os alagamentos: as planícies inundáveis. Trata-se de expansões planas próximas dos rios que recebem a água que transborda sobre as margens. Elas aliviam a pressão dos sistemas de dique, diminuem os riscos de alagamento e filtram produtos agrícolas prejudiciais. Ao contrário dos diques permanentes, as planícies inundáveis se adaptam aos padrões mutáveis do rio.

Diques, represas e canais não são suficientes para conter grandes volumes de água. Na verdade, os diques exacerbam os riscos de alagamento em comunidades localizadas rio abaixo, porque aumentam a velocidade do fluxo. As planícies inundáveis, por sua vez, diminuem a velocidade da água. Deixar que os rios façam o que sempre fizeram – transbordar sobre as margens e se espalhar pelas planícies inundáveis – é importante tanto para os próprios rios quanto para os que vivem em suas margens. Cientistas e engenheiros buscam meios de conservar e possivelmente recriar essa infraestrutura natural.

O Ouachita

Os alagamentos são mais comuns na Louisiana do que em Iowa, e não só na costa do golfo. A cidade de Monroe, a menos de 50 quilômetros ao sul da fronteira do Arkansas, por exemplo, não fica sobre uma planície inundável única, mas de duas. O rio Ouachita – palavra da língua falada pelo povo Choctaw que significa "terra dos grandes búfalos" – delimita a fronteira oeste da histórica planície inundável do Mississippi. Até o início do século XX, quando passava pela Louisiana o Mississippi recebia tanta água de toda essa imensa região que às vezes seus transbordamentos atingiam o Ouachita, quase 100 quilômetros a oeste.

Acontecia... não acontece mais. Hoje, há diques, represas e barragens em quase toda a extensão do baixo Mississippi, desde Cairo, Illinois, onde ele se junta com o rio Ohio, até o golfo do México.

Os diques fazem sua parte. Cada um tem seu próprio distrito eleitoral e um histórico de vidas salvas e fortunas construídas. O sistema de diques também deixa um testamento para a natureza subestimada: nem todos os gênios da engenharia e maquinário do mundo poderão controlar o Mississippi para sempre. Na verdade, tudo que é construído para garantir a segurança das pessoas e enriquecê-las, e não só ao longo do Mississsippi, corre sério risco de, a longo prazo, deixá-las mais pobres por degradar o capital natural.

As planícies inundáveis são ferramentas essenciais para controlar as inundações. Enquanto muitas desapareceram embaixo de construções ou sofreram tantas transformações que não são mais reconhecidas, muitas outras ainda podem ser restauradas; existem dezenas de iniciativas em andamento, de alguns poucos acres até milhares deles ao longo do rio Willamette, em Washington, a programas mais ambiciosos como os que são vistos ao longo do rio Yangtzé, na China. De um lado, as planícies inundáveis se mostram úteis do mesmo modo que as montanhas Catskill servem aos nova-iorquinos, como uma imensa infraestrutura verde; de outro, elas têm uma história muito maior do que apenas proteger uma bacia hidrográfica. Sua restauração muda a relação que as pessoas têm com o rio. Depois disso, basta um pequeno passo para que se repense todos os valores da natureza.

A natureza nem sempre é benigna. Às vezes, os rios transbordam e as florestas pegam fogo. Esses processos são tão essenciais quanto os que alimentam e sustentam as comunidades humanas. Faz muito tempo que a nossa única relação com os rios é de controle; talvez as comunidades tenham que renunciar ao controle para prosperar ecológica e economicamente.

Embora seja muito menor que o Mississippi, o Ouachita é um rio grande. Nasce uns 280 quilômetros a noroeste de Monroe, nas montanhas Ouachita do Arkansas. Quando chega a Monroe, tem 150 metros de largura e 9 metros de profundidade. O Corpo de Engenheiros do Exército dos Estados Unidos (Army Corps of Engineers, Usace), a agência federal de engenharia pública formada por engenheiros civis e militares, construiu um sistema de diques na década de 1970 para proteger Monroe das águas do Ouachita, que chegam a subir 16 metros acima do nível do mar.

Nos últimos tempos, as autoridades locais temem pelas consequências quando o pico das cheias ameaça chegar a 13 metros. Esse nível de água desencadeia medidas de emergência, como fechar os vãos entre as barreiras de elevação ao sul de Monroe, monitorar os diques 24 horas por dia e, por fim, erguer a barreira flexível contra inundações que em épocas mais calmas serve de passeio à beira-rio.

Mas esses alagamentos raramente atingem Monroe e não há necessidade de erguer essa engenhosa barreira. Em 2009, porém, as chuvas da primavera foram torrenciais no Arkansas e na Louisiana; o Ouachita ganhou força nas montanhas em fins de abril e maio, e ao se aproximar da cidade ultrapassava 12 metros do estágio de cheia e continuava subindo.

Então, de repente, o nível da água começou a baixar.

Segundo uma autoridade local, foi como puxar a tampa do ralo de uma banheira. O nível da água do rio, logo acima de Monroe, baixou 15 centímetros em questão de horas. Não parece muito, mas quando sua vida está dependendo de sacos de areia alguns centímetros fazem muita diferença. Menos de 24 horas depois, adiante de Monroe, na represa Felthensal, no Arkansas, o Ouachita baixou quase 45 centímetros.

O que aconteceu? A natureza, como às vezes acontece, evidencia o problema; neste caso, as pessoas conheciam a solução, mas a natureza se antecipou. Um dique situado uns 30 quilômetros antes de Monroe tinha se rompido em dois lugares. Com isso, o rio Ouachita transbordou e inundou 16.000 acres de campos de soja abandonados. Ao transbordar, as águas do Ouachita reencontraram sua planície inundável.

Em vez de causar um desastre, o dique rompido indicou o caminho. Os alagamentos de 2009 justificaram para os moradores de Monroe o investimento na natureza com mais eficiência do que qualquer mensagem dos serviços públicos ou campanha publicitária.

Tornada permanente, essa reconexão beneficiou as florestas da Louisiana, que são comuns na planície aluvial, bem como os peixes e os animais que elas abrigam. Beneficiou também as pessoas que vivem rio abaixo. Hoje, os moradores de Monroe sabem melhor que ninguém que, ao absorver a água, as planícies inundáveis aliviam a pressão sobre outras partes do sistema de diques do rio Ouachita.

Embora a remoção dos diques faça todo o sentido, ainda é uma ideia ousada para as populações que vivem à beira dos grandes rios. Para os moradores da Louisiana, ainda atormentados pelas imagens da devastação em New Orleans quando os diques falharam durante a passagem do furacão Katrina, um passo como esse seria uma afronta à história, à cultura e até mesmo à lei. As economias mudam concomitantemente ao valor que é dado à natureza. Quando a agricultura comandava a economia no baixo Mississippi, o valor das planícies inundáveis como terras cultiváveis era um argumento definitivo. Hoje, com a economia mais diversificada, a região se permite reavaliar algumas compensações que eram feitas no passado.

Ameaça ao Mississippi

As tentativas de controlar o rio Mississippi começaram assim que os europeus alcançaram suas margens. As planícies inundáveis têm solo rico e o vale do Mississippi exibe uma das florestas mais belas do planeta em cerca de 25 milhões de acres. Assim que chegaram, os primeiros colonizadores começaram a limpar os terrenos mais altos e a construir aterros; muitas vezes a lei exigia que fossem feitas essas "melhorias" para conceder os títulos de propriedade. À medida que os povoamentos foram se formando ao longo do rio e seus afluentes, surgiu também a necessidade de protegê-los, e uma rede improvisada de diques, uns mais sólidos, outros menos, começou a se formar.

Há 150 anos esses diques protegem, ao menos aparentemente, centenas de milhares de acres de terras cultivadas e suas subdivisões. Mas desde o início existe a dúvida se só os diques são suficientes. Mark Twain enxergou os riscos já em 1883.

> Quem conhece o Mississippi prontamente afirmará – não em voz alta, mas para si mesmo – que 10.000 Comissões do Rio, com todas as minas deste mundo por trás, não domesticarão esse rio fora da lei, não o refrearão nem o confinarão, não poderão comandar, Venha cá, Vá para lá, e obrigá-lo a obedecer; não salvarão a margem que ele tiver condenado; não erguerão em seu caminho obstruções que ele não derrube, dance por cima e siga rindo [...] a Comissão pode até desafiar o curso dos cometas e jurar que eles obedecerão, mas não obrigará o Mississippi a ter um comportamento correto e razoável.

Mas as enchentes vieram e os diques aguentaram. Melhor dizendo, aguentaram até 1927. Então a fragilidade do sistema e o excesso de confiança neles ficaram evidentes. Em 1927 o Mississippi se libertou, rompeu o sistema de diques em 145 locais e alagou 70.000 quilômetros quadrados. A água cobriu uma área de mais de 80 quilômetros de largura por 160 quilômetros de comprimento com mais de 10 metros de água, causando um prejuízo de 400 milhões de dólares e matando milhares de pessoas em sete estados. John M. Barry documenta em *Rising Tide*, o relato definitivo dessa inundação, que os registros oficiais jamais contabilizariam o número de vítimas, por serem agricultores negros e pobres.

Em New Orleans, os moradores temiam que a água transbordasse da bacia sobre a qual a cidade se encontra e invadisse tudo. Os empresários de New Orleans convenceram o Usace a dinamitar os diques próximos da paróquia de St. Bernard para baixar o nível do rio e poupar a cidade. Os hidrologistas e outros especialistas sabiam que a inundação romperia diques centenas de quilômetros ao norte e não chegaria a New Orleans, mas se calaram ou foram ignorados. As explosões começaram nas paróquias de St. Bernard e Plaquemines, deixando desabrigadas 10.000 pessoas. E os diques começaram a se romper no dia seguinte.

A resposta a essa crise foi um longo e revitalizado esforço para controlar o Mississippi. O Congresso recorreu ao Usace para se encarregar desse empreendimento monumental e sem precedentes.

A desastrosa inundação do Mississippi em 1927 destruiu vários outros diques, além daqueles que foram explodidos intencionalmente perto de New Orleans. Com eles se foi a certeza de que só os diques eram suficientes para conter esse ou qualquer outro rio de grande porte. O Congresso solicitou ideias alternativas e decidiu-se pela que foi oferecida pelo chefe dos engenheiros, major-general Edgar Jadwin. Mas talvez não tenha sido a melhor escolha; por exemplo, o major disse em uma audiência do Congresso que, em condições naturais, o delta do Mississippi não transbordaria. Embora as delegações do delta duvidassem, o Congresso escolheu o Plano Jadwin, com enfoque detalhado no controle das enchentes.

O plano incluía o primeiro reconhecimento de que isolar os rios de suas planícies inundáveis talvez não fosse uma boa ideia. Fiel à missão e

Que as planícies inundáveis continuem inundáveis

ao cargo, o Usace escolheu uma solução técnica: deixar os diques onde estavam, mas instalar portas colossais e outras estruturas nas próprias planícies inundáveis, que ganharam os nomes de vias de escoamento (*floodways*) e vertedouros (*spillways*). As portas seriam abertas nas grandes enchentes para retirar milhões de litros de água do rio, e as vias de escoamento levariam essa água para as áreas cultivadas e aliviariam a pressão sobre os próximos diques.

De um modo geral, o sistema tem funcionado. A enchente do Mississippi em 2011 foi maior que a de 1927 e os diques suportaram. Ainda assim, o atual sistema tem uma visão limitada das planícies inundáveis como algo a ser repensado com um único objetivo: controlar inundações extremas. Isso não basta para a dinâmica dos rios, que alteram seu curso e se movimentam constantemente, nem para a imprevisibilidade das grandes inundações ou das inesperadas tendências do clima. Uma providência mais simples, porém mais radical, é restaurar as planícies inundáveis como partes permanentes do sistema do rio, e não áreas que devam se manter secas nas circunstâncias mais devastadoras. Quando o Usace pôs em prática o Plano Jadwin, o valor da agricultura superava todos os demais valores das planícies inundáveis, ao mesmo tempo em que os cientistas não sabiam como funcionavam essas planícies e o que fazer para restaurá-las.

Pela Lei de Inundação e Controle de 1928, o Usace assumiu o épico Projeto Rio Mississippi e Tributários, construindo diques ainda mais resistentes e tecnicamente sofisticados ao longo dos rios. Isso resultou em mais de 2.500 quilômetros de diques e barreiras de contenção ao longo do canal principal do rio, o maior sistema do mundo, e outras centenas de quilômetros nos tributários. Em todo o país, a agência supervisiona 2.000 sistemas de diques que, juntos, somam 22.500 quilômetros de diques.

Os diques evitam inundações, porém, mais amplamente, controlam os rios de várias maneiras em benefício do homem, o que inclui a navegação, a hidroeletricidade e a água potável. Os governos locais e nacionais constroem estruturas cada vez mais sofisticadas na esperança de que deem resultado, remendando diques quando necessário e apostando em pedras, vergalhões e concreto. O processo já foi tão longe que eles não podem mais voltar atrás, nem querem. Mas ao menos terão que revê-lo. A humanidade simplesmente não vence a batalha contra os processos geológicos do planeta.

O baixo Mississippi, por exemplo, nem sempre correu por um canal com tanto concreto. Mais ou menos a cada mil anos o rio avança e recua pelo delta porque busca constantemente o caminho mais curto para o golfo. Em 1953, hidrologistas e engenheiros constataram que o rio Atchafalaya, que corre paralelo ao Mississippi ao sul da pequena cidade de Simmesport, na Louisiana, estava para invadir o leito do rio principal perto de Baton Rouge. Se isso acontecesse, os importantes portos de Baton Rouge e de New Orleans, e as muitas fábricas que existem no meio do caminho, ficariam sem água.

Num exercício talvez inédito de autoridade legislativa, o Congresso aprovou uma lei declarando que o Atchafalaya não faria isso. E decretou quanta água do Mississippi o Atchafalaya poderia receber num determinado ano. O rio não deu a mínima para esses decretos e de novo coube ao Usace criar mais um mecanismo magistral para que a lei se cumprisse.

O resultado, memoravelmente descrito por John McPhee em *The Control of Nature*, é uma lenda da habilidade e da tolice humana. O sistema de bloqueio de alagamentos construído pelo Corpo de Engenheiros, a Old River Control Structure [Estrutura de Controle de Alagamento do Velho Rio], deveria evitar o inevitável desvio do Mississippi para oeste. A estrutura quase falhou em 1973, e a agência temeu que falhasse em 2011. Acabará falhando. A natureza se encarregará disso. O comportamento do Mississippi não será nem correto nem sensato. Em certo sentido, esse também é um valor da natureza, mas os benefícios econômicos não são tão óbvios.

A Old River Control Structure, os principais diques do Mississippi e outros mantidos pelo Usace e por inúmeras diretorias de diques respondem por uma fração dos milhares de quilômetros de concreto e aterros que contêm a água de todo o país. Ninguém sabe dizer quantos quilômetros de diques existem nos Estados Unidos – talvez uns 100.000 –, onde estão todos esses diques e em que condições se encontram.

Hoje, o sistema de diques do país está dando sinais de esgotamento. Em 2009, a Sociedade Americana de Engenheiros Civis deu nota D- ao sistema. E a pressão sobre os diques aumenta a cada ano. Em 1993, as cheias do Mississippi foram tão graves que os hidrologistas esperam que só voltem a ocorrer daqui a quinhentos anos – por isso a chamam "cheia dos quinhentos anos". O Mississippi assistiu à cheia dos setenta anos em 2001, e à cheia dos duzentos anos em 2008. Hidrologistas, como Robert E. Criss, da Universidade de Washington em St. Louis, afirmam que os prognósticos que o Usace fez ao planejar projetos de cheia em todo o país são menos confiáveis a cada ano. A mudança climática, entre outros fatores, embaralhou as cartas.

Não surpreende, então, que as fraturas nos diques tenham sido mais frequentes e perigosas nas últimas décadas. Mas surpreende que o próprio sistema de diques seja em parte responsável por isso. Quando os engenheiros confinam os rios em seus leitos, eles se tornam mais profundos e mais rápidos. Os diques podem estar contribuindo para os problemas que deveriam resolver.

E os diques têm ainda outro custo ambiental. O Mississippi mais fundo e mais rápido arrasta o solo arável ao passar por New Orleans e pelos pântanos da costa do golfo, e os deposita no fundo do mar em algum lugar além da plataforma continental. Privados das infusões regulares de sedimentos, os pântanos estão perdendo terreno rapidamente para o golfo. Uma área de pântano do tamanho de um campo de futebol desaparece a cada trinta minutos.

A única parte da costa da Louisiana onde os sedimentos do rio ainda se acumulam e os pântanos crescem devagar, como acontecia em toda parte ao redor do golfo, é a bacia do Atchafalaya. O delta do Atchafalaya está relativamente intacto. Mas isso é um tanto irônico: o Usace ergueu muros numa grande extensão da bacia para servir de canal de escoamento em caso de emergência, como estava previsto no plano original de Jadwin e como foi feito em 2011 para proteger Baton Rouge e New Orleans.

Da mesma forma que o Atchafalaya protege essas cidades, reconectá-lo com as planícies inundáveis pode reduzir os riscos de alagamentos nas cidades próximas. As planícies inundáveis restauradas armazenariam e distribuiriam as águas das cheias, e o risco de os diques se romperem seria bem menor. Para restaurar as planícies inundáveis de grandes rios como o Mississippi é necessário recuperar milhares de acres, muitos dos quais estão cultivados; esse processo exigiria escolhas difíceis e inúmeras compensações. Mas a mudança climática promete tempestades cada vez mais violentas. Os dados mostram que as chuvas aumentaram de maneira significativa tanto em quantidade como em intensidade. Alguns mecanismos serão necessários para diminuir a pressão quando toda essa água for jogada em rios confinados.

As planícies inundáveis aliadas aos diques protegem melhor as comunidades do que os diques sozinhos. Não precisamos de tantos diques como temos hoje, mas o nosso fascínio por obras cada vez maiores e mais sofisticadas para controlar as inundações nos convence, contra todas as evidências, de que a engenharia pode nos proteger de qualquer coisa. Por isso as pessoas continuam construindo e morando onde não deveriam.

Mollicy Bayou

Uma coisa é pensar na remoção de diques, outra muito diferente é saber qual deles remover, quando e como fazer isso. O rio Ouachita, ao norte de Monroe, é uma oportunidade perfeita para mostrar os benefícios das planícies inundáveis restauradas.

A iniciativa se concentra em um ribeirão chamado Mollicy Bayou, situado a noroeste da paróquia de Morehouse. O ribeirão alimenta o Ouachita em 65 quilômetros quadrados de várzea. Em 1804, Thomas Jefferson enviou exploradores para a região, que fora agregada ao território norte-americano quando da compra do território francês da Louisiana. Pouco elevada e úmida, pontilhada de lamaçais e lagos, ela foi considerada péssima para a agricultura pelos exploradores, que foram limpar outras áreas, primeiro para seus pequenos sítios e mais tarde para as grandes *plantations* de algodão.

A região permaneceu selvagem e durante algum tempo foi reserva de caça do estado. Só na década de 1960, com a crescente demanda da soja, alguém resolveu cultivar as terras próximas ao Mollicy Bayou. Investidores privados compraram e limparam uma área com 13 quilômetros de comprimento por 5 quilômetros de largura, empilharam os troncos cortados e fizeram enormes fogueiras. Mas logo viram que precisariam de diques e barreiras para manter a terra minimamente seca para plantar. Então construíram 27 quilômetros de diques praticamente cercando a propriedade.

Os diques, com 9 metros de altura por 46 metros de largura na base, mantiveram as cheias do Ouachita longe das plantações de soja, as chamadas Mollicy Farms. Infelizmente, seguraram também a água da chuva. Nos locais onde a terra fora cavada para a construção dos diques ficaram valas profundas, e toda vez que chovia, ocorrência comum no nordeste da Louisiana, primeiro as valas e depois o restante do terreno enchiam como uma imensa banheira. Os fazendeiros recorreram às bombas para devolver ao rio toneladas de água carregada de fertilizantes e solo arável.

Para adequar a terra ao plantio era preciso mais do que apenas diques. Por ironia, depois que a conexão com o rio foi cortada e a terra secou o suficiente para o cultivo, a planície inundável teve que ser irrigada. No lugar dos sinuosos cursos d'água, os fazendeiros construíram uma grade de estreitas valetas de irrigação. As valas principais eram mais profundas – para que o terreno inteiro fosse irrigado com uma única bomba instalada sobre o dique situado no ponto de encontro do Mollicy Bayou com o Ouachita.

Apesar da impressionante engenharia, a falência de muitos fazendeiros na década de 1960 deixou claro que a margem encharcada do Ouachita não era o melhor lugar para plantar soja. Ainda não convencidos e para tentar recuperar o investimento em quilômetros de diques, os fazendeiros resolveram plantar arroz. Isso lhes permitiu manter uma plantação molhada, e não mais seca, mas extremamente trabalhosa. Muitos desistiram. Em meados da década de 1990, a única opção economicamente sensata foi vender, e o único comprador disposto a investir dinheiro em terras não cultiváveis foi o Serviço de Pesca e Vida Selvagem (FWS), setor do Departamento do Interior dos Estados Unidos.

A instituição já tinha uma grande faixa de terra em frente às Mollicy Farms, na outra margem do rio, a Reserva Nacional de Vida Selvagem do Alto Ouachita. Dessa margem vê-se como eram as Mollicy Farms e os milhares de quilômetros quadrados do vale aluvial do baixo Mississippi. Ainda hoje, apesar das represas e dos diques no Ouachita, a água das cheias invade regularmente as árvores da reserva, em alguns lugares cobrindo 6 metros dos troncos.

Essa água deposita o lodo que renova o solo e as florestas, e então recua rapidamente para evitar que as árvores morram. E os peixes já podem deixar o leito do rio para buscar novas fontes de alimento. Se você entrar na floresta depois que a água baixa, consegue pegar os peixes com as mãos. Os moradores da região sabem como funciona o sistema, o toma lá dá cá entre o Ouachita e várzea; é uma rica e complexa relação que alimenta patos e aves pernaltas, cobras e jacarés, perus-selvagens, cervos e ursos-negros.

O Serviço de Pesca e Vida Selvagem começou a comprar partes das Mollicy Farms na década de 1990 para acrescentá-las à reserva. Mas essas novas áreas em nada se assemelham às terras da outra margem do rio – fato que não passou despercebido a dois irmãos, Kelby e Keith Ouchley, que cresceram perto de Monroe e conhecem bem a floresta e as águas das Mollicy Farms. Ambos têm uma mentalidade fortemente conservacionista. Kelby, o mais velho, é administrador da reserva e Keith fez doutorado em ecologia da vida selvagem na Universidade do Estado da Louisiana e assumiu o Capítulo Louisiana da TNC em 2001.

Uma vez nesses cargos, os irmãos Ouchley estavam no lugar certo para iniciar um grande experimento. Kelby coordenou projetos nas zonas úmidas para o Serviço de Pesca e Vida Selvagem e tinha atuado na compra das Mollicy Farms. De início a agência pensava não em uma recuperação completa da planície inundável, mas num programa de reflorestamento mais objetivo, porém mais ambicioso; replantar 3 milhões de árvores nativas, como cipreste, tupelo aquático, salgueiro-branco e freixo, entre outras.

Em 2007, essa iniciativa apresentava resultados impressionantes. Grandes extensões das antigas fazendas já exibiam os primeiros sinais de uma nova floresta nativa. O melhor lugar para se admirar esse progresso era do alto do dique; mas os irmãos Ouchley só viam o outro lado, onde se encontra a floresta intacta da reserva. Lá estava o maior obstáculo para o bom funcionamento da planície de inundação – não só para as pessoas, mas para as comunidades naturais.

O dique tinha que desaparecer.

Retirar um dique não é tarefa fácil, principalmente sendo enorme como aquele. Demolir 27 quilômetros de barragem estava fora de questão; o preço para remover tanta terra seria astronômico. Também seria impossível fazer perfurações em algo tão grande. Keith Ouchley, excelente contador de histórias, disse que ele e o irmão pensaram em usar dinamite, mas as explosões quebrariam vidros de janela desde Shreveport, na Louisiana, até Jackson, no Mississippi. O bom humor de Ouchley não esconde o brilhantismo de sua mente: ele sabia que o espetáculo com os explosivos poderia mudar o curso do Ouachita. Ainda que o dique ao redor das Mollicy Farms não pertencesse ao Usace, a agência federal era a responsável pelos diques que protegem Monroe e não iria gostar que os Ouchley os pusessem em perigo. Como o objetivo era exatamente o oposto, os irmãos tiveram que encontrar um método menos radical, mas não menos eficiente.

Quando os Ouchley desistiram da dinamite, a única saída foi trazer caminhões e retroescavadeiras, como as que são usadas em terraplanagem, e aos poucos ir desbastando o dique até nivelá-lo com o rio. Mas surgiu

Capital natural

uma questão mais difícil: onde romper o dique. As respostas pertenciam ao domínio de um campo altamente especializado chamado biogeomorfologia fluvial. Esse nome complicado envolve modelos de computador, dados topográficos, mapas de levantamento aéreo, além do conhecimento da ecologia dos rios.

O resultado de tanta ciência foi um plano para fazer quatro cortes no dique, cada um com 300 metros de comprimento, em pontos onde a água corrente, no presente ou no passado, entrava e saía da propriedade. O Serviço de Pesca e Vida Selvagem forneceu o equipamento. O projeto estava pronto para começar as escavações quando o governo federal liberou 2,6 milhões de dólares para dar andamento à obra.

As aberturas no dique estavam agendadas para junho de 2009, mas o Ouachita tinha seus próprios planos. Em meados de maio, o rio subiu até o topo do dique e o Serviço de Pesca e Vida Selvagem teve que fechar ao público toda a reserva do Mollicy. Suas águas passaram por cima do dique e o romperam em dois pontos, com duas aberturas de 45 metros. Sem conhecer nada de biogeomorfologia fluvial, o Ouachita fez as aberturas onde bem quis, não onde os cientistas tinham definido. O rio também cavou um novo lago com 18 metros de profundidade e arrancou muitas árvores recém-plantadas.

Quando as águas recuaram, as obras das aberturas planejadas (as naturais continuaram onde estavam) foram iniciadas, no verão de 2009. As máquinas devolveram a terra às valas de onde tinha sido retirada, reconectando a água do terreno ao Ouachita.

A devolução das antigas planícies inundáveis ao rio lamacento foi a maior operação de rebaixamento de dique jamais ocorrida na América do Norte. Os irmãos Ouchley estão nos primeiros estágios de um plano para devolver plantas e animais ao lugar original, quando os pioneiros de Jefferson lá chegaram, em 1804.

Com a ruptura dos diques a planície inundável voltou a funcionar como um ecossistema natural. O impacto disso só será conhecido quando a floresta estiver madura, mas os peixes voltaram a desovar ali e a planície inundável está melhorando a saúde das árvores que os Ouchley plantaram. Em cinquenta anos, os visitantes das antigas Mollicy Farms verão a vegetação de várzea com abundância de vida selvagem e água corrente.

O projeto das Mollicy Farms ganhou importância nacional e talvez global. Que sirva de modelo para outras iniciativas.

Durante as cheias, vistas do alto do que restou do dique, as Mollicy Farms se assemelham hoje a um grande e plácido lago. É uma ilusão fácil de ser mantida se você esquecer que o lago é alimentado pelo caudaloso Ouachita, que no estágio de alagamento é uma torrente com quase 9 metros de profundidade. Dá para imaginar por onde passa o Mollicy Bayou e como ele vai desaguar no rio pela abertura do dique, mas não é possível vê-lo sob a torrente. As copas das árvores replantadas erguem-se indefesas sobre as planícies inundáveis, impacientes para que as águas recuem.

É assim que uma planície inundável deve funcionar. Romper o dique foi só o primeiro passo do investimento na natureza. Hoje, as Mollicy Farms recebem as águas das cheias e aliviam a pressão dos diques rio abaixo, mas de várias outras maneiras o sistema ainda opera como antes, quando os campos tinham soja em vez de água e os fazendeiros bombeavam a água repleta de sedimentos e nutrientes do alto dos diques para dentro do rio. Da margem oposta ainda se vê a mancha de água lamacenta que sai das fazendas e invade as águas limpas do rio, um fluxo dentro de outro fluxo. É o que ainda acontece quando as águas da cheia recuam e o Mollicy traz consigo um pouco das fazendas e os restos dos fertilizantes espalhados na terra ao longo de vinte anos.

Hoje, biogeomorfologistas, ecologistas e equipes de construção têm outra tarefa: esgotar o que resta das Mollicy Farms e trazer de volta os cursos d'água e as comunidades naturais que ali existiam. Isso significa encher a grade de valetas de irrigação, reabilitar os canais que restam e restaurar os que foram destruídos. Assim como as aberturas no dique, isso também é uma experiência. Ninguém sabe exatamente onde e como construir valas sinuosas que se assemelhem e funcionem como os cursos d'água que um dia atravessaram essa várzea.

Capital natural

O retorno desse investimento não será apenas a melhora da saúde ambiental local, mas lições que poderão ser aplicadas em outros lugares. Kelby Ouchley acompanhou todo o processo, desde o plantio das árvores à remoção do dique, da canalização da planície inundável à "angioplastia". A desobstrução das artérias entupidas do Mollicy não só reduziu a pressão sobre os diques rio abaixo, mas diminuiu os custos de manutenção, como podem atestar os moradores de Monroe. Além disso, as matas sequestrarão carbono e ajudarão a abrandar a mudança climática, haverá caça e pesca recreativas e a qualidade da água no golfo do México vai melhorar.

Os cientistas da Universidade Duke estão calculando quanto tudo isso compensará – sequestro de carbono, recreação, proteção contra inundações e outros – tanto para as pessoas que moram nas redondezas quanto para as que vivem na costa do golfo e ainda mais longe. Em termos econômicos, romper os diques e restaurar as florestas faz mais sentido do que manter com dificuldade a agricultura marginal. Num estudo realizado em 2009, os pesquisadores somaram todos esses valores ao longo do vale aluvial do Mississippi e concluíram que as áreas úmidas valem 2,5 vezes mais se estiverem intactas do que renderiam se fossem convertidas em plantações de soja ou algodão.

Levará ainda algum tempo para que as artérias estejam desobstruídas e o paciente recupere a saúde. Neste caso, *saúde* é também um termo relativo. Diante das modificações e transformações sofridas pelas Mollicy Farms, recuperá-las para que se tornem idênticas às que estão na outra margem do rio talvez seja pedir demais, ao menos por enquanto. E talvez nem seja o caso. Talvez baste uma planície inundável revitalizada.

Na verdade, não há perdedores na restauração das Mollicy Farms. Os fazendeiros tentaram e não conseguiram cultivar as terras, tiveram que vendê-las e hoje elas pertencem ao Estado. Os diques propriamente ditos foram construídos não pelo Corpo de Engenheiros, mas por investidores; removê-los não aumentou o risco para ninguém e o diminuiu para milhares de habitantes de Monroe. Exemplo melhor de ganhos para ambas as partes é difícil de encontrar. Então, não surpreende que na região não se encontre ninguém que seja contrário à perfuração dos diques. A maioria é a favor. Isso reflete a popularidade quase universal da caça e da pesca no norte da Louisiana. Quem se oporia a 65 quilômetros quadrados de novas áreas para caçar e pescar?

Que ninguém no norte da Louisiana se oponha à retirada de um dique e ao alagamento de uma antiga fazenda é importante. A aceitação pública pode representar uma mudança mais profunda. Nos últimos dez anos, as graves inundações que vêm acontecendo em muitos lugares, não só nos Estados Unidos, nos obrigam a pensar na nossa relação com os rios e constatar que o controle que temos sobre eles é tão tênue que pode nos escapar. Hoje, os cientistas têm um conhecimento muito maior de como funcionam os rios e as planícies inundáveis. É o que nos permite trabalhar com a natureza para melhorar o bem-estar humano e a saúde dos rios. Não há exemplo mais claro dessa nova maneira de pensar do que Iowa.

A restauração das planícies inundáveis de Iowa

A vitória da conservação em Iowa, em 2010, recebeu mais votos do que o candidato republicano que venceu as eleições para governador naquele mesmo ano. As iniciativas resultaram num fundo permanente para reduzir a poluição da água e proteger sua qualidade, defender comunidades, empresas e plantações das inundações e manter o solo fértil de Iowa.

Para os idealizadores dessa votação, formalmente conhecidos como Iowa's Water and Land Legacy, o sustento e a vida de todos dependem de sistemas naturais saudáveis. E eles sabem que investir em recursos naturais trará um retorno significativo para as economias e comunidades locais.

O Iowa's Water and Land Legacy tem um modelo para financiar essas soluções e provisiona anualmente 150 milhões de dólares em novos financiamentos para os recursos naturais de Iowa. A parte complicada é que a emenda constitucional só dá o cofre; para enchê-lo, os eleitores têm que aprovar um aumento num imposto estadual, o que ainda não foi feito. Essa lacuna ressalta um fato crucial: a ciência e as soluções inovadoras só virão até aqui se não houver mudanças mais amplas na lei e na política que reproduzam as boas ideias e as devolvam de tal forma que façam uma diferença duradoura para o homem e para a natureza.

Não obstante, a iniciativa nos dá um exemplo convincente de um projeto estadual cujo impacto extrapolará as fronteiras estaduais. Iowa está no centro de uma bacia hidrográfica que derrama 41 por cento dos Estados Unidos dentro do golfo do México. Ter água limpa em Iowa significa água mais limpa no golfo.

Muitos moradores de Iowa conhecem bem o estrago que os alagamentos podem causar. O estado já sofreu três inundações dos quinhentos anos desde 1993 – desastres que transformaram seus habitantes em conservacionistas apaixonados. Hoje eles estão atentos à mudança climática e temem que o aquecimento global aumente ainda mais os riscos de inundação. Os agricultores que se esforçam para restaurar as planícies inundáveis estão muito aborrecidos com a falta de interesse em diminuir as emissões dos gases responsáveis pelo efeito estufa.

As inundações em Iowa e em qualquer outro lugar não são resultado apenas da mudança climática. Ações humanas mais imediatas somam-se ao problema. Na ausência de uma vegetação perene, alguns centímetros a mais de chuva anualmente resultam em muito mais água nos rios. A perda das áreas úmidas naturais e a eliminação das planícies inundáveis reduziram a capacidade de armazenamento de água em todo o planeta.

Hoje, áreas que inundavam regularmente e para as quais os alagamentos eram uma característica que as definia – como no Mississippi e no Ouachita, mas também no Yangtzé e no Zambezi – estão sofrendo inundações maiores e mais frequentes, mas que vêm e vão mais rapidamente. Isso pode ser bom, porque os alagamentos sazonais trazem inúmeros benefícios. Quando os alagamentos são benéficos, os mais duradouros são os melhores – há mais tempo para que os peixes se alimentem e desovem nas planícies inundáveis, para que os sedimentos renovem o solo, para que a água recarregue os aquíferos, entre outras coisas. A reabertura de antigas planícies inundáveis devolverá o ritmo usual desses rios e trará benefícios a quem vive em suas margens.

Mas nem isso trará os rios de volta ao que já foram um dia. O uso que as pessoas fazem das terras próximas a eles mudou muito, é grande a demanda competitiva tanto da água quanto da terra para que se possa voltar atrás, e a mudança climática exige um novo estudo hidrológico para um número muito grande de rios. Diante do tamanho do problema que são as inundações, nenhum grupo tem orçamento, mão de obra ou influência política suficientes para enfrentar sozinho o desafio. Os alagamentos são consequência de múltiplas causas, e múltiplas causas requerem múltiplas soluções. Um plano de controle de enchentes que se concentre unicamente nos diques e reservatórios talvez ofereça alguma proteção às comunidades, mas provocará inundações maiores e piores que destruirão os hábitats de peixes e animais selvagens, e só vai piorar a qualidade da água onde quer que seja. Governos, comunidades e conservacionistas podem fazer melhor que isso.

Quem vive em áreas vulneráveis precisa apoiar as iniciativas de recuperação das planícies inundáveis e mudar sua relação com os rios. Contudo, ações pontuais não bastam; a mudança deve acontecer em todas as bacias hidrográficas. Proteger apenas pequenas partes da natureza – áreas úmidas, planícies inundáveis, florestas nativas – é importante, mas o resto fica imensamente vulnerável e, em isolamento, com frequência para de funcionar. Uma solução mais duradoura são as redes de áreas naturais cujos serviços também são valiosos. Criar uma rede é muito mais difícil do que usar a oportunista estratégia de conservação pela aquisição de terras, tão comum no passado, mas os resultados são muito melhores. É uma solução que requer ciência, política e apoio das comunidades locais.

Alguns diques permanecem, e outros, como aquele ao redor das Mollicy Farms, ainda podem ser rompidos. Além disso, os diques podem ficar mais afastados dos rios para permitir algum alagamento ou se romper em alagamentos extremos, com os agricultores sendo compensados pela perda de suas plantações. Essa compensação permitiria mais e maiores projetos de alteração de diques, e muitos agricultores se disporiam a participar desses programas porque suas terras são relativamente pobres. Em 2009, por exemplo, o Departamento de Agricultura disponibilizou 145 bilhões de dólares de estímulo financeiro para a aquisição de direitos de uso de áreas alagáveis. Mas isso significa interromper a produção atual, algo que os fazendeiros relutam em fazer. Mesmo assim o departamento recebeu inscrições para 474.000 acres, dez vezes a área para a qual havia fundos disponíveis.

Fazer bom uso das planícies inundáveis sem perturbar a vida social e financeira das pessoas que nelas vivem será um desafio, mas é algo possível. A meta é alcançar um equilíbrio entre os muitos valores das planícies inundáveis e as comunidades que delas se beneficiam. Parte da solução consiste em engajar acionistas não tradicionais, como fazendeiros e sitiantes, bem como urbanistas e grupos comunitários. Os conservacionistas terão que se aliar aos interesses agrícolas, às agências do governo e às comunidades rurais e urbanas. Essa colaboração entre moradores e agências públicas em todos os níveis pode mudar o modo como as pessoas usam suas terras e sua água – mudanças que as farão se sentir mais seguras ecológica e financeiramente.

É compreensível que as comunidades que correm um risco crescente de alagamentos queiram respostas imediatas, além de garantias de que serão protegidas. Também é compreensível que esse desejo estreite o foco sobre o trecho local do rio e a construção de mais diques, de mais barreiras e mais controles como os que existem há pelo menos um século. Uma solução duradoura requer investimentos maiores na natureza e uma apreciação mais ampla de como as comunidades, de agricultores ou de pescadores, podem definir para si mesmas de que modo esses investimentos devem ser feitos.

4

A nova pesca

O peixe é um excelente exemplo de valor da natureza. A indústria pesqueira comanda as economias litorâneas em todo o mundo e é a principal fonte de proteína para 1 bilhão de pessoas. Ainda assim, mais de 80 por cento das zonas de pesca operam dentro dos limites sustentáveis e além deles. Com o aumento da população e a crescente demanda por comida, as empresas, como sempre, garantem que o problema tende a piorar.

Assim como os agricultores, as comunidades pesqueiras sabem que seu sustento depende da natureza; se os peixes desaparecerem, sua fonte de renda também desaparecerá. Mas essas mesmas comunidades têm a solução para a sobrepesca.

Elinor Ostrom foi a primeira e única mulher a ganhar o Prêmio Nobel de Economia, em 2009. Ela não é economista, mas uma cientista política que trabalhou na Universidade de Indiana por 35 anos até sua morte, em 2012, e destacou-se por seus estudos sobre pessoas que compartilham recursos como pescados, madeira e pastos, e se organizam pelo bem de todos. Embora fosse mulher em uma área dominada por homens e, além disso, cientista política, outra característica a fez se destacar entre os economistas, sobretudo os laureados com o Nobel: seus dados não eram extraídos de modelos matemáticos abstratos sobre o comportamento humano, mas de pessoas reais. Trabalhando quase como antropóloga, Ostrom conversou com agricultores do Nepal, pescadores de lagosta do Maine e muitos outros, para saber como trabalhavam, como viviam. E descobriu que, quando as comunidades funcionam em grupo, com seus membros confiando uns nos outros, e conhecem os seus direitos de propriedade, elas podem inovar e superar interesses mesquinhos e egoístas, poupando florestas e peixes para as futuras gerações.

A colaboração documentada por Ostrom também está salvando as zonas de pesca da costa central da Califórnia. Nessa região, a comunidade ambientalista tinha feito pouco progresso em relação às práticas de pesca sustentáveis. Em vez de desistir, os ambientalistas se uniram à comunidade pesqueira para criar soluções inovadoras que gerassem não só lucro como benefícios para a natureza.

Não muito tempo atrás, a ideia de que ambientalistas fanáticos e pescadores rudes, maltratados pela vida, pudessem ter interesses comuns parecia improvável, até absurda. A divisão entre essas comunidades sobre questões como a situação e as condições das reservas de pesca estava aumentando, reflexo de profundas tendências econômicas e políticas. Mas a nova maneira de pensar o valor da natureza deu origem a novas alianças, e em Morro Bay, na Califórnia, assim como em muitos outros lugares a maré virou. Quando os dois lados estão dispostos a deixar de lado as antigas concepções para experimentar novos métodos, os resultados podem ser surpreendentes.

Mais pesca, menos peixe

Morro Bay, uma pequena comunidade pesqueira 280 quilômetros ao sul de San Francisco, deve seu nome a Morro Rock, um vulcão extinto há muito tempo e uma das imagens que mais impressionam na costa do Pacífico.

A nova pesca

Situado a oeste de uma cadeia vulcânica, as chamadas Nine Sisters, Morro Rock se sobressai na baía com seus 180 metros de altitude.

Na década de 1980, Morro Bay abrigava dezenas de traineiras que ali ficavam ancoradas, a maioria para a pesca de peixes de fundo, como o *Eopsetta jordani* (linguado-da-califórnia), o *Cytharichthys sordidus* (sandab voador), o *Sebastolobus alascanu*, conhecido como "peixe idiota", várias espécies de peixes planos de fundo de mar e o famoso bacalhau preto regional, que não tem nenhuma relação com o famoso bacalhau da Nova Inglaterra.

Comunidades pesqueiras da Costa Oeste como Morro Bay também exploram o caranguejo de Dungeness, o espadarte, o atum albacore e o salmão, embora os peixes planos tenham sido muito mais constantes e pescados durante o ano todo. Em meados dos anos 1980, porém, esses peixes entraram em longo e constante declínio no Pacífico. No início dos anos 2000, pensou-se que eles terminariam completamente. Homens e mulheres pescadores tinham autorização para pescá-los, mas a oferta diminuiu tanto que o gás dos cilindros para chegar ao fundo do mar custava mais do que a renda da pesca.

Hoje, isso acontece no mundo todo. Segundo a Organização de Alimentos e Agricultura das Nações Unidas (Food and Agriculture Organization, FAO), mais de 80 por cento da pesca em todo o planeta foi ou completamente explorada, o que significa crescimento zero, ou superexplorada, chegando a seu limite. Frotas maiores saem para o mar e lá permanecem por mais tempo, mas os barcos com frequência voltam vazios; mais pesca, menos peixe. Essa história é tão antiga quanto a própria civilização; está registrada nas antigas ruínas das culturas anasazi e maia, civilizações cujo colapso definitivo deveu-se em grande parte à destruição do meio ambiente, como nos descreve magistralmente Jared Diamond. Em alguns lugares, pescou-se tanto que só restaram pedras e areia.

Em Morro Bay, a sobrepesca foi responsável pelo desaparecimento de inúmeras espécies de peixes de águas profundas, bem como da própria

81

indústria pesqueira. Mais da metade dos donos de barcos desistiram. A próxima geração tem pouco interesse em pescar e os pais incentivam os filhos a buscar outras profissões.

Para mudar essa situação são necessárias resiliência humana e comunidades ecológicas. Há muitas gerações acredita-se que tirar o peixe do mar é algo simples (embora trabalhoso) e sem limites. Essa crença prevalece há tempos, mesmo com o amadurecimento do manejo de processos cada vez mais industrializados. De vinte anos para cá a complexidade dos ambientes marinhos ficou mais evidente, bem como a necessidade de meios de manejo muito mais sofisticados. Oceanos diferentes requerem instituições diferentes – incluem-se aqui as leis, as comunidades e a ciência.

Talvez estejam contados os dias em que o barqueiro solitário faz o que quer, baseado apenas em seu longo conhecimento do mar. Mas existe uma alternativa, a colaboração entre conservacionistas, cientistas, pescadores, empresários e governo, que pode ser mais duradoura. Uma dessas iniciativas em Morro Bay provou que as comunidades conscientes do valor da natureza podem trabalhar juntas, superar as desconfianças mútuas e construir novas economias baseadas em novos modelos.

A corrente da Califórnia segue para o sul ao longo da costa, da Colúmbia Britânica para Baja, levando água fria, rica em nutrientes, do fundo do oceano. A notável produtividade da corrente é a principal responsável pela riqueza do mar da Califórnia central. Além das inúmeras espécies de peixes de fundo, a corrente alimenta cardumes de anchovas e sardinhas, que por sua vez alimentam atuns, marlins e salmões; a fartura de *krill*, uma espécie de camarão, serve de alimento para as grandes baleias; também são nutridas focas, lontras-do-mar e muitas espécies de pássaros.

Para a comunidade pesqueira de Morro Bay, essa diversidade não é mera estatística. Quanto mais diversificada for a pesca, mais ela será estável e produtiva. Um importante estudo realizado pelo ecologista canadense Boris Worm e colegas concluiu que, onde a diversidade é menor, é muito mais fácil os recursos entrarem em colapso e é exponencialmente menor o potencial de recuperação da estabilidade e da qualidade da água. Por outro lado, quando as espécies e os ecossistemas são restaurados, a produtividade aumenta e a instabilidade diminui. O capital natural significa então um estoque de peixes comercialmente valorizados, mas também a imensa diversidade de vida marinha cuja perda diminui a capacidade do oceano de fornecer alimento e manter a qualidade da água.

Diversidade e produtividade se interligam de maneira complexa. A pergunta que hoje os cientistas se fazem é: como é essa relação em determinados lugares e em certas épocas? Às vezes, um serviço como retenção de água e proteção contra inundações pode ser feito à custa da diversidade biológica. Outras vezes, as duas coisas caminham juntas. Equilibrá-las depende do contexto social e econômico – quanta demanda humana existe para um conjunto de serviços potencialmente oferecidos por um ecossistema como a floresta, a planície inundável, a zona de pesca? Os sistemas podem se adaptar para oferecer outro conjunto de benefícios, mas, para complicar ainda mais, a resposta sobre quais benefícios são mais importantes vai depender de para quem você pergunta. Tanto a água quanto os serviços da natureza costumam ir na direção do dinheiro e do poder.

Desenrolar essas questões é um dos maiores desafios quando os serviços da natureza são enfatizados como ferramentas de conservação. Imagine substituir uma floresta natural por uma plantação de árvores. A plantação tem importante papel em alguns casos; retém a água da chuva, resfria o ar, fornece madeira e assim por diante, mas não tem a riqueza ecológica da floresta. Radicalizando, se o objetivo a curto prazo for otimizar, digamos, uma produção de soja, a diversidade só vai atrapalhar.

A conclusão a que se chega é que, acima de todos os benefícios que as pessoas necessitam e acima do longo prazo, dar preferência à diversidade em vez de à uniformidade é sempre melhor. O segredo, então, é ampliar os objetivos comerciais dos agricultores, pescadores e outros, para que tenham uma visão a longo prazo.

A pesca diversificada também pode ser um tipo de seguro – um amortecedor contra choques no sistema, como a mudança climática. Investir na capacidade de adaptação das comunidades pesqueiras e buscar novas formas de manejo, assim como controlar a poluição e criar reservas marinhas, pode aumentar a produção e a confiança nos bens e serviços que os oceanos prestam à humanidade. Mas, se insistirmos nesse caminho, estaremos ameaçando as reservas globais de alimentos, a qualidade da água costeira e os ecossistemas marinhos.

Infelizmente, em muitas partes do planeta a pesca parece seguir a trilha de uma das alegorias básicas do movimento ambientalista: a tragédia dos comuns. Citada em um ensaio do ecologista Garrett Hardin, de 1968, a tragédia dos comuns descreve como a busca racional de interesses privados pode resultar em calamidade. Hardin usa a palavra "tragédia" no sentido de "dinâmica sem remorsos das coisas", dizendo que os pastores que dividem o mesmo pasto são beneficiados quando juntam seus rebanhos, porque nenhum indivíduo arcará sozinho com os custos dos estragos que o rebanho coletivo causar à terra. A passagem a seguir tornou-se quase um mantra:

> Assim é a tragédia. O homem está preso a um sistema que o obriga a aumentar ilimitadamente seu rebanho – em um contexto que é limitado. Estamos todos caminhando para a ruína, cada um em busca dos próprios interesses em uma sociedade que crê na liberdade dos comuns. A liberdade dos comuns destrói a todos.

Hardin adverte que a pesca pode seguir pelo mesmo caminho, se cada capitão de barco resolver recolher mais uma rede cheia de peixes só para si e em prejuízo do coletivo. A solução que ele propõe é deixar os recursos comuns a cargo do governo e, se não der certo, privatizá-los. A alegoria do autor e suas ideias sobre o papel do governo tiveram enorme influência. "The Tragedy of the Commons" é um dos trabalhos mais citados na história da ecologia.

A profecia da ruína feita por Hardin deu o tom do movimento ambientalista, mas é profundamente falha. Seu maior erro, e também de muitos de seus leitores, foi interpretar erroneamente como regra, e não como exceção, uma circunstância rara. A tragédia descrita por Hardin pode ocorrer, e de fato ocorre, mas só se um recurso acessível a todos não tiver regras que o governem. Com efeito, os chamados recursos de livre acesso não pertencem a ninguém. Os recursos comuns, por sua vez, pertencem a todos, mas têm regras, detalhe que faz toda a diferença.

Hardin reconheceu seu erro, mas quando o corrigiu a ideia original já tinha se apossado da imaginação coletiva. Só nos últimos vinte anos, e graças sobretudo ao trabalho de Elinor Ostrom, foi feita uma avaliação mais ampla das múltiplas formas de se gerir um bem comum. Os métodos não envolvem necessariamente o Estado. As comunidades, diz Ostrom, podem se organizar e, por meio de acordos privados, criar regras de manejo e conservação dos recursos comuns, desafiando os argumentos da economia tradicional segundo os quais os problemas comuns são insolúveis. Nesses casos, a confiança triunfa sobre os contratos. É exatamente o que começou a acontecer em Morro Bay, e talvez seja a única possibilidade de salvar a pesca em todo o mundo.

Pescar é bom para os peixes?

Durante muitos anos, a pesca ao longo da costa da Califórnia, desde Point Conception ao sul até San Francisco ao norte, era feita com redes de arrasto – imensas e pesadas redes raspavam o fundo do mar e arrastavam o que houvesse no caminho. Era um procedimento barato e razoavelmente eficiente, ao menos para o pescador. As consequências viriam mais tarde. Além de arrastar toneladas de qualquer peixe que o pescador estivesse buscando, a rede trazia estrelas-do-mar, esponjas, tubarões, arraias e outras criaturas, que de nada serviam e eram jogadas ao mar, quase sempre mortas. Além disso, muitas espécies de peixes em depleção conviviam com os peixes-alvo mais abundantes – a coleta indiscriminada das redes de arrasto capturava tudo –, provocando severa sobrepesca dos estoques mais frágeis. Nesse sentido, na lista dos outros males ambientais, a rede de arrasto se equipara ao abate de florestas e ao corte do topo das montanhas para extração de carvão.

Para a indústria pesqueira, a pesca é uma *commodity* – espécies podem ser trocadas por outras. Se, por exemplo, todos os peixes de fundo fossem basicamente os mesmos – peixe é peixe –, todos poderiam ser pescados do mesmo jeito e na mesma quantidade. O próprio termo *peixe de fundo,* uma junção de palavras genérica, sem graça e ligeiramente estranha, revela o problema: refere-se à pesca de peixe de fundo, e não à pesca do bacalhau, do linguado, do *bocaccio.* As águas da costa do Pacífico abrigam cerca de noventa espécies de peixes que passam a vida ou parte dela no fundo do mar, e o próprio fundo do mar é repleto de ambientes diferentes.

Assim como os caçadores, os pescadores são naturalmente conservacionistas. A grande maioria entra no ramo mais por amor ao mar do que por dinheiro, que raramente compensa o esforço. À medida que a pesca foi se mecanizando, contudo, o conhecimento deles sobre os diferentes ambientes marinhos ou sobre a complexa ecologia dos peixes perdeu o valor. Os objetivos passaram a ser simplesmente maximizar a produção dessa *commodity* e vender barato grandes quantidades de pescados.

A origem desses objetivos está em uma decisão tomada no fim da Segunda Guerra Mundial caracterizada por uma fatídica interseção entre política, economia e ciência. Temendo que frotas pesqueiras japonesas e de outras nacionalidades invadissem as zonas de pesca da Costa Oeste, o governo dos Estados Unidos delimitou seus direitos territoriais na costa e além dela. Ao mesmo tempo, barcos norte-americanos estavam pescando na costa da América do Sul, em águas reclamadas pelo Peru, Equador e Chile. Para justificar o duplo padrão de conduta, o governo se apoiou na ciência: a pesca científica tinha avançado tanto que os gestores conseguiam determinar com precisão quantos peixes os barcos podiam pescar sem prejudicar a população desses animais.

A nova pesca

E assim nasceu o conceito conhecido como Captura Máxima Sustentável, em parte ciência, em parte economia, em parte política. Como nos
mostra Carmel Finley em seu livro *All the Fish in the Sea* [Todos os peixes
do mar], o resultado disso é que as frotas pesqueiras dos Estados Unidos
e de outras nações desenvolvidas podiam pescar onde bem quisessem, a
menos que o governo do Peru, do Chile ou de qualquer outro país provasse
cientificamente que elas estavam pegando peixes demais. Esses países não
tinham como fazê-lo, e nenhum deles possuía uma frota suficientemente
grande para pescar em águas norte-americanas, de modo que a ideia de
que no futuro a ciência orientaria a pesca com segurança se instalou.

Essa ideia ainda prevalece. Mas, assim como a tragédia dos comuns de
Hardin, tem falhas importantes. O modo como a pesca é praticada há tempos revela uma incompreensão fundamental de um recurso que remonta a muitas gerações. A ideia de que os peixes não são animais silvestres,
mas uma fonte inesgotável de alimento e dinheiro, é tão simplória quanto equivocada. Até cientistas notáveis como Thomas Henry Huxley, um
dos primeiros e mais vigorosos defensores de Charles Darwin, endossou
o conceito. Em seu discurso inaugural na Fisheries Exhibition de Londres,
em 1883, Huxley disse:

> Acredito, portanto, que a pesca do bacalhau, a pesca do arenque, a pesca da
> sardinha, a pesca da cavala e, provavelmente, de qualquer peixe marinho seja
> inesgotável; isso quer dizer que nada que façamos pode afetar seriamente a
> quantidade de peixes. E, por conseguinte, qualquer tentativa de regular a pes-
> ca me parece, pela própria natureza da questão, inútil.

Huxley sabia que o salmão e as ostras eram sobrepescados e defendeu
o maior controle dessas espécies, mas sua crença em um fundo de mar
inesgotável refletia o amplo consenso da época. Outra analogia, também
daquele tempo, não tinha a mesma nuance científica de Huxley, mas também traduzia uma atitude em relação à natureza e o papel do homem nela

87

que persistiu. Após a Guerra Civil, os agricultores da região do Mississippi notaram que a terra estava cada vez mais seca. Os mais otimistas, apoiados em uma ciência dúbia, acreditavam que as plantações melhorariam o clima seco. Em 1881, Charles Dana Wilber, um especulador e jornalista muito falante e cheio de energia que promoveu o povoamento do Oeste, criou a frase que traduz o espírito da época: "A chuva segue o arado".

As ideias de que o peixe é um recurso infinito e que a atividade humana é benéfica à natureza definem a atual postura de controle da pesca. O conceito básico, promovido sobretudo pelo cientista e autoridade do governo Wilbert Chapman nos anos que se seguiram à Segunda Guerra Mundial, tem raízes em um argumento provavelmente do senso comum: tirar do mar os peixes maiores e mais velhos abre espaço e deixa mais comida para outros peixes crescerem. Isso torna os peixes análogos às árvores, pois os silvicultores já sabem há muito tempo que desmatar a floresta permite que o sol entre e outras árvores cresçam.

Pescar faz bem ao peixe, argumentavam Chapman e outros. Junte-se a isso a crença predominante de que era um desperdício deixar os peixes no mar ou nos rios – Chapman escreveu em 1955 que "os peixes não podem ficar no mar. Eles morrem" – e teremos uma situação que encorajava mais gente a aderir à indústria pesqueira. Os políticos também tinham sua responsabilidade: uma frota maior significava mais barcos norte-americanos no mar e mais oportunidade de explorar águas internacionais em benefício dos consumidores norte-americanos e da economia do país.

O resultado disso foi uma grande indústria com um único objetivo: pescar o máximo de peixes possível. Para os pescadores da Califórnia central, isso significou se concentrar em algumas poucas espécies de fundo do mar, como o linguado *petrale*, o *Anoplopoma fimbria*, conhecido como bacalhau preto, entre outras. Nesse caso, apenas doze espécies de peixe correspondiam a 60 por cento do valor total da pesca.

Achar que a pesca realmente faz bem ao peixe seria bom demais para ser verdade. Ecologistas mais matemáticos talvez possam mostrar como isso funciona no papel, mas, enquanto os países construíam mais e maiores barcos e redes imensas, cálculos cuidadosos eram lançados pela janela. Em meados da década de 1970, os sinais de que algo precisava ser feito eram tão claros que nem o Congresso os ignorou. Um senador democrata de Washington, Warren G. Magnuson, e um republicano do Alasca, Ted Stevens, elaboraram a Lei de Conservação e Controle da Pesca Magnuson-Stevens, de 1976.

A lei criou oito conselhos regionais de controle de pesca, responsáveis por estabelecer as regras determinando quantos peixes podiam ser pescados por quantos barcos e com que tipo de equipamento. Os conselhos regionais refinaram ainda mais a ciência de controle da pesca aplicando a ideia da Captura Máxima Sustentável em seu mais alto grau.

Durante um certo período tudo funcionou bem. Em Morro Bay, no final da década de 1970 os barcos podiam ir aonde quisessem, jogar suas redes e voltar com elas cheias. Com bastante peixe para vender, os pescadores ganharam rios de dinheiro. Mas a fartura não duraria muito. Em vez de fiscalizar as prósperas pescarias que ainda usufruiriam da prodigalidade dos mares por um longo tempo, as autoridades, horrorizadas, viram os barcos voltarem vazios, um após o outro.

O primeiro a cair era também o mais icônico. O bacalhau de madeira esculpido em 1784 e pendurado na parede da Assembleia Legislativa de Massachusetts, conhecido como Bacalhau Sagrado, simbolizava a pesca desse peixe que durante séculos sustentou a economia da Nova Inglaterra. No início da década de 1990, a espécie entrou em declínio. Em 1993, o governo do Canadá proibiu a pesca de peixes de fundo e de bacalhau em Grand Brank. No ano seguinte, os Estados Unidos deixaram de permitir em Georges Bank, talvez a mais famosa zona pesqueira do mundo, a pesca não só dessa espécie, como também do hadoque e do linguado. A abundância de bacalhau e de outros peixes despencou para menos de 10 por cento do seu ponto máximo. Em 1994, a Secretaria de Comércio dos Estados Unidos decretou pela primeira vez situação de calamidade, e outro decreto se seguiu um ano depois.

O decreto de calamidade na Nova Inglaterra resultou em milhões de dólares disponibilizados pelo governo federal para socorrer os pescadores. Parte desse dinheiro foi usada para recomprar as licenças de pesca e os barcos de quem aceitasse mudar de ramo. Essas duas providências ajudaram os pescadores a encontrar novos empregos e reduziram o número de barcos que voltariam ao mar quando a pesca fosse reaberta – uma iniciativa muito importante para reequilibrar o sistema. Os regulamentadores federais criaram um termo para descrever essas medidas: a meta, segundo eles, era "racionalizar a pesca".

A sugestão de que controlar a pesca não fazia sentido foi reforçada poucos meses depois que a Nova Inglaterra decretou situação de calamidade pela primeira vez. Outra pesca icônica, dessa vez na costa oposta, começou a apresentar problemas. O salmão do Pacífico, um símbolo tão venerado no noroeste quanto é o bacalhau na Nova Inglaterra, teve seu ápice em 1988 e logo despencou, em parte devido ao represamento de muitos rios, que impedia o salmão de retornar para desovar.

Com tão pouco salmão, alguns pescadores se dedicaram à pesca de peixes de fundo, enquanto outros foram pescar na Califórnia. Isso não resultou em nada mais do que um santuário temporário. Com tantos barcos atrás de tão poucos peixes, e mais a queda ainda inexplicável na produtividade na corrente da Califórnia, entre 1977 e o final da década de 1990, o colapso foi rápido e inevitável. Em 1987, o valor da pesca de fundo no Pacífico, à parte o valor dos próprios barcos, era de 110 milhões de dólares; em 2003, caiu para 35 milhões. Em Morro Bay, a pesca comercial rendeu mais de 8 milhões em 1995 e menos de 2 milhões em 2003.

No final da década de 1990, nove espécies de peixes de fundo que vivem mais tempo estavam esgotadas e as cinco espécies financeiramente mais importantes reduziam-se a menos de 10 por cento dos seus números históricos. Os peixes de fundo crescem tão devagar que serão necessários no mínimo cinquenta anos para recuperar essas populações, e mais de um século para outras espécies.

A nova pesca

Em 2000, o fundo do mar não alimentava mais nada na Costa Oeste. Washington, Oregon e Califórnia pediram socorro e a Secretaria de Comércio decretou de novo estado de calamidade para a pesca. Segundo uma estimativa, havia duas vezes mais barcos pesqueiros do que a população de peixes podia suprir.

Hoje, os problemas se espalharam por todo o litoral do país. Desde que, em 1994, foi decretado estado de calamidade para o bacalhau da Nova Inglaterra, 46 zonas de pesca, do Alasca ao golfo do México, incluindo o estuário de Long Island Sound, entraram em crise e também decretaram estado de calamidade. Está claro que é preciso racionalizar.

Quando a gravidade do problema se tornou pública, o Congresso resolveu agir. Dessas primeiras iniciativas surgiram novas ideias para os próximos quinze anos, voltadas para a valorização dos mares e das comunidades que deles dependem. Em 1996, impulsionado pela dramática depleção do bacalhau e do salmão, o Congresso acrescentou uma emenda à Lei Magnuson-Stevens, incentivando o uso da ciência no manejo dos estoques de peixes e exigindo que os conselhos regionais identificassem os hábitats mais importantes para protegê-los das destruidoras redes de arrasto. Os conselhos de pesca regionais, pressionados pela indústria pesqueira, demoraram a definir essas áreas, os chamados Hábitats de Peixes Essenciais, e quando o fizeram os planos já estavam defasados. Organizações de conservação como a Oceana, com sede em Washington, DC, recorreram a uma ferramenta antiga, porém eficiente: processaram repetidamente o governo federal.

Os ambientalistas venceram mais do que perderam. Em um processo particularmente importante de 2001, um juiz federal da capital ordenou que o Conselho Administrativo da Pesca no Pacífico fizesse uma análise profunda do impacto causado pelas redes de arrasto nos ambientes marinhos. No passado, uma decisão como essa teria provocado tensão, desconfiança, litígio e arrogância política crescentes, a batalha de sempre entre as economias locais, o meio ambiente e as regulamentações federais. Em Morro

Bay, a decisão resultou em uma importante abertura para parcerias que até pouco tempo antes seriam impensáveis, mas que agora reuniam diferentes visões para valorizar a natureza. Essa parceria gerou novas formas de pesca, uma comunidade mais forte e um ambiente marinho mais saudável.

Uma das consequências da ordem judicial foi a realização de um novo estudo sobre os efeitos das redes de arrasto nos peixes e em seus hábitats. Esse estudo refletiu uma sofisticada evolução da ciência da pesca desde a criação da Captura Máxima Sustentável, e uma mudança de foco dos estoques individuais de peixes para o ambiente marinho mais amplo. A investigação confirmou o que os conservacionistas suspeitavam: longe de fazer bem aos peixes, as redes de arrasto alteravam o ambiente físico e a estrutura biológica dos ecossistemas, e suas consequências tinham alcance muito maior. Além disso, uma vez comprovados os argumentos daqueles que se opunham às redes de arrasto, o estudo recomendou que algumas áreas de arrasto fossem fechadas, a quantidade de barcos e o número de dias no mar diminuíssem e os equipamentos de pesca fossem menos destrutivos.

Enquanto a pesca em todo o país e no resto do mundo entrava em crise, causando imensos prejuízos financeiros, os conservacionistas lutavam por mais proteção aos ambientes marinhos. Era uma estratégia em duas partes: identificar as áreas que deviam ser protegidas, assim como os parques em terra, e encontrar meios menos deletérios do que as redes de arrasto para pescar.

As organizações de conservação sabiam que tinham do seu lado não só uma ciência nova e muito melhor, mas tinham também a lei. Recentemente, a TNC e outros grupos concluíram um estudo da corrente norte da Califórnia, identificando as áreas biologicamente mais importantes a serem conservadas e as principais ameaças à vida marinha no interior delas. O estudo serviu de base para que os conservacionistas chegassem à conclusão de que as regiões da Califórnia afastadas da costa, em especial a plataforma continental central, abrigam uma quantidade significativa de animais marinhos e que os efeitos do arrasto no fundo do mar desses sítios ameaçam gravemente essa diversidade.

Não surpreende, então, que as organizações de conservação quisessem dar prioridade máxima à proteção dos ambientes marinhos e cortar pela metade a atividade de arrasto. Na realidade, por muitos anos essas mesmas organizações tinham tentado restringir sem sucesso o arrasto na Califórnia central. Os atores da indústria – pescadores, compradores, processadores e seus representantes no governo – pertenciam na sua maioria ao Conselho Administrativo da Pesca no Pacífico. Simplesmente conversar com os pescadores e pedir que mudassem de postura não ia funcionar.

Os pescadores reconheciam o estado crítico da zona de pesca. Tinham sobrevivido à situação de calamidade em 2000, assistindo impotentes às grandes companhias comprarem suas licenças de pesca. A decisão da corte federal significava que a regulamentação federal era inevitável, e mesmo a do Conselho Administrativo da Pesca, favorável à indústria, se eles não concordassem sobre as áreas de hábitat que deviam ser protegidas. A pesca familiar, independente, estava se tornando uma espécie em extinção.

Um bom acordo para Morro Bay

O passo foi dado quando os conservacionistas resolveram se unir à indústria pesqueira em vez de brigar com ela. Em 2004, um membro da TNC chamado Chuck Cook reuniu-se com 22 proprietários de licenças de arrasto nas docas de Morro Bay, Monterey, Half Moon Bay e Moss Landing e propôs um acordo: a TNC compraria as licenças e as redes de arrasto de quem quisesse vendê-las, desde que as duas partes concordassem em proteger 3,8 milhões de acres de hábitats de peixes que ficavam além dos limites da pesca com rede; e, juntas, elas recomendariam essa ação aos regulamentadores federais.

Os pescadores que aceitaram vender suas licenças viram uma chance de investir o dinheiro em outro meio de vida. Os demais que queriam continuar pescando esperavam ter a chance de fechar um acordo mais justo com a TNC segundo o qual ambos preservariam as áreas de pesca mais críticas e ao mesmo tempo protegeriam o ambiente natural dos peixes. Não que eles confiassem plenamente nos conservacionistas, mas viram uma oportunidade de decidir sobre o próprio futuro.

Em 2004, pescadores, cientistas da conservação da TNC e o Fundo de Defesa Ambiental (Environmental Defense Fund, EDF) se sentaram em torno de mapas detalhados do fundo do mar e começaram a negociar. Os pescadores sabiam que algumas áreas seriam fechadas. Mas participar dessa negociação era melhor do que ser obrigado a acatar decisões tomadas em alguma reunião caótica do Conselho Administrativo da Pesca em Seattle. Para eles, as organizações de conservação eram o diabo encarnado. Os pescadores revelaram segredos do negócio até então desconhecidos: onde passavam a rede, com que frequência o faziam e o que conseguiam pegar. O resultado foi a definição de zonas de não arrasto em 67 por cento das áreas com máxima prioridade de conservação entre Point Conception e Point Sur.

Uma vez que o plano contava com o apoio tanto da indústria quanto do ambientalismo, foi aprovado sem dificuldade no processo regulatório – algo inédito para uma ação tão polêmica como o fechamento de zonas de pesca para proteger os ambientes marinhos. Com o plano aprovado, a TNC desembolsou 7 milhões de dólares para comprar seis licenças federais de arrasto em Morro Bay, mais sete nas proximidades de Half Moon Bay e Moss Landing, além de seis barcos, quatro dos quais foram desmontados.

As treze licenças representaram mais da metade do total para a região. De repente, a TNC era a segunda maior proprietária de licenças individuais da Costa Oeste, com 7 por cento da cota de pesca na costa do Pacífico. Quando o acordo foi fechado, em junho de 2006, a organização possuía uma porção significativa dos direitos à pesca dos peixes de fundo na Costa Oeste e começou a deliberar sobre as melhores opções para redistribuir esses direitos.

Como ninguém tinha feito isso antes, não se sabia qual seria o resultado. A comunidade pesqueira reagiu com desconfiança. Quem poderia imaginar que aqueles três sujeitos seriam proprietários de uma parte tão grande dos direitos de pesca na Costa Oeste? Alguns apoiadores da TNC e até mesmo alguns de seus próprios funcionários reagiram da mesma maneira, sobretudo em 2007, quando a organização resolveu alugar essas licenças aos mesmos pescadores que tinham acabado de vendê-las – entre eles, um que continuaria usando rede de arrasto. Foi como que uma traição.

O que a organização tinha no papel era uma pequena parte de uma zona de pesca problemática. E o que tinha em mente era uma nova forma de pescar.

As licenças de pesca e todo o processo deixaram os conservacionistas entusiasmados e ajudaram a criar um novo modelo de colaboração entre grupos não habituados a trabalhar juntos. Se os dois grupos conseguissem encontrar um denominador comum, a pesca seria reconstituída e os lucros, recuperados, em quatro comunidades pesqueiras da Califórnia.

A necessidade também deu uma vantagem aos conservacionistas. Apenas reter ou suspender as licenças de arrasto não seria suficiente para preservar os recursos marinhos a longo prazo. As regras vigentes permitem que as traineiras com licença de arrasto que operem de outros portos da Costa Oeste tenham o direito de recolher os peixes devolvidos pelas traineiras lotadas. Ainda que outros pescadores não aumentem suas cotas imediatamente, isso poderia mudar, dependendo das condições da zona de pesca. Possuir as licenças não põe um ponto final na história.

Cientistas, indústria, governos e comunidades pesqueiras precisavam ter uma visão mais ampla do valor da natureza e mais disponibilidade e habilidade para agir. Uma indústria baseada em grandes capturas de baixo valor contando estritamente com o arrasto de fundo de mar era uma indústria limitada e antiquada. Para mudar isso, seria necessário mudar atitudes, técnicas e políticas governamentais. Morro Bay é o microcosmo das mudanças que podem acontecer quando a natureza começa a ser valorizada.

Até 2011, a regra era que os donos de licenças de arrasto na Costa Oeste não podiam trocá-las por equipamentos mais seletivos e menos prejudiciais. Isso os amarrava a práticas de coleta antiquadas, criava incentivos perversos e limitava seletivamente sua habilidade de recolher espécies abundantes, praticar uma pesca mais sustentável e fazer bons negócios.

Após dois anos de difíceis negociações entre pescadores, conservacionistas e governos, em 2009 o conselho finalmente permitiu que sete possuidores de licenças de arrasto usassem outros equipamentos, como anzóis e armadilhas. Pode parecer um rigor excessivo, mas ele foi importante para os pescadores e para o meio ambiente de Morro Bay. Foi o primeiro passo para as comunidades pesqueiras e a conservação trabalharem juntas para melhorar tanto o desempenho econômico quanto ambiental da pesca.

Desobrigados de usar as redes de arrasto, pescadores e conservacionistas criaram um acordo inédito chamado "Acordo para a Conservação da Pesca", que muito se assemelha à servidão da conservação da terra. Na terra, a servidão proíbe ao proprietário ocupar uma parte do terreno subdividindo-o ou cultivando-o. No mar, a servidão define como e onde os pescadores podem trabalhar, com limites de quantidade, de espécies e de equipamento. Acordos como esses permitem que comunidades pesqueiras e a conservação testem os méritos ecológicos e econômicos de técnicas não agressivas de pesca de fundo sem prejudicar o meio ambiente.

Como sabe quem já comprou um imóvel, uma longa e complexa infraestrutura legal governa todas as transações que envolvem propriedades. Ela deixa claro quem possui a terra e como pode usá-la. Se você quiser ter uma granja no seu quintal, os limites dos seus direitos logo aparecerão. Não existem leis como essas para governar o mar; uma licença para pescar não é a mesma licença para possuir os peixes, e, se existe a possibilidade de comprar ou alugar partes do fundo do mar, ninguém ainda fez isso no mar da Califórnia. Uma servidão só funciona para as zonas de pesca se houver um sistema que invente algo legalmente semelhante a um direito de propriedade para pescar, algo que os pescadores possam comprar e vender. Isso requer um sistema que limite o acesso ao peixe e às zonas de pesca.

Essa estrutura legal formal que não existia na Costa Oeste levou anos para ser elaborada. Os conselhos de pesca preservaram sua prerrogativa de esta-

A nova pesca

belecer limites de pesca para toda a frota. Se a frota atingia seu limite de uma espécie sobrepescada – digamos, a solha ou o bacalhau preto –, o dono do barco podia continuar pescando outros peixes, como o badejo, por exemplo, e, se porventura viessem junto solha e bacalhau preto, por lei eles tinham que ser devolvidos ao mar. Milhares de peixes, entre 20 e 30 por cento da pesca, eram atirados ao mar, mortos ou quase mortos.

Os pescadores não gostavam disso. Para eles, era o máximo da estupidez regulatória. A política aumentou a desconfiança que eles tinham em relação ao governo e a quem quisesse lhes dizer como pescar. O sistema também os incentivava a recolher tudo que pudessem o mais rápido possível, para que outros barcos não o fizessem e os fiscais fechassem a zona de pesca. Essa disputa incentivava o desperdício e era uma prática perigosa. Os barcos se lançavam ao mar com qualquer tempo, cortando caminhos. E as contas bancárias dos pescadores não aumentavam porque os barcos despejavam de uma só vez todo o peixe no mercado e seguravam o preço baixo.

Os regulamentadores federais decidiram, em 2002, testar uma nova estratégia, que foi chamada de pesca compartilhada. Por esse sistema, os cientistas dos conselhos de pesca determinavam a quantidade de peixes de cada espécie que cada frota podia pescar e a cada ano dividia essa cota entre os pescadores. Os barcos podiam sair a qualquer momento durante todo o ano e trazer o pescado que estivesse com o preço melhor. Eles chegavam ao mercado com um incentivo financeiro para pescar de forma mais cuidadosa, sem desperdiçar o recurso. Com o sistema de cotas, os pescadores podiam planejar melhor a vida e os negócios.

Contudo, a pesca compartilhada tinha um complicador: em alguns lugares onde o sistema foi implantado, as frotas maiores e mais ricas acumularam mais cotas. Isso preocupava os pescadores de Morro Bay que queriam preservar sua independência. Talvez a pesca compartilhada de peixes de fundo desse mais certo se a comunidade estivesse mais motivada a adotar novas técnicas que refletissem todos os valores da natureza, e não apenas o preço do peixe.

Levou quase uma década para que a pesca compartilhada fosse implantada. Até 2011, a pesca era só mais um dos vários programas de acesso limitado no litoral norte-americano. O que era pescado nesses programas correspondia a meros 10 por cento do total nacional.

As mudanças feitas tanto na quantidade quanto nas táticas de pesca resultaram em importantes melhorias. Os barcos passaram a trazer muito menos peixes não desejáveis e a deixar mais peixes jovens no mar; e o número de corais e esponjas esmagados sob o peso das redes de arrasto diminuiu. Melhor ainda, a economia pesqueira começa a dar uma reviravolta positiva: um mercado para a pesca com linha e anzol e armadilhas de alta qualidade e baixo volume. Os dois métodos mantêm os peixes vivos nos tanques dos barcos, algo impossível no caso das redes de arrasto.

A demanda por alimentos marinhos sustentavelmente cultivados só faz aumentar e estimula mudanças de comportamento. O peixe pescado com rede, como o bacalhau preto, custa noventa *cents* a libra [453,59 gramas]. Já o bacalhau preto tirado da água em armadilhas, uma iguaria nos restaurantes japoneses, é vendido nas docas a 3,5 dólares a libra, e nos mercados sofisticados a vinte dólares ou mais. Em 2006, o bacalhau preto correspondia a apenas 2 por cento da pesca, mas rendia 28 por cento. Os raros *sebastes* ou peixes-vermelhos são vendidos no mercado a mais de dez dólares a libra; alguns anos atrás, os pescadores ficariam felizes se conseguissem oitenta *cents* por libra desse mesmo peixe apanhado em rede de arrasto.

A maioria dos capitães de barco de Morro Bay percebeu que as mudanças vieram para ficar; depois de três anos, já estão vendo algum lucro. Agora, muitos deles vendem parte do que colhem a um comprador local, que por sua vez abastece as vendas no varejo e para os restaurantes. A tendência é geral. Entre abril de 2008 e março de 2009, o mercado de pesca com anzol e em armadilhas cresceu mais de 50 por cento, somando 1,5 bilhão de dólares. Os grandes compradores – como Walmart e Whole Foods – hoje colaboram com as organizações de conservação para reformular o mercado, dando preferência aos padrões ambientalistas. No total, a zona de pesca de Morro Bay faturou mais de 4 milhões de dólares em 2010.

Os novos mercados de pesca com linha e anzol e armadilha são importantes, mas não suficientes. Os arrastos continuam sendo a melhor forma de recolher populações ainda abundantes no fundo do mar, como as solhas-de-dover e petrale. Essas espécies são cruciais para a economia de Morro Bay, Half Moon Bay e outras comunidades. Pouca gente, mesmo entre os conservacionistas, prevê o fim dos arrastos nas zonas de pesca da Costa Oeste. Então, o desafio que se apresenta não é só afastar os pescadores das redes, mas que elas sejam menos destrutivas. Uma possibilidade é restringi-las às áreas de areia e lama que já foram arrastadas. Isso as manteria longe dos ambientes rochosos e dos recifes, das zonas proibidas para arrasto e das áreas onde os arrastos nunca aconteceram.

Além das mudanças que a política e a ciência já realizaram, o progresso mais animador em Morro Bay são as mudanças na própria comunidade. Os pescadores são pessoas orgulhosas e independentes, que se esforçam para ser o mais autossuficientes possível. Mas, quando o pescador quer lucrar sozinho, está desconsiderando os outros valores do peixe – a comunidade e o meio ambiente.

A pesca comunitária pode recolher mais valores da natureza. Embora ela exista no mundo todo, da Austrália à África do Sul e ao Chile, ainda é uma exceção. Mas isso está mudando, porque a menor quantidade de peixes tem obrigado as comunidades a encontrar alternativas ao "cada um por si."

Uma delas, por exemplo, e que ninguém tinha imaginado, introduziu a indústria pesqueira na era da informática. Os pescadores de Morro Bay estão usando uma nova ferramenta desenvolvida pela TNC, chamada eCatch, para rastrear e compartilhar dados entre pescadores e governo. Trata-se de uma revolução sob vários aspectos. Por exemplo, é comum entre os pescadores, amadores e profissionais, não revelar seus locais de pesca favoritos. Em Morro Bay, eles trocam informações sobre o que e onde estão pescando, identificando, portanto, onde se encontram as espécies sobrepescadas que devem ser evitadas. É criado um banco de dados que será útil para todos, e os dados vão primeiro para a comunidade, depois para o governo.

Esse compartilhamento de informações também é revolucionário nas avaliações que são feitas a cada minuto. O intervalo de tempo entre o momento em que os pescadores reportavam os dados aos regulamentadores e quando estes agiam efetivamente a partir das informações recebidas costumava ser de meses e quase nunca refletia o que o pescador estava vendo na água. Hoje esse tempo é de apenas poucos dias e até horas. Isso faz uma grande diferença quando algumas espécies estão tão esgotadas que a pesca permitida é ínfima. Fora de Morro Bay, a pesca total permitida do peixe-vermelho é 50 libras [22,67 quilos] – não por barco, mas o total, para todos. Um único barco podia trazer 50 libras em um único dia bom. A possibilidade de comunicar imediatamente que esses peixes foram pescados facilita a vida de todos os barcos que estão na água.

A ferramenta eCatch é mais um exemplo de uma comunidade de pescadores assumindo pela primeira vez a responsabilidade pelos recursos comuns, em vez de simplesmente explorá-los ao máximo possível. Até as violações são comunicadas. No passado, se alguém trouxesse, digamos, 40 libras [18,14 quilos] de peixes-vermelhos, eles seriam jogados de volta na água. Hoje, com o eCatch e a possibilidade de poder vender esses peixes comprando as cotas não utilizadas por outro barco, é muito mais provável que o pescador relate o que pescou em benefício de todos.

Esse espírito colaborativo também se manifesta de outras formas. Pescadores e conservacionistas estão criando uma nova instituição, o Fundo de Cotas Comunitário. O fundo emite e controla as licenças de pesca, e aproxima comunidade, organizações de conservação e interesses da indústria para que sejam tomadas decisões relativas à pesca. Baseado nos resultados das experiências de *leasing*, o fundo conseguiu reduzir a quantidade de redes de arrasto e ao mesmo tempo equilibrar as necessidades do meio ambiente, dos pescadores e das comunidades.

A força da comunidade de Morro Bay tem grande importância no desenvolvimento dessa nova pesca. Mudar para melhor certas tradições que pareciam imutáveis permitirá que pescadores, lenhadores e fazendeiros façam bons investimentos na natureza. Abrir novos caminhos é um papel ainda novo, embora vital, da comunidade ambiental.

5

Alimentar o mundo... e salvá-lo

Em conversas com executivos do agronegócio, insisto em que nunca foi tão importante para a conservação e para a agricultura trabalhar em conjunto. E acrescento que a discrepância entre essas duas áreas é maior do que eles poderiam imaginar.

Não é preciso ser conservacionista nem cientista para perceber as demandas que o crescimento populacional impõe ao nosso planeta. Em algum momento de 2011, a Terra recebeu o seu sétimo bilionésimo indivíduo, e por volta de 2050 seremos 9 bilhões ou mais. E, como já dissemos, a população não cresce apenas em tamanho, mas em prosperidade. Bilhões terão saído da pobreza nas próximas décadas. Toda essa gente e toda essa prosperidade demandará mais comida, mais água, mais energia e mais espaço. A pressão será intensa tanto para as áreas naturais quanto para as terras cultivadas do planeta.

Organizações ambientalistas, empresas de agronegócio, fazendeiros, governos e consumidores reconhecem hoje a necessidade de trabalhar juntos para produzir mais e colher melhores resultados ambientais na agricultura. Essa indistinção de papéis nem sempre é confortável. Entretanto, desafios como esse exigem ideias audaciosas e ação destemida.

Felizmente, a história nos oferece lições valiosas de ideias revolucionárias na agricultura. Tomemos como exemplo o cientista e Prêmio Nobel de Agricultura Norman Borlaug. Quando Borlaug foi convidado para comandar um instituto de pesquisa no México em 1944, a DuPont, empresa na qual ele trabalhava, ofereceu-lhe o dobro do salário para ficar. Borlaug agradeceu a oferta e foi para o sul.

Como diretor do Programa Cooperativo de Pesquisa e Produção de Trigo, no México, criado pela Fundação Rockefeller, Borlaug trabalhou junto aos agricultores locais para aumentar a produção de trigo. Onde outros viam camponeses lutando com colheitas pobres e plantações doentes, Borlaug via potencial. Onde outros viam baixo retorno de investimentos, processos longos e demorados e despesas antecipadas com pesquisas, Borlaug via oportunidade.

Em vinte anos, as variedades resistentes a doenças e com alto rendimento de Borlaug ajudaram o México a dobrar sua produção de trigo. Mais tarde, ele levou essas técnicas para a Índia e o Paquistão, dando início à Revolução Verde que duplicou a produção de alimento entre 1960 e 1990 e salvou cerca de 1 bilhão de vidas nesses países em desenvolvimento.

Na década de 1940, poucos especialistas teriam enxergado o potencial produtivo do trigo no México; e, na década de 1950, nenhuma análise teria identificado como uma excelente oportunidade a plantação de trigo no Paquistão e no Punjab. Borlaug reconheceu os dois potenciais e suas descobertas estabeleceram as bases da segurança alimentar e do crescimento econômico em todo o mundo.

Hoje, os filhos e os netos de fazendeiros que trabalharam com Borlaug obtêm colheitas e rendimentos que seus avós jamais imaginariam. É um precedente instrutivo e encorajador.

O papel da agricultura na alimentação do planeta, e na sua salvação, nunca foi tão evidente. Simplificando, se a agricultura não aumentar efetiva-

Alimentar o mundo... e salvá-lo

mente a produtividade, os agricultores invadirão reservas naturais e parques nacionais para ocupar as terras. Se a conservação não proteger as bacias hidrográficas e florestas, as fazendas sofrerão inundações mais destrutivas e secas mais prolongadas. Se a conservação ignorar o ambiente dos polinizadores e não controlar as pragas naturais, a produção cairá.

As companhias produtoras de alimento devem se responsabilizar pelos serviços ambientais prestados à agricultura e, em especial, à terra, ao solo e à água. Se as empresas visarem apenas à alta produtividade, sem levar em conta esses recursos essenciais, ficarão sem os três. O agronegócio pode explorar o solo usando fertilizantes durante muitos anos, mas se o fizer acabará empobrecendo tanto os ecossistemas quanto os fazendeiros.

Já se tem hoje um amplo consenso em relação à natureza e à urgência do desafio: as reservas de alimento em todo o mundo terão que dobrar até 2050, não só para alimentar o maior número de pessoas em todo o planeta, mas para garantir dietas cada vez mais ricas em proteína e intensivas quanto aos recursos para uma classe média em expansão. Dentro de alguns anos, a agricultura terá que saber como preservar os hábitats; como usar a água com mais eficiência; e como manejar a terra, o solo e a água de modo a fortalecer, em vez de degradar, os serviços ambientais que nos prestam.

Empresas, conservacionistas e governos serão beneficiados se enxergarem o futuro com o mesmo potencial e a mesma esperança que Borlaug. As empresas precisam pensar na produção de forma mais criativa, focar os resultados mais a longo prazo. Os conservacionistas precisam trabalhar com a indústria da agricultura de modo a intensificar com segurança a produção de alimentos, minimizar a posterior conversão da terra e diminuir o impacto da agricultura intensificada sobre a vida selvagem e os hábitats do entorno. Os governos precisam criar políticas e fazer investimentos que protejam os sistemas naturais com os quais 7 bilhões de habitantes contam para ter saúde e bem-estar.

Os riscos são altos demais para continuar com uma visão menos ambiciosa.

105

Vacas loucas e florestas tropicais

Cargill, um titã do agronegócio e a maior companhia privada dos Estados Unidos; McDonald's, a maior cadeia de *fast-food* do mundo; e Greenpeace, a renomada organização ambientalista internacional: três aliados altamente improváveis. Mesmo assim, em 2006 criaram uma bem-sucedida associação para deter o desmatamento e proteger o capital natural na Amazônia.

A longa estrada que levou a essa inesperada aliança começou duas décadas antes, com uma vaca – mais precisamente, a de número 133. A vaca 133 vivia na fazenda Pitsham, em Midhurst, Inglaterra, a pouco mais de 60 quilômetros de Londres. Em dezembro de 1984, a vaca começou a cambalear e a ter tremores, passou a não comer e estava nervosa, agressiva. Quando morreu, ninguém se deu conta da importância desse comportamento estranho nem dos testes laboratoriais que detectaram o tecido cerebral com uma aparência claramente esponjosa. De acordo com o *The Telegraph*, levou ainda dois anos, com casos similares despontando em todo o Reino Unido, para que os cientistas entendessem que a vaca 133 tinha sido o primeiro caso do que os jornais passaram a chamar de doença da vaca louca, e o que os cientistas denominaram encefalopatia espongiforme bovina (EEB).

A EEB pode matar pessoas que comerem a carne contaminada e a descoberta da doença provocou pânico geral. Mais de 220 pessoas no mundo todo morreram de EEB desde 1984, a maioria delas no Reino Unido, e milhões de vacas foram sacrificadas para controlar a epidemia.

O maior impacto causado pela EEB foi saber que a raiz do problema era o que os criadores do Reino Unido e de outros lugares da Europa usavam para alimentar o gado. Na maior parte do mundo, a soja é o principal suplemento proteico da ração de animais, mas, como é difícil plantar soja na Europa, os fazendeiros passaram a usar subprodutos animais – restos de carne e de ossos descartados nos matadouros – como uma alternativa barata. Não se sabia na época que a proteína causadora da EEB sobrevive ao processo de reciclagem. Quando isso foi descoberto, ficou claro que alimentar os animais com refugos era perigoso e que tal prática teria de ser interrompida.

O resultado dessa descoberta foi uma explosão súbita da demanda por soja em todo o mundo. Os preços dispararam. No início da década de 1980, os Estados Unidos cultivavam a vasta maioria da soja mundial, mas a demanda logo ultrapassou a oferta norte-americana. Consequentemente, em meados dos anos 1990, os grandes produtores de soja começaram a procurar locais para expandir uma produção rápida e barata. E encontraram o Brasil.

Gigantes do agronegócio como Cargill, Archer Daniels Midland e Bunge investiram pesado em sementes, fertilizantes e a infraestrutura necessária para transformar o Brasil em uma usina exportadora de soja. A Cargill construiu um terminal portuário, concluído em 2003, com capacidade para embarcar mais de 60.000 toneladas de soja diárias na cidade de Santarém, no Pará.

Santarém tem um histórico de atrair todo tipo de caçadores de fortuna – mineiros, lenhadores, fazendeiros e até Henry Ford. Este último iniciou duas plantações de seringueiras na região, uma delas denominada Fordlândia, e a outra, a poucos quilômetros de distância de Santarém, com nome um pouco mais sonoro, Belterra. As duas não foram adiante, derrotadas pelo solo pobre da floresta tropical, pela abundância de insetos e pela ferrugem. Alguma combinação dessas e de outras ameaças tropicais mantiveram as pegadas humanas ao redor de Santarém relativamente baixas. Não demorou muito tempo para que a selva cercasse a cidade.

Santarém está no meio da floresta, e, quando a Cargill começou a planejar o terminal portuário, as grandes plantações de soja mais próximas ficavam a centenas de quilômetros. A cidade parecia, então, o lugar mais improvável para se construir um porto de embarque para soja, sobretudo um tão grande quanto o da Cargill. Entretanto, Santarém está muito bem situada na junção dos rios Amazonas e Tapajós. É uma rota fácil para o

Atlântico e os mercados europeus e, pelo canal do Panamá, também para a China. Mesmo estando tão longe do mar, o Amazonas é profundo e largo o suficiente para os cargueiros oceânicos.

A Cargill não tinha o objetivo explícito de atrair fazendeiros para Santarém, mas foi o que o novo terminal proporcionou. Bastou construir para que eles viessem. E, quando eles chegam, quem sofre é a floresta. A razão disso tem muito a ver com o fato de a soja ser uma *commodity* agrícola – indiferenciada, e comprada e vendida em grandes quantidades a preços estabelecidos pelos mercados globais. Como os plantadores não têm influência no preço de venda, a única maneira de aumentar os lucros é diminuir os gastos para colocar a safra no mercado e abrir mais espaço para plantações. Os custos do transporte são os primeiros a ser cortados. Quanto mais próximos os fazendeiros estiverem de compradores como a Cargill, melhor. Quando a empresa inaugurou o terminal, os plantadores de soja logo perceberam os benefícios de se aproximar das instalações. E invadiram a região. A produção de soja ao redor de Santarém aumentou vinte vezes em quatro anos, entre 1999 e 2003. E os índices de desmatamento anuais na área praticamente dobraram.

Em meados dos anos 2000, a economia do Brasil deu um salto à frente e o desmatamento alcançou níveis recordes. As fazendas de gado ainda eram a principal ameaça, mas o desmatamento das áreas para o plantio da soja logo se equiparou a ela. Enquanto a maior parte da carne produzida no Brasil ficava no país ou era vendida aos vizinhos, a Cargill e outros exportadores embarcavam a soja para a Europa. O acesso aos mercados globais e, portanto, ao capital global foi um combustível a mais para os incêndios na floresta amazônica.

A Cargill não demorou a sentir o calor. Em 2003, os jornais europeus começaram a denunciar o vínculo entre o desmatamento e o porto de Santarém. A companhia reagiu instalando um sistema de monitoramento por satélite para controlar o desmatamento na área das fazendas próximas ao terminal. E a Cargill aprendeu uma lição sobre as novas políti-

Alimentar o mundo... e salvá-lo

cas ambientalistas para as cadeias de suprimentos globais. Um relatório de 2006 do Greenpeace, *Eating up the Amazon* [Devorando a Amazônia], documenta o elo entre a soja e o desmatamento na Amazônia de forma dramática e comovente. Para que o caso fosse entendido rapidamente pelo maior número possível de consumidores, o relatório escolheu como alvo um dos mais altos perfis corporativos: o McDonald's. O Greenpeace explicou que a soja plantada na floresta tropical era embarcada no porto de Santarém, seguia pelo Amazonas e chegava a Liverpool, onde era transformada em ração para frangos, que por sua vez eram transformados em *nuggets* no McDonald's. O navio do Greenpeace, o *Arctic Sunrise*, bloqueou o porto. Ativistas fantasiados de frango invadiram as lanchonetes da rede no Reino Unido e se amarraram às cadeiras. E espalharam por todo o país cartazes em que Ronald McDonald aparecia carregando uma serra elétrica.

Ter seu mascote como modelo em um cartaz sobre a destruição da Amazônia era a última coisa que o McDonald's queria. Os executivos da companhia já tinham visto isso antes: em 1981, o ecologista Norman Myers criara o termo "conexão hambúrguer" para descrever como a demanda por carne barata aumentava o desmatamento na América Central. O McDonald's tinha sido alvo dessa acusação durante muitos anos. Por volta de 2006, o cenário econômico e a opinião pública haviam mudado. A reputação de ser responsável pelo desmatamento não era só mais um incômodo, poderia ser devastadora para a marca. Esse risco, somado a uma crescente consciência de responsabilidade corporativa, levou a rede de *fast-food* a juntar forças com o Greenpeace. O McDonald's pressionou a Cargill, ameaçando parar de comprar sua soja se a empresa não concordasse em vigiar o meio ambiente.

A Cargill, justiça seja feita, tinha tentado discretamente equilibrar agricultura e conservação muitos anos antes da campanha do Greenpeace. O processo já fora iniciado em Santarém e no chão batido da Belterra de Henry Ford. Praticamente todos os produtores dessas regiões levavam a soja para as instalações de Santarém, que se tornou um centro de testes ideal para novas formas de investimento na natureza, expansão das plantações e medidas para salvar a floresta.

O ataque em duas frentes, do Greenpeace e do McDonald's, deu nova urgência a essa iniciativa. A Cargill concordou em não comprar a soja das terras desmatadas após 2006. E obrigou seus parceiros comerciais a fazerem o mesmo. O resultado foi uma moratória sem precedentes para a compra da soja oriunda de áreas recém-desmatadas. Originalmente, a moratória deveria durar dois anos, mas tem sido estendida repetidamente e em janeiro de 2013 ainda estava em vigor.

A moratória reduz o desmatamento conduzindo a expansão agrícola para áreas já limpas e abandonadas, e não para a floresta virgem. Isto é crucial: a moratória não defende a conservação da floresta à custa dos fazendeiros. Estes, se quiserem, podem cultivar soja, só não podem ultrapassar as fronteiras da Amazônia. O não cumprimento dessa regra custa caro aos plantadores de soja de Santarém e Belterra: eles não conseguem vender suas safras. Cumpri-la, porém, é garantia de acesso a um mercado global e negociantes confiáveis.

É uma conquista importante, porém frágil. As manchetes da campanha contra o McDonald's caíram no esquecimento. Se o preço da soja continuar subindo, pressionará a retomada da moratória e de outros meios semelhantes, e talvez o cultivo da soja seja expandido para outro lugar. Os locais mais prováveis são as pradarias do Brasil central, o cerrado e a mata atlântica ao sul do país. E uma campanha nesses lugares pode não funcionar tão bem quanto na Amazônia. O mundo todo conhece a floresta amazônica e sua rica variedade de espécies, mas o cerrado é relativamente desconhecido fora do Brasil e parece ser seco e insignificante, bem diferente da selva exuberante. Tanto o cerrado quanto a mata atlântica são biologicamente ricos e estão ainda mais ameaçados do que a Amazônia, porque uma porcentagem de terra muito maior já foi convertida. O que restou da mata atlântica é reserva de água para milhões de pessoas. Se as fazendas ocuparem essas áreas, tanto a conservação quanto o próprio homem serão derrotados.

Dívida ambiental

As decisões comerciais da Cargill se resumem em uma simples questão de ética. A companhia não compraria a soja de um fazendeiro de Iowa que desobedecesse às leis norte-americanas. Da mesma maneira, não compra soja do fazendeiro que descumpre a lei brasileira – neste caso, o Código Florestal.

O governo do Brasil reconhecia já na década de 1920 que o uso não controlado das florestas estava descaracterizando a vegetação do país. Uma série de leis sem maiores efeitos pouco fez para conter essa onda. Os militares ocuparam o poder em 1964 e o novo governo decretou amplas reformas. Apesar das raízes autoritárias, o Código Florestal brasileiro continua sendo uma das leis de conservação mais sofisticadas do planeta. Ele se aplica à floresta e a muito mais: impõe obrigações ambientais aos produtores agrícolas em geral, aqui incluídos os plantadores de soja. Devem ser preservados em suas propriedades os ecossistemas particularmente importantes, como as matas ciliares e as nascentes. E, sobretudo, a lei exige que os produtores mantenham uma determinada porcentagem de suas terras com vegetação nativa. A porcentagem varia: no cerrado e na mata atlântica é 20 por cento, e na Amazônia, 80 por cento.

Muitas fazendas burlam a lei, cortando e queimando a vegetação nativa abaixo desses níveis, em especial na Amazônia. Por lei, os fazendeiros estão acumulando um passivo ambiental – uma dívida ambiental. Pelo Código Florestal, eles poderão pagar a conta se preservarem hábitats nativos em outros lugares. De uma maneira ou de outra, a dívida será sempre quitada, seja pelos próprios fazendeiros a curto prazo, seja por todo o país a longo prazo, quando as consequências do desmatamento aparecerem. A compensação compulsória tem o efeito inesperado de criar oportunidades nas piores circunstâncias. Se as florestas são consumidas por incêndios, outras partes protegidas podem crescer rapidamente.

Para que as áreas protegidas aumentem, é preciso pôr em prática o que a lei promete no papel. Se os fazendeiros cumprissem a lei, seriam os mais responsáveis do mundo. Infelizmente, o Código Florestal é controlado por uma autoridade central e as agências governamentais não o policiam de maneira efetiva. Por muitos anos os fazendeiros simplesmente o ignoraram e sofreram poucas consequências, embora estejam previstos no código provisões para multas e até mesmo termos de prisão.

Cumprir o Código Florestal deixou de ser só uma questão ambiental e ética; é uma questão de vantagem competitiva. O governo brasileiro está ciente de que os consumidores e mercados de todo o mundo se preocupam cada vez mais com a mudança climática e o impacto causado pela indústria. Nesse sentido, a reputação do Brasil como responsável pela Amazônia faz diferença à medida que o país amplia o seu papel na economia global. Companhias como a Cargill, que de início foram atraídas pelas áreas disponíveis e pelos recursos, terão que ser parceiras também na administração do meio ambiente se quiserem hoje aproveitar os novos mercados para os produtos agrícolas brasileiros.

Plantar mais alimento e destruir menos floresta não é tarefa fácil e ultrapassa o âmbito de qualquer empresa, de qualquer cultura. Para que haja um progresso ambiental com esse fim, milhares de fazendeiros terão que ser atingidos. Não há mais tempo para fazer isso aos poucos, uma fazenda por vez. O melhor caminho é governo e conservacionistas trabalharem com as grandes empresas, como a Cargill, que compram e vendem de todos esses fazendeiros.

A cooperação é uma excelente forma de reduzir o desmatamento. Apesar das perdas sofridas nos últimos trinta anos, a floresta amazônica ainda é do tamanho da Índia. Isso importa não para o Brasil apenas; a floresta ajuda a controlar o clima do planeta. As árvores da floresta tropical recolhem a água subterrânea e a liberam na atmosfera; cerca de um terço

Alimentar o mundo... e salvá-lo

da chuva que cai na Amazônia vem das nuvens formadas pelas árvores. A floresta joga na atmosfera anualmente 8 trilhões de toneladas de água e grande parte dela circula pelo mundo.

Não foi fácil para a Cargill, outras empresas e o governo brasileiros monitorar o cumprimento do Código Florestal. Parecia impossível saber quem o cumpria e quem não o cumpria. A Cargill comprava de milhares de fazendeiros e não conseguia monitorá-los.

Quando as imagens de satélite se tornaram financeiramente acessíveis, isso mudou. Os plantadores de soja já podem registrar suas terras e definir fronteiras usando um sistema GPS desenvolvido em conjunto pela Cargill, pelas organizações de conservação e pelo governo. Uma imagem de satélite anual mostra claramente se e onde ocorreu desmatamento. Quem planta em área recém-desmatada é incluído em uma lista negra e não vende mais para a Cargill. Mais de trezentos fazendeiros participam dessa iniciativa na região de Santarém. Essa solução de tecnologia avançada e custo acessível mudou a visão do governo sobre o controle do desmatamento.

A moratória tem funcionado bem. As plantações de soja, que eram a principal ameaça à Amazônia até pouco tempo atrás, pouco têm contribuído para o desmatamento. A indústria passou a fazer parte da solução.

Mas, se o sucesso com os plantadores de soja é animador, há outra ameaça ainda maior à floresta tropical: a indústria pecuária. Desde o início dos anos 1980, quando imagens de satélite confiáveis foram disponibilizadas, mais de 80 por cento das florestas tinham sido substituídas por pastos. Na Amazônia brasileira os pastos ocupam mais de 150 milhões de acres, uma área próxima ao tamanho da França, contra os 500.000 acres ocupados pela soja.

Não é só o tamanho que distingue o mercado da carne do mercado da soja. Os pecuaristas usam fogo para limpar a terra, e os incêndios são um perigo para a floresta. Além disso, algumas poucas companhias de porte controlam a safra de soja para exportação, ao passo que milhares de pecua-

113

ristas criam e vendem seu produto localmente, muitas vezes de maneira ilegal. A carne da Amazônia é vendida nos supermercados das grandes cidades e também em pequenos açougues de vilas remotas. Ninguém consegue rastrear de onde ela vem e como esse gado é criado.

Os ambientalistas conseguem convencer empresas como a Cargill de que evitar o desmatamento é do interesse delas. O Greenpeace não escolheu a companhia por acaso; sabia que iria influenciá-la. Os compradores de carne, por sua vez, nem deram atenção quando os ambientalistas pediram à indústria que mudasse suas técnicas a fim de reduzir a quantidade de desmatamento causado pelos pecuaristas. Sem a pressão dos compradores, e sem um sistema de monitoramento como o da Cargill, os pecuaristas não se viram obrigados a respeitar o Código Florestal e continuaram desmatando. O Greenpeace se envolveu novamente, dessa vez aliando-se a outra organização, a Amigos da Terra (Friends of the Earth, FOE), a fim de chamar a atenção da mídia para a situação.

Em junho de 2009, as organizações publicaram relatórios separados – o do Greenpeace chamava-se *Slaughtering the Amazon* [Abatendo a Amazônia], título análogo ao do relatório da soja de alguns anos antes – que descreviam em detalhes o papel da indústria da carne no desmatamento da floresta. Os alvos não eram os produtores, mas os regulamentadores federais e as cadeias de supermercado brasileiras, entre elas gigantes internacionais como Walmart e Carrefour. Essas empresas tinham força suficiente para obrigar os principais fornecedores de carne brasileiros a realizar mudanças significativas.

Como no relatório da soja, o *timing* e a escolha dos alvos foram impecáveis. Em poucos dias, as grandes cadeias de supermercado brasileiras anunciaram uma nova política que bania a compra da carne vinculada ao desmatamento na Amazônia. O diretor de agricultura da TNC, David Cleary, que por muito tempo trabalhou com questões ligadas à agricultura na Amazônia, observou: "O Greenpeace e a Friends of the Earth conseguiram em algumas semanas o que outros tentaram sem sucesso durante anos". As

Alimentar o mundo... e salvá-lo

campanhas encabeçadas pelas duas organizações chamaram a atenção do mundo para a produção da carne na Amazônia.

Infelizmente, nenhuma empresa de processamento de carne tem como documentar as mudanças realizadas nas fazendas que fornecem os animais para os matadouros e não pode garantir que a carne seja "sem desmatamento". É uma razão para Walmart e Carrefour não comprarem a carne que vem da Amazônia.

Tirar as fazendas de gado da Amazônia poderia ser uma grande vitória da conservação, mas não é. Se grandes compradores boicotarem os pecuaristas dessa parte do Brasil, eles simplesmente levarão o gado para os locais aprovados mais próximos – as pastagens no cerrado e a mata atlântica. Pior ainda, se o Walmart parar de comprar a carne que vem da floresta, compradores com menos consciência ambiental não pensariam duas vezes em ocupar a vaga. Em 2008, os principais mercados de exportação da carne amazônica eram Rússia, Venezuela e Irã, que nunca se preocuparam com desmatamento. Temos então um equilíbrio delicado. Engajar as grandes empresas multinacionais é um passo importante, mas tirá-las do Brasil fará com que outras quaisquer preencham o espaço e o problema apenas mude de lugar.

Agora vem a parte difícil: mudar o mercado da carne a fim de diminuir o desmatamento, e não permitir que compradores dos Estados Unidos e da Europa finjam ignorar que a carne que eles recusam é vendida em Moscou e Teerã. Assim como no caso da soja, o primeiro passo é criar um sistema de rastreamento dos pecuaristas, de onde eles estão e se estão invadindo a floresta. Se a Cargill tem capacidade para usar tecnologia de satélite, o mesmo não acontece com a indústria da carne no Brasil, cujas empresas são muito menores e têm muito menos recursos.

Construir essa capacidade faz parte de um empreendimento maior para controlar o avanço dos pastos na floresta. Uma parte do processo é oferecer tecnologia de satélite, outra muito maior é encontrar as pessoas certas para usá-la.

Estimular a economia
e ao mesmo tempo salvar a floresta

A moratória da soja não matou a indústria da soja brasileira. Criar gado sem provocar desmatamento também não matará a indústria da carne. Não é verdade que um país como o Brasil tenha que abrir mão da conservação para ter sucesso econômico. A economia pode crescer enquanto as florestas continuam em pé, e as plantações e as áreas protegidas se expandem.

Talvez pareça otimismo exagerado, ou até um *press release* do Ministério da Agricultura do Brasil, mas é verdade. Entre 2002 e 2009, a área da floresta amazônica legalmente protegida aumentou 50 por cento, e a economia brasileira cresceu 7,5 por cento ao ano. Em meados de 2010, o desmatamento na Amazônia brasileira diminuiu 67 por cento em relação à média de dez anos, enquanto a produção agrícola no Mato Grosso foi a maior de todos os tempos e a lucratividade da cultura da soja alcançou níveis comparáveis ao *boom* de 2000-2005.

Ainda assim, é apenas uma cultura em uma única parte do país – motivo de esperança, mas não de complacência. O Brasil enfrenta inúmeros desafios, não só o risco de que interesses poderosos como os dos pecuaristas e dos desenvolvedores de terras se aproveitem do sucesso do país para enfraquecer as mesmas regras que tornaram possível esse sucesso. Empresas internacionais sabem que é possível ganhar dinheiro na Amazônia. Se não houver vigilância constante por parte do governo, os avanços recentes podem desaparecer num piscar de olhos. O risco é alto.

Talvez o sucesso dependa das áreas já desmatadas pelos pecuaristas. É essencial que as novas fazendas sejam direcionadas para elas e que não haja mais desmatamento das florestas – algo que, até agora, o Brasil tem conseguido. Se houver outra explosão de demanda e um novo pico no preço da soja e dos biocombustíveis – o que animaria os fazendeiros a plantar cana-de-açúcar –, o jogo pode voltar a mudar.

Uma elevação de preços atrairá mais fazendeiros para uma determinada cultura e aumentará a destruição de florestas. Por outro lado, premier fazendeiros e pecuaristas por evitar o desmatamento de novas áreas pode ser um incentivo ainda maior. Esses prêmios são a forma mais direta de forçar a adoção de culturas e manufaturas melhores. O maior obstáculo para a implantação desse novo método, ao menos na opinião dos fazendeiros, são os custos preliminares e a garantia de que o melhor preço derrubará a barreira.

É difícil, para não dizer impossível, mudar o comportamento de milhares de fazendeiros ou de milhões de consumidores potenciais. Mas pode haver um caminho melhor. A ideia, proposta com vigor por Jason Clay, do WWF, é não trabalhar com esses grandes grupos, mas com empresas menores, porém influentes, que intermedeiem a relação produtor-consumidor. Clay observou que um número relativamente pequeno de companhias de *commodities* controla boa parte desse mercado. Se os conservacionistas conseguirem influenciá-las demonstrando a eficácia da conservação em suas próprias bases, essas companhias podem causar um impacto mais significativo na produção sustentável das *commodities*.

Já temos evidências suficientes de que isso funciona quando consumidores se dispõem a pagar mais. Cafeicultores implantaram várias maneiras de certificar o café como orgânico, plantado na sombra, de livre-comércio. Alguns compradores – embora ainda constituam uma porcentagem mínima do mercado, padrão que se repete em outras *commodities* – estão dispostos a pagar pelas certificações. O mesmo se dá com certas espécies de madeira tropical. A madeira é relativamente fácil de ser rastreada e o mercado para um produto sofisticado que não danifica a floresta está crescendo.

Infelizmente, outras *commodities,* como carne, soja e o óleo de palma continuam resistindo. Os consumidores compram pouca soja diretamente; a maior parte dela alimenta animais ou é um componente invisível de alimentos processados, tintas e outros materiais. Isso torna quase impossível agregar um bônus ao valor que o plantador de soja obtém pela sua safra.

Embora pagar aos fazendeiros para mudar a forma de cultivo dos nossos alimentos e de outros produtos agrícolas raramente funcione, é importante identificar quais são os bons produtores. Por exemplo, a organização internacional Conselho de Manejo Florestal (Forest Stewardship Council, FSC) notabilizou-se por avaliar a produção de madeira de reflorestamento em termos ambientalistas e fornecer certificação a empresas que aderem às suas diretrizes. Essa certificação, um selo verde de aprovação, ajuda os consumidores a identificar as empresas responsáveis. Com as iniciativas tomadas nas plantações de *commodities,* espera-se que os grandes compradores exijam uma melhoria nos padrões e forcem os produtores a adotá-los. Isso não vai acontecer só pela ação corporativa. Consumidores esclarecidos podem ser um incentivo a mais para que governos esclarecidos apliquem políticas de conservação. Os compradores pressionam os produtores e, consequentemente, os governos mudam a forma de administrar as políticas.

Outra tendência que está surgindo pode ofuscar a sutil dinâmica do mercado. Há um século as empresas assistem ao preço das *commodities* cair ou, na melhor das hipóteses, permanecer estável. Agora elas estão ficando mais caras. Em 1980, o ecologista Paul Ehrlich e outros dois físicos de Berkeley, John Harte e John Holdren, apostaram com Julian Simon, professor de Administração de Empresas da Universidade de Maryland, se os preços de um grupo seleto de *commodities* – cobre, cromo, níquel, estanho e tungstênio – subiriam ou cairiam nos dez anos seguintes. O palpite de Ehrlich foi que subiriam, quando o crescimento da população fizesse a demanda aumentar, enquanto, na opinião de Simon, eles cairiam com o progresso da tecnologia.

Quando se verificou o resultado da aposta dez anos depois, Simon tinha vencido, pois cinco metais haviam ficado mais baratos. A longo prazo, porém, ele perdeu. Outro estudioso, Jeremy Grantham, observou que, se Simon e Ehrlich tivessem estendido o prazo da aposta original além do limite arbitrário de dez anos até os nossos dias, Ehrlich venceria em todas as *commodities* escolhidas, com exceção do estanho. E, se a cesta de *commodities* fosse maior, ele teria acertado ainda mais.

Alimentar o mundo... e salvá-lo

O mercado de *commodities*, diz Grantham, famoso investidor com escritório em Boston e um excelente recorde de investimentos a longo prazo, está enfim refletindo o fato de que o planeta é finito. De 1900 a 2002, os preços dos metais, do petróleo e do gás, e de *commodities* agrícolas como soja, trigo e algodão, caíram de maneira consistente depois de ajustados pela inflação. Essa tendência contradiz outras duas: o crescimento da população humana e o maior uso dessas *commodities*.

Segundo um fundamento básico da economia, se as *commodities* escasseiam, os preços sobem. O avanço da tecnologia, as novas reservas de *commodities* e o uso mais eficiente delas têm evitado até hoje que isso aconteça. Mas, prossegue Grantham, o mercado está nos dando "sinais" do fato econômico mais importante desde a Revolução Industrial. De acordo com os analistas e a firma de consultoria McKinsey & Co., os preços reais das *commodities* aumentaram 147 por cento desde o ano 2000.

Se Grantham estiver certo, o recente aumento nos preços das *commodities* não é uma onda temporária, algo que os mercados já viram acontecer antes, mas uma mudança permanente no valor dos nossos recursos naturais. Essa mudança tem implicações profundas na agricultura, na indústria e na conservação.

Congelar as pegadas da agricultura

Um recurso que está escasseando são as terras cultiváveis. A experiência brasileira de obter uma produção maior em terras cultiváveis existentes pode nos dar uma ideia do futuro. Com uma agricultura mais eficiente e geograficamente menos extensiva, o Brasil está conseguindo produzir mais com menos. Assim, demonstra como a ciência, a inovação e a parceria têm condições de criar um sistema mais inteligente de alimentação mundial.

Vejamos o que envolve essa nova agricultura: produzir mais em menos terras, usar menos água e uma quantidade menor de produtos químicos – e isso é só o começo. Os agricultores não podem usar mais terras para produzir porque não há terra de sobra: fazendas e plantações ocupam 40 por cento da superfície terrestre e quase todos os terrenos que são adequados à agricultura. Os 60 por cento restantes estão ou em lugares que não podem ser cultivados, como a Amazônia e Yellowstone, ou em lugares que não servem para o cultivo, como Mollicy Bayou, o Saara, os Andes ou Paris. Também não está sobrando água. A agricultura, principalmente a irrigação, responde por 70 por cento do consumo mundial de água. E não só consome a água como a polui com fertilizantes, herbicidas e pesticidas.

Por isso a agricultura tem que congelar sua pegada e duplicar a produção de alimentos em terras que já existem, e usar a água e outros recursos de forma muito mais eficiente. Jonathan Foley, importante conhecedor do tema da Universidade de Minnesota, aponta para duas opções: impulsionar a produtividade ou das grandes fazendas ou das pequenas. A produção tem que melhorar muito não só em locais altamente produtivos como América do Norte, Brasil e Austrália, por exemplo, mas também na África, América Central e Leste Europeu. Uma análise feita por Foley e colegas mostra que, nessas regiões, sementes melhores, aplicação mais eficaz de fertilizantes e irrigação mais eficiente produziriam entre 50 e 60 por cento mais alimentos na mesma extensão de terra sem usar tanta água e tantos produtos químicos.

O aumento da produção deve fazer parte de todas as iniciativas para aliviar a pressão sobre as florestas. É intuitivo: se os fazendeiros conseguirem plantar o que precisam na terra já limpa, terão pouco incentivo para limpar mais. Mas na prática isso é mais complicado.

A agricultura mais intensiva também envolve mais fertilizantes químicos e mais água, portanto, equilibrar custos e benefícios em várias escalas é essencial. Intensificar a agricultura em um lugar para que outro seja poupado tende a dividir a terra em duas porções, como o que se vê a bordo de um avião: fazendas aqui, florestas ali.

Isso dá certo especialmente em áreas sensíveis onde a produtividade agrícola incentiva a conversão de hábitats em terras de cultivo. Nesse caso,

Alimentar o mundo... e salvá-lo

a solução mais simples talvez seja a melhor: proteger áreas mais próximas das fronteiras agrícolas.

Em muitos outros ambientes, particularmente nos trópicos, as opções são mais difíceis. Nesses casos, proprietários e gestores com interesses conflitantes vigiam a propriedade. Mesmo que nas áreas rurais os camponeses dependam mais diretamente da terra do que outras comunidades, a agricultura intensiva tende a favorecer os grandes proprietários com mais acesso ao capital.

Uma alternativa à agricultura intensiva é uma cultura que respeite os animais domésticos e selvagens. Essas táticas, que são conhecidas por vários nomes, como cultura favorável à vida silvestre e agrossilvicultura, costumam seguir os mesmos princípios: reduzir a agricultura intensiva limitando a limpeza e a arada do terreno, manter manchas de vegetação nativa espalhadas pela paisagem e usar menos fertilizantes para que as espécies nativas sobrevivam.

Na Indonésia, por exemplo, o cacau, com o qual são feitos o cacau em pó e o chocolate, é plantado à sombra das árvores. Além de conservar as árvores maiores, essa prática preserva hábitats da flora e da fauna nativas. Em alguns casos, faz lembrar o elusivo cenário de ganhos para ambas as partes: a produção de cacau aumenta quando a biodiversidade das florestas é mantida. E, sobretudo, essas áreas cultivadas oferecem muitos benefícios além dos próprios produtos – estabilizam o clima (por meio do sequestro de carbono), purificam a água e controlam enchentes, além de oferecer uma bela paisagem.

De modo similar, a agrossilvicultura felizmente não exige que as espécies nativas sejam sempre removidas. Também na Indonésia, um número surpreendente de orangotangos tem sido encontrado nas fazendas produtoras de celulose e papel, áreas que são cultivadas com plantas exóticas de rápido crescimento em meio a trechos de florestas altamente degradadas e matagais. A descoberta trouxe consigo uma série de restrições, pois não se sabe ao certo por quanto tempo os orangotangos sobreviverão. Mesmo assim, se um animal tão raro e carismático é mais flexível do que imaginávamos, e se outras espécies podem conviver com algum grau de uso humano dos seus hábitats, essas são implicações importantes para alimentar a crescente população do planeta.

O principal argumento contrário à agricultura favorável à vida silvestre e à agricultura orgânica em geral é que a produção tem caído muito e são necessárias mais terras para colher a mesma quantidade de alimento. Sobretudo, segue o argumento, a agricultura amiga dos animais preserva menos a natureza do que converte parte das terras ao cultivo intensivo, deixando outra parte completamente abandonada. A agricultura orgânica tem baixo rendimento, mas em relação a algumas culturas, como frutas e sementes oleaginosas, a diferença é pequena. Para outras culturas, como a de cereais e vegetais, os métodos orgânicos são muito mais ineficientes. O objetivo, diz Jonathan Foley, é usar todas as técnicas e aplicá-las nos lugares certos para as culturas certas.

Jeremy Grantham lembra que a agricultura orgânica tem a solução para um problema iminente a longo prazo, relacionado com a sua observação sobre as *commodities*: o risco de faltar fertilizantes. Entre as *commodities* que Grantham rastreou e cujos preços têm subido estão o fosfato e a potassa (potássio). Fósforo e potássio são necessários para o crescimento de toda matéria; a agricultura orgânica pode contribuir muito para aumentar as reservas existentes desses elementos por reduzir a uma pequena fração a necessidade de doses extras do fertilizante que hoje é usado na agricultura intensiva.

Uma das grandes virtudes do capitalismo, diz Grantham, é que o preço alto é o melhor professor. A elevação dos preços dos fertilizantes pode despertar o interesse pela agricultura orgânica e atrair mais investimentos. Desde que as boas práticas orgânicas diminuam o uso dos fertilizantes cada vez mais caros sem grandes sacrifícios à produção, essa agricultura será igualmente lucrativa e os consumidores não terão que pagar mais pelo produto final.

O real desafio é que a agricultura orgânica requer muito mais tempo e muito mais esforço para adequar cada plantação a um tipo de solo específico. E, uma vez que os agricultores precisam ser mais treinados e mais informados sobre a boa agricultura orgânica, não será de imediato que eles optarão por práticas tão complexas e arriscadas. Grantham escreve aos investidores na *newsletter* de julho de 2012:

> A má notícia é que administrar uma fazenda 100 por cento orgânica é tarefa hercúlea que exige anos de esforço, participação do governo e muita pesquisa. A pior notícia é que essa é uma tarefa para a qual não há absolutamente nenhuma alternativa à vista diante da atual situação do potássio e do fósforo [...] e eventualmente terminará muito mal. A boa notícia, porém, é que a tarefa pode ser cumprida, e quando concluída teremos pela primeira vez uma base sustentável para a produção de alimentos.

Agricultura mais inteligente

As novas tecnologias também ajudam a tornar a agricultura mais inteligente. Elas incluem soluções de baixa e alta complexidade, que vão desde elevações esculpidas no terreno e valas para a água de cultivo, como se faz na África, a sensores sofisticados que realizam análises precisas das condições do solo e indicam onde o agricultor deve irrigar ou acrescentar fertilizantes. Quanto a estes últimos, Foley observa que os agricultores enfrentam um dilema: alguns lugares têm nutrientes a menos, portanto a produtividade é baixa; outros têm nutrientes a mais, mas estão poluídos. Quase ninguém usa a "quantidade exata" de fertilizantes.

Agricultores dos Estados Unidos, da Europa, da China e de outros lugares poderiam reduzir de maneira substancial o uso de fertilizantes e causar pouco ou nenhum impacto à produção de alimentos, diz Foley. Nos Estados Unidos, uma ferramenta *on-line* chamada Fieldprint Calculator, desenvolvida por um consórcio liderado pelo Keystone Center, do Colorado, tem sido de grande utilidade. Um *"fieldprint"*, de acordo com o Fieldtomarket.org, é a relação entre *output* e *input*, ou seja, uma estimativa do impacto que um *input* tem sobre um *output*. Assumindo-se um dado *output*, menor *input* significa menor pegada e maior sustentabilidade, porque menos recursos são necessários para obter o mesmo resultado final.

A Fieldprint Calculator permite que os agricultores insiram as informações relativas às suas operações – rotatividade do solo de plantio, sistemas de controle e outras – e saibam se o uso que estão fazendo da energia e da água, o impacto climático e a perda de solo são menores ou maiores do que a média do condado, do estado e do país. Com a ferramenta de cálculo os agricultores podem comparar a sustentabilidade das suas práticas com as de outros fazendeiros e avaliar se estão agindo corretamente.

A agricultura é um negócio competitivo. Num teste de medida de eficiência energética com a Fieldprint Calculator, os agricultores de Nebraska compararam a própria eficiência energética com a dos vizinhos. Souberam também que mudar suas práticas afetaria a sustentabilidade de suas plantações. Essas informações ajudarão os agricultores a monitorar e administrar seus *inputs* de forma mais efetiva, identificando meios de melhorar a qualidade da água e pegadas de carbono, e ao mesmo tempo aperfeiçoar o produto final com manutenção e o aumento da produção. Quando os fazendeiros competem entre si pela eficiência – e, consequentemente, pela sustentabilidade e pela lucratividade –, a natureza e a economia agradecem.

A calculadora é uma iniciativa da Keystone Field to Market, uma aliança de agricultores, agronegócio, companhias produtoras de alimentos e organizações ambientalistas. O grupo atua na cadeia de suprimentos agrícolas desenvolvendo soluções conjuntas para aumentar a produtividade e ao mesmo tempo minimizar os impactos ambientais.

A Fieldprint Calculator conta com algumas tecnologias sofisticadas, mas a que mais importa para a agricultura não é novidade. Há milênios o homem tem modificado plantas e animais conforme suas necessidades. Com exceção dos peixes, a maior parte dos alimentos que são consumidos

Alimentar o mundo... e salvá-lo

em grandes quantidades foi alterada através da reprodução intensiva. As culturas mais modernas praticamente não têm nenhuma relação com seus antepassados. Os paleoindígenas do México que domesticaram o milho 10.000 anos atrás não reconheceriam as atuais culturas de Iowa.

A variedade genética natural a partir da qual foram desenvolvidos o milho doce e laranjas imensas e sem sementes é de vital importância, mas desprezada com frequência pelo capital natural. Conservar os parentes originais das plantas e animais domésticos é conservar a variabilidade genética, e essa variabilidade é que garante a capacidade de adaptação especialmente em face de padrões climáticos tão alterados e cada vez mais imprevisíveis.

Enquanto todos concordam que a variabilidade genética é uma forma de capital natural de grande valor para a reprodução das plantas, há uma enorme polêmica quanto à engenharia genética – que manipula essa variabilidade, inclusive entre as espécies. Alguns países já chegaram a banir por completo culturas geneticamente modificadas. É inquestionável que a engenharia genética oferece riscos e pede um exame mais cuidadoso, mas a defesa ambiental contra os organismos geneticamente modificados (OGMs) começa a dar sinais de desgaste. Ambientalistas que eram contra essa tecnologia já se pronunciam em favor dos seus potenciais benefícios. Por exemplo, o histórico ativista anti-OGM Mark Lynas agora defende a tecnologia em seu livro *The God Species* [As espécies de Deus].

Os conservacionistas deveriam manter-se abertos aos OGMs, que em alguns casos podem nos ajudar as enfrentar imensos desafios. Por exemplo, a mandioca geneticamente modificada foi desenvolvida para resistir às doenças virais que destroem quase um terço das safras. Isso é importante, porque a mandioca é o principal alimento de 750 milhões de pessoas. Essa nova variedade de mandioca geneticamente modificada é desenvolvida pelo Centro de Ciência da Planta Donald Danforth, mantido pelas fundações Bill e Melinda Gates, e Howard Buffet. O Centro Danforth não tem fins lucrativos e não quer ganhar dinheiro com sua descoberta, mas atender à necessidade do planeta de mais alimento. Do ponto de vista da conservação, a mandioca é uma planta ideal para a engenharia porque é uma safra de baixo *input* – suporta meses de estiagem e não exige irrigação.

O repúdio às safras de OGMS se deve, na verdade, ao controle de sementes e alimentos comercializados por grandes corporações internacionais. Quando os alimentos geneticamente modificados são produzidos por organizações sem fins lucrativos como a Fundação Danforth, que não cobra *royalties* pelas sementes, os agricultores conseguem enxergar com mais clareza os benefícios da nova variedade da planta. Há quem tema os OGMS pelos riscos causados ao meio ambiente e à saúde. Entretanto, os dados existentes sobre os riscos à saúde humana são vagos e há pouca evidência de males causados pelos OGMS. Milhões de pessoas consomem diariamente alimentos que contêm material geneticamente modificado e até agora nada de mau aconteceu.

Os dados sobre os riscos ambientais são ainda mais difusos. Sobretudo, a Academia Nacional de Ciências dos Estados Unidos concluiu que, nas culturas de OGMS – 80 por cento da soja, do milho e do algodão produzidos nos Estados Unidos –, os agricultores usam menos inseticidas e herbicidas, com prováveis benefícios à qualidade da água. Isso não quer dizer que os cientistas e governos possam ignorar com segurança novos tipos de OGMS cujas caraterísticas ainda sejam desconhecidas. À medida que a tecnologia avança e mais culturas exóticas são modificadas, temos que nos manter vigilantes para a avaliação dos riscos ambientais e respeitar a opinião daqueles que, por escolha pessoal, preferem evitar os OGMS.

Contudo, a biologia sintética, da qual os OGMS são apenas uma dimensão, é uma nova tecnologia que promete revolucionar o mundo em que vivemos com soluções técnicas para alguns dos desafios ambientais mais sérios. Por exemplo, os micróbios têm sido modificados para produzir plástico biodegradável. Ou para agir como biossensores e rastrear níveis de contaminantes químicos, talvez produzindo biocombustível de energia densa. Os conservacionistas deveriam ser uma voz isenta ao examinar os

Alimentar o mundo... e salvá-lo

benefícios e os custos dessas novas tecnologias, e garantir que elas façam parte não do problema, mas da solução para nossas terras e nossas águas.

Há necessidade de um grande pacto entre a conservação e a agricultura, como diz meu colega Glenn Prickett: o setor privado precisa pôr a natureza na frente e no centro dos seus pensamentos, e as organizações ambientalistas precisam fazer o mesmo no que se refere à produtividade e aos lucros. Tudo deve entrar na discussão: o desenvolvimento de um produto OGM considera a conservação e a produtividade de maneira integrada? Como as organizações de conservação podem ajudar o agricultor a aumentar a produtividade? De que maneira o agronegócio pode apoiar a criação de novas áreas protegidas em hábitats ameaçados pela invasão da fronteira agrícola?

Ao longo da história, a inteligência e a tecnologia têm rompido limites e expandido fronteiras. Se a indústria agrícola e a ciência da conservação trabalharem juntas de maneira mais ampla, haverá espaço para outros 2 bilhões de pessoas. E mais espaço para os animais e a natureza, para mais água e mais comida.

6

O recife de 1 milhão de dólares

Em maio de 2010, estive no golfo do México logo após a explosão na plataforma de petróleo Deepwater Horizon. Fiquei horrorizado com o tamanho do vazamento, eram centenas de quilômetros de petróleo avançando em direção à costa. As equipes de limpeza estendiam barreiras flutuantes para manter a mancha longe dos estuários e restingas, e barcos pesqueiros foram convocados para retirar o óleo da superfície da água. Durante a minha visita, conheci muita gente que dependia do vigor das terras e das águas do golfo para sobreviver.

Em claro contraste com a crise dos estoques pesqueiros nas últimas décadas e a iminente crise de alimentos, ambas silenciosas e distantes do olhar do público, o vazamento de petróleo no golfo do México foi um alerta mundial. O desastre chamou a atenção de todos para os importantes benefícios e serviços que nos são prestados pelos ecossistemas saudáveis.

A visita me fez perceber a singular vulnerabilidade, mas também a capacidade de adaptação das comunidades litorâneas. Em poucos lugares a vida e a subsistência estão vinculadas tão intimamente à saúde do meio

Capital natural

ambiente. O mar oferece trabalho, renda, alimento e recreação a milhões de pessoas em todo o mundo.

O vigor das nossas águas costeiras está diretamente ligado à saúde dos recifes do nosso planeta. Os recifes de ostras, as pradarias marinhas e os recifes de coral beneficiam a natureza e o homem de múltiplas maneiras. Produzem peixes para a pesca comercial e recreativa, filtram a água, reduzem a poluição, protegem as comunidades litorâneas do avanço do mar, das fortes ondas e da erosão. São também o alicerce das economias locais baseadas em turismo e recreação.

Muitos desses ecossistemas já foram extintos. Aproximadamente 30 por cento das pradarias marinhas desapareceram. Sobrepesca, dragagem, poluição, sedimentação e doenças destruíram ou tornaram improdutivos 85 por cento dos recifes de ostras. Se não houver conservação e recuperação, 70 por cento dos recifes de coral desaparecerão até 2050.

Felizmente, cientistas e legisladores sabem como restaurar esses sistemas. Em alguns locais, só uma engenharia sofisticada reconstruirá os recifes. Em outros, será necessário um planejamento abrangente em grandes áreas do oceano. Ou talvez recorrer a algo mais simples, como proibir a pesca em determinados locais, mesmo que relativamente pequenos. Em todos os casos, a restauração faz todo o sentido, tanto em termos ambientais quanto econômicos.

A recuperação de recifes de ostras, como a que está em curso no Alabama e na Louisiana, custa por volta de 1 milhão de dólares a cada 1,6 quilômetro. A esse preço, um investimento de 1 bilhão protegeria e restauraria 1.600 quilômetros de recifes no golfo. Seria o mesmo que restaurar e conservar algo do tamanho da Grande Muralha da China.

É difícil imaginar um investimento melhor, mesmo com um custo de 1 bilhão de dólares. O projeto, a construção, a operação e o monitoramento de uma restauração marinha e costeira dessa dimensão geram empregos automaticamente. Segundo a Administração Nacional de Oceanos e Atmosfera (National Oceanic and Atmospheric Administration,

NOAA), cada milhão de dólar investido na restauração das zonas úmidas abre mais de trinta novos postos de trabalho para cientistas, engenheiros, operadores de rebocador e empreiteiros – o dobro ou o triplo dos empregos gerados pela construção de diques, represas, estradas e pontes.

Esses projetos ainda sustentam as indústrias que precisam de terras e água saudáveis, como as da pesca e do turismo. Proteger e restaurar os recifes de ostras e corais do planeta é um imperativo econômico e ecológico – um investimento inteligente com retornos significativos.

Não brinquem com Dakio!

Na década de 1970, Dakio Paul saiu de sua terra natal, a pequena ilha de Pohnpei, no sul do Pacífico, e foi para Saipan, uma ilha maior e mais desenvolvida localizada a oeste. Ex-pescador, Dakio esperava encontrar um emprego com um salário melhor e foi trabalhar na indústria do turismo. Ele ficou em Saipan por vinte anos, casou-se e decidiu voltar para casa. Ele queria voltar a ser pescador.

Dakio retornou a Pohnpei em 1995. Da pista de pouso foi direto para o seu vilarejo, pegou um barco e rumou para a sua antiga área de pesca no recife de coral que circula a ilha, perto de um local chamado Black Coral. Quando Dakio era criança, o lugar, localmente conhecido como Kehpara, era repleto de peixes, principalmente garoupas, de tartarugas e de uma grande colônia de aves marinhas nas ilhotas vizinhas.

Talvez Dakio ainda não soubesse que Kehpara é a mais importante reserva de garoupas dessa região do Pacífico. De fevereiro a abril, cerca de 20.000 peixes se agrupam ao longo de 200 metros de recifes na ilha Black Coral. Os biólogos marinhos chamam isso de agregação de desova, e as comunidades pesqueiras das ilhas do Pacífico já conhecem o fenômeno há séculos. Como a garoupa não desova antes dos 5 anos, somente os exemplares maiores, alguns com cerca de 2 metros, aproximam-se da ilha. Isso é ótimo para a pesca, o que faz da garoupa um peixe particularmente vulnerável. Se muitos barcos utilizam o recife durante a agregação de desova, podem capturar aqueles peixes no período mais fértil, capazes de produzir o maior número de filhotes durante a vida, o que pode dizimar a população de peixes.

A família de Dakio e toda a vila dependiam dos peixes e de tudo o mais que o recife produzia. Por isso, as autoridades locais tradicionalmente proibiam a pesca no período em que as garoupas se juntavam para desovar. A longa proibição no período de agregação possibilitou a sobrevivência dessa notável dinâmica natural. Em outros lugares, a intensa pressão da pesca reduziu as agregações de desova a quase nada em menos de cinco anos, e, quando isso acontece, elas não se recuperam.

A proibição perto da ilha Black Coral sintetiza as regras comunitárias que Elinor Ostrom destaca como soluções para a tragédia dos comuns. Efetivamente, a comunidade agiu como proprietária do que seriam águas públicas. Criar outros arranjos de propriedade – seja por intermédio da comunidade, por cotas negociáveis como em Morro Bay ou pelo aluguel de bancos de ostras na Louisiana – pode ser a solução para a conservação marinha. Isso não implica que todos os direitos sobre um recurso devam ser entregues ao interesse privado para fazer deles o que quiser, mas re-conhece que certo grau de posse pode despertar o interesse em investir tempo e energia na proteção da natureza.

Quando Dakio chegou a Pohnpei, não notou as mudanças ocorridas na ilha. Desde a década de 1980, a população não vivia mais daquilo que plantava e pescava, mas dependia de dinheiro para comprar comida e suprir outras necessidades. Essa mudança na economia enfraqueceu as tradicionais restrições à pesca. Quando Dakio recolheu sua rede em 1995, ela voltou quase vazia. Os corais estavam gravemente danificados pelas âncoras e esmagados pelos pés dos pescadores que trabalhavam na área. Peixes mortos, esqueletos de pássaros e cascos de tartarugas se espalha-vam pelas praias de Black Coral.

O recife não tinha chegado a um beco sem saída, mas foi por pouco. Dakio ficou zangado. Procurou as autoridades em Kolonia, a principal ci-

O recife de 1 milhão de dólares

dade de Pohnpei, reportou a deterioração do recife e exigiu que algo fosse feito. Infelizmente, o governo era uma parte do problema. Pohnpei é um dos quatro Estados Federados da Micronésia, e na década de 1990 houve investimentos governamentais pesados no desenvolvimento da indústria da pesca. A população pescava como queria e as autoridades recolhiam taxas de licenças dos barcos estrangeiros de pesca comercial, mas em Pohnpei não havia uma indústria pesqueira local para se manifestar. Para mudar isso, o governo passou a distribuir barcos, motores e redes para a população, construiu frigoríficos, incentivou a exportação e assim por diante. Dakio então procurou o escritório local da TNC, mas na época trabalhavam lá apenas três pessoas, que nada puderam fazer.

O passo seguinte de Dakio não consta das melhores práticas de conservação. Ele voltou a bordo de seu barco com um motor mais potente, um holofote, uma garrafa de *bourbon* e uma espingarda. Defenderia Black Coral por conta própria. Dakio anunciou para as comunidades vizinhas que a ilha estava fechada para pesca. Seus vizinhos, muitos deles da própria família, revoltaram-se. Estavam acostumados a pescar onde e quando quisessem.

Como nem governo nem comunidade eram capazes de impor regras para uso dos recursos comuns, ou estavam dispostos a isso, Dakio resolveu agir. E agiu como um sargento, mas com porte régio, pois descendia de uma família que governara um reino ao sul de Pohnpei. Ninguém ousava desafiá-lo. Dakio patrulhou as águas e proibiu a pesca 24 horas por dia. À noite, quando os pescadores chegavam, ele acendia seu holofote e disparava tiros de advertência nos barcos que se aproximassem. O governo tentou tirá-lo da ilha, pensando talvez que ele tivesse enlouquecido, mas as autoridades também foram recebidas a tiros e o deixaram em paz.

Após três anos de vigilância constante, aos poucos os pescadores foram percebendo que a quantidade e o tamanho dos peixes estavam aumentando, não só no recife defendido por Dakio, mas em longos trechos dos recifes próximos. Kehpara voltou a se encher de peixes e, uma vez recuperada, a população se espalhou pelas áreas adjacentes. Bill Raynor, que dirige o escritório da TNC em Pohnpei, foi pedir permissão a Dakio – à luz do dia e acenando uma bandeira branca – para mostrar a autoridades e pescadores o que estava acontecendo. Os convidados mergulharam nas proximidades do recife e ficaram maravilhados.

A notícia se espalhou e outras comunidades também quiseram suas áreas de restrição à pesca. Hoje elas são conhecidas como "reservas marinhas de pesca restrita", mas um nome mais apropriado seria "fábricas de peixes". Essas áreas são defendidas pelas comunidades, embora poucos ainda necessitem pegar em armas. Em 1999, a legislatura de Pohnpei decretou onze ilhas, a de Dakio inclusive, como santuários protegidos pela Lei do Santuário de Pohnpei. Essa lei, a primeira da Micronésia, proibiu a pesca e a coleta nessas regiões, e desde então legislações similares surgiram em outras ilhas e países.

Hoje, Pohnpei tem vinte reservas marinhas de pesca restrita e a demanda por outras excede a capacidade do governo e das organizações privadas. A agregação de desova da garoupa perto da ilha Black Coral foi plenamente recuperada e a cada ano o número de peixes adultos é maior. As ilhotas vizinhas restauraram suas colônias de pássaros. As tartarugas voltaram a desovar nas praias. Pescadores e conservacionistas continuam visitando a ilha Black Coral em busca de inspiração para criar suas próprias áreas comunitárias de proteção marinha.

Em 2006, cinco países da Micronésia – Palau, Guam, Marianas do Norte, Estados Federados da Micronésia e Ilhas Marshall – decretaram que 30 por cento de suas áreas marinhas próximas da praia e 20 por cento das áreas terrestres estarão protegidas até 2020. Esse compromisso foi denominado Desafio da Micronésia.

A iniciativa pioneira de Dakio ganhou apoio para dar continuidade a um sistema nacional de parques e áreas protegidas em todos os Estados Federados da Micronésia, mais de seiscentas ilhas espalhadas ao longo de 2.400 quilômetros do Pacífico. Em 2001, o governo estadual de Pohnpei nomeou Dakio o primeiro oficial de conservação marinha do estado, e nesse cargo ele treinou e motivou uma nova geração de conservacionistas marinhos a proteger e restituir os recifes de Pohnpei a suas condições originais. Em 2006, a revista *Condé Nast Traveler* o reconheceu como herói ambientalista.

Dakio Paul faleceu em 2009. Mas, antes de morrer, pôde ver as sementes que plantou em Pohnpei espalharem suas raízes por toda a região.

Investindo em peixes e corais

Muitas comunidades litorâneas hoje entendem que faz sentido enxergar os recifes de coral como uma poupança. Elas descobriram que, se o capital inicial permanecer intocado, os juros, ou seja, os peixes, multiplicam-se e a saúde e a situação financeira de todos vai melhorar.

Preservar os recifes é proteger sua diversidade inerente. Há ampla evidência de que quanto mais diversificados forem os recifes, mais produtivos eles serão. Nesse caso, conservação e comércio podem caminhar juntos. Em muitos outros casos, a conservação requer um equilíbrio cuidadoso entre a diversidade necessária para a preservação dos ecossistemas e a pressão para simplificá-los para um máximo retorno comercial. Felizmente, no caso dos recifes de coral, os benefícios dependem da manutenção da diversidade. Em Pohnpei e outros lugares do Pacífico, a conservação do ambiente marinho tem efeitos diretos, concretos, na diminuição da pobreza e no processo de formação de novas alianças para conservação.

O efeito indireto que se vê em Pohnpei é uma forma de as áreas marinhas protegidas contribuírem para o bem-estar da comunidade. O mecanismo é fácil de entender: menos pesca, mais peixes. A reserva dá tempo para o animal crescer. Geralmente, os peixes grandes têm muito mais filhotes do que os pequenos. As reservas se enchem de peixes em quatro anos e eles então se espalham para fora da zona protegida.

Esse efeito pode ser vital em locais onde as pessoas são mais pobres e a pesca com a qual sempre contaram está em crise. O impacto é mais evidente próximo à reserva, não mais que centenas de metros além do seu limite. Cientistas documentaram a dinâmica da propagação e suas consequências em vários lugares. Em Fiji, por exemplo, uma área marinha protegida proporcionou um aumento substancial de renda e alimentação a seiscentos moradores de cinco vilas. Os pesquisadores compararam as vilas mais próximas das reservas com outras mais distantes e constataram que o efeito de propagação em duas áreas marinhas controladas por comunidades de Fiji praticamente duplicou a renda local nos cinco anos que se seguiram à criação da reserva.

Na ilha Apo, nas Filipinas, o recife protegido atrai tantos visitantes que o turismo já supera a pesca como fonte de renda. Os pescadores apanham mais peixes com menos esforço, o que significa que seus filhos têm mais tempo livre, e os pais, mais dinheiro para educação e material escolar. A renda sobe e as moradias melhoram. Os moradores atribuem a maior parte desse progresso à área protegida. E, como Dakio Paul, hoje os pescadores são ferozes defensores da conservação.

Confirmando outro *insight* de Elinor Ostrom, os pesquisadores constataram que o mecanismo da propagação funciona melhor quando a comunidade participa da criação das regras que governam as áreas de pesca. A participação da comunidade também se propaga: quando ela se organiza para gerir uma área de pesca restrita, consegue a coesão necessária para resolver outros problemas sociais, como a pobreza.

Proteger áreas de desova como a de Black Coral traz inúmeros benefícios, mesmo que a reserva seja pequena. Deve-se prestar atenção à questão do tamanho. Até agora, os benefícios são mais evidentes em reservas de restrição de pesca de tamanhos semelhantes ao da ilha Black Coral – tão pequenas e tão próximas da comunidade que de suas casas os moradores enxergam os recifes. Se a zona de restrição à pesca for muito grande, a propagação não compensará a perda da área de pesca. Nesse caso, a arte da conservação, da economia e da política pode substituir a ciência. Podemos tanto proteger os recifes por seu valor intrínseco quanto por serem fontes de alimento para as comunidades pobres.

Os governos e as alianças entre vários países agora reconhecem o valor dos recifes de coral e dos manguezais como fatores-chave do desenvolvimento econômico. Mas as iniciativas multinacionais precisam determinar quais partes do ambiente marinho suportam a pesca e outras indústrias e quais não.

Em terra, a necessidade dessa compreensão já é muito clara desde o início da Revolução Industrial; não passa pela cabeça de ninguém que se possa construir uma cidade, uma fábrica ou uma estrada em qualquer lugar. O mesmo rigor com o uso dos mares é bem mais recente, quando surgiram as primeiras iniciativas para proteger a Grande Barreira de Coral australiana, no final dos anos 1970. Governos, comunidades, conservacionistas e empresas precisam proteger as áreas em que os peixes se agregam para procriar da mesma maneira que protegem os sensíveis hábitats dos quais eles dependem. Uma nova e sofisticada ciência chamada planejamento espacial marinho ensina a fazer isso.

O planejamento espacial marinho ajuda governos e indústrias a identificar as zonas oceânicas onde as restrições devem ser aplicadas e onde não será destrutivo extrair petróleo, instalar turbinas eólicas e equipamentos de aquicultura. Tudo isso requer rigor científico e o envolvimento das comunidades. Um zoneamento realizado dessa forma pode ajudar as empresas de eletricidade e a indústria da pesca a extrair recursos valiosos dos nossos oceanos.

Os ecossistemas marinhos são mais dinâmicos e interligados do que savanas, florestas e desertos. Se comparados aos recursos terrestres, muito mais áreas são consideradas propriedade comum, disponível a todos, desde pequenas comunidades de pesca artesanal até imensas frotas industriais, para turismo, navegação e desenvolvimento de energia.

Diante de tal complexidade, alguns especialistas questionam se o zoneamento dos oceanos é possível. De qualquer forma, ele deve fazer parte do esforço para equilibrar conservação e desenvolvimento de recursos marinhos.

Capital natural

O Desafio da Micronésia – o projeto conjunto de proteção marinha regional – marcou o primeiro compromisso político regional para encontrar esse equilíbrio. Em 2009, inspirados nessa iniciativa, seis outros governos do oeste do Pacífico se uniram para proteger o mais antigo e mais rico sistema de corais do planeta, o Triângulo de Coral.

O Triângulo de Coral ocupa mais de 5 milhões de quilômetros quadrados entre a Malásia, Filipinas, Papua-Nova Guiné, Timor Leste e Ilhas Salomão. Tem mais de 150 milhões de habitantes, e mais da metade depende do mar para se alimentar. Localizado na interseção dos oceanos Índico e Pacífico, o Triângulo de Coral é um caldeirão genético. Os excepcionais recifes da região atraem turistas do mundo todo. A pesca, o turismo e a proteção que os recifes e os manguezais oferecem à linha costeira rendem por volta de 2,3 bilhões de dólares anualmente.

Todos os seis governos que cuidam do Triângulo de Coral assumiram compromissos de conservação nunca antes vistos sob a Iniciativa do Triângulo de Coral para Recifes, Zonas de Pesca e Segurança Alimentar. A Indonésia, por exemplo, criou uma área marítima protegida com 3,7 milhões de hectares no mar Savu, no extremo leste do arquipélago. O programa ajuda os países do Triângulo de Coral a expandir as áreas marinhas protegidas e as Redes de Áreas Marinhas Manejadas nacionais, e também a desenvolver estratégias para enfrentar a mudança climática e captar dinheiro para tudo isso.

A Iniciativa do Triângulo de Coral acentua um fato crucial: embora o homem e o setor empresarial possam valorizar a natureza, muitas vezes o único investidor que pode fazer alguma diferença é o governo. Só os governos podem criar leis que incentivem o crescimento dos mercados, por exemplo, ou aplicar as ideias de Elinor Ostrom sobre a cooperação em nível comunitário em um país, uma região e até além. Os governos – locais, nacionais, ou mesmo alianças multinacionais – já reconhecem o potencial da natureza como fonte de emprego e desenvolvimento econômico. Inúmeros projetos para restaurar ou recriar esse capital prometem retorno a curto e a longo prazo, em países desenvolvidos e em desenvolvimento.

O recife de 1 milhão de dólares

Exemplos importantes desses projetos estão onde as pessoas dependem dos oceanos para o seu sustento. As comunidades naturais e humanas próximas dos litorais são ricas e adaptáveis, mas estão em perigo.

Petróleo, ostras e comunidades

Grand Isle, na Louisiana, em nada se parece com Pohnpei, e seus recifes de ostras não têm nenhuma semelhança com os recifes de coral. Apesar das comunidades naturais diversas, os dois recifes prestam muitos serviços semelhantes, de proteção costeira e viveiros de peixes a recreação e turismo. A conservação dos recifes de coral criam comunidades naturais e humanas resilientes no Pacífico. Da mesma forma, a recuperação dos recifes de ostras beneficiou comunidades em Grand Isle, na baía de Mobile e em todo o golfo do México.

Uma única estrada, a Louisiana Highway (LA 1), liga Grand Isle ao continente. O termo "continente" é modo de dizer, pois trata-se de milhares de acres de mangues e lagunas entre a ilha e New Orleans, situada 80 quilômetros ao norte. Grand Isle em si parece insignificante, uma faixa de areia com pouco mais de 1,5 quilômetro de largura à espera do próximo furacão e uma fileira de casas modestas construídas sobre altas palafitas que as mantêm a salvo das fortes ondas.

Mas a fragilidade de Grand Isle é ilusória – uma metáfora que se aplica ao golfo do México e a outras áreas úmidas do planeta. As comunidades humanas e naturais que vivem nesses locais ermos têm uma capacidade de recuperação muito maior do que imaginamos.

Em Grand Isle, a comunidade tem raízes profundas. Entre os primeiros visitantes que lá chegaram estava o pirata Jean Lafitte. Há muitos séculos a vida na ilha se repete: as tempestades vêm, derrubam tudo e as pessoas reconstroem. Nem os furacões Katrina e Rita, separados apenas por um mês, em 2005, conseguiram afastar os moradores. A tempestade provocada pelo Katrina destruiu casas e arrastou os barcos para o interior da ilha.

Mas Grand Isle enfrentou seu pior desafio em 2010. Uma explosão na Deepwater Horizon, a plataforma de petróleo que ficava a cerca de 160 quilômetros do sudeste da ilha, despejou milhões de barris de petróleo nas águas do golfo. As baías e os pântanos de Grand Isle abrigavam uma das zonas de pesca mais produtivas do mundo. Mas a maior mancha de óleo que já se viu estava a caminho.

A ilha foi a linha de frente da luta contra o petróleo. Milhares de operários se somaram à população permanente de aproximadamente 1.500 habitantes. Os pescadores pararam de pescar camarão e começaram a esticar barreiras para proteger pântanos e outros hábitats, retirar o óleo da superfície da água e raspar a areia na praia. Voluntários limpavam tartarugas, pássaros e outros animais sujos de óleo.

Todas essas medidas foram essenciais para a máxima recuperação e a possível minimização dos danos. Muitas foram heroicas. Nenhuma, sozinha, foi suficiente. Como o paciente de um pronto-socorro, o golfo superou a crise imediata, mas sua saúde continuou frágil. Para manter o vigor das comunidades naturais e humanas de Grand Isle e de todo o golfo, ou onde quer que as pessoas vivam entre a terra e o mar, é preciso mais do que minimizar as perdas. É preciso reconstruir o capital natural em ampla escala e entender que pessoas, pântanos, rios, florestas e recifes estão interligados.

Apesar de tudo que a natureza e a humanidade jogaram dentro dele, o golfo nos dá motivos para não perdermos a esperança. Durante o desastre, o vídeo em tempo real feito pelos engenheiros que tentavam conter o vazamento a centenas de metros de profundidade fez muita gente se sentir como testemunha impotente de um crime. Mas por mais terrível que tenha sido o crime, ele não concretizou nosso maior medo. O golfo, embora ferido, sobreviveu, e uma história de fragilidade e desespero se transformou em um relato de resiliência e superação.

Essa história só é compreensível no contexto de décadas de atividade humana no golfo. O desastre da Deepwater Horizon chamou a atenção necessária para o local, mas as tendências ecológicas e econômicas da região são motivo de preocupação há muito mais tempo. Mesmo assim, antes do vazamento, a pesca no golfo, inclusive a coleta de ostras, ainda era um bom negócio.

Com o tempo, os estoques pesqueiros irão se recuperar. Mas, em vez de esperar que isso aconteça, as comunidades e os governos local e nacional preferem concentrar os trabalhos na recuperação dos recifes de ostras, dos pântanos, das praias e dos peixes. Esse trabalho emprega milhares de pessoas a curto prazo e, a longo, criará novos empregos nas áreas da pesca e do turismo. Será uma recuperação ecológica e econômica.

A NOAA, a agência federal que supervisiona os projetos na costa dos Estados Unidos, surpreendeu-se com o interesse despertado. Em 2009, ela recebeu mais de oitocentas propostas de projetos, totalizando mais de 3 bilhões de dólares para a restauração dos hábitats, quase vinte vezes a mais do que os recursos que a agência tinha para distribuir. Só na Louisiana, o Usace dispunha de pelo menos 2 bilhões de dólares para projetos de recuperação que poderiam empregar milhares de pessoas, mas que não puderam ser viabilizados devido aos cortes orçamentários.

Os moradores de Grand Isle sabem disso. A economia da ilha depende de uma mistura inusitada de petróleo e gás, pesca e turismo. As sondas de perfuração que pontuam o horizonte do golfo são claramente visíveis do alto das dunas, e os helicópteros que transportam trabalhadores aterrissam e decolam regularmente de um grande depósito de material próximo ao centro do vilarejo. A pequena comunidade depende da indústria para trabalhar. Mas a população da ilha aumenta dez vezes no verão. São os visitantes que buscam as praias e os locais para pescar. Grand Isle tem consciência de que a restauração ambiental é a base de uma segurança financeira duradoura.

Um dos projetos financiados com verba de estímulo foi a restauração de uma das infraestruturas mais vitais do golfo: os recifes de ostras. A pesca de ostra talvez seja a última oportunidade que restou para conciliar a conservação

Capital natural

em larga escala dos recifes de ostras e a pesca sustentável. A pesca de ostra na baía de Chesapeake, em Maryland, é a mais famosa e a mais ameaçada do mundo, mas a do golfo pode ser ainda mais importante.

Em um ano típico, quase dois terços das ostras colhidas nos Estados Unidos vêm do golfo. Em 2009, a coleta na região rendeu cerca de 75 milhões de dólares. Esse importante recurso só será preservado se os recifes de ostras no golfo forem restaurados; nunca houve – e provavelmente jamais haverá – uma oportunidade como esta para que o golfo do México volte a ser o que era.

Os recifes de ostras já definiram estuários ao redor do mundo e sustentaram economias ricas. Quando os colonos europeus chegaram aos Estados Unidos, as ostras na baía de Chesapeake e no estuário do rio Hudson eram tão abundantes que se tornavam um perigo para a navegação. A cidade de Nova York já foi considerada a capital mundial da ostra. A produtividade desse molusco é fantástica. Pilhas de conchas de colheitas históricas no sudoeste da França somam mais de 1 trilhão de unidades. Nos Estados Unidos, havia tanta ostra que as conchas eram usadas como material de construção, como se vê na pavimentação de antigas estradas vicinais ao longo do golfo.

Hoje as coisas se inverteram. Em vez de usar as conchas para pavimentar estradas, a Louisiana usa as estradas para construir recifes de ostras. O estado recolhe material de demolição e deposita o entulho no mar em estruturas cuidadosamente planejadas para que as ostras formem colônias e cresçam. Suas conchas estão se tornando mais raras a cada dia. Os cientistas estimam que 85 por cento dos ecossistemas das ostras estão sendo destruídos em todo o mundo pela pesca, pela ocupação da costa, pela drenagem dos canais de navegação, pela poluição de origens variadas e por outros fatores. Na maioria das baías, os recifes hoje são menos de 10 por cento do que foram um dia.

O trabalho de restauração das ostras já dura muitos anos. Agências governamentais gastaram muitos milhões de dólares para revitalizar a indústria na baía de Chesapeake, nos estuários da Carolina do Norte e no golfo do México. O objetivo era comercial e o sucesso ou fracasso dessas iniciativas era medido pelo volume de ostras colhidas. Mas um objetivo estritamente comercial não basta. Os recifes de ostras oferecem tantos benefícios que as iniciativas mais interessantes de restauração proíbem a coleta de ostras nos recifes por alguns anos. As ostras propriamente ditas – pelo menos como a maioria das pessoas as conhece, na concha, com limão e pimenta – são uma iguaria pela qual vamos ter que esperar.

A restauração que está em curso em Grand Isle incluiu uma nova ponte para a Louisiana Highway, inaugurada em 2009, e a reconstrução de acampamentos de pesca, alguns deles em áreas ainda mais altas. No norte da ilha, em frente a um trecho de mar chamado baía de Caminada, há uma obra menos visível, mas não menos importante que a reconstrução de estradas e casas: está nascendo um novo recife de ostras.

A restauração dos recifes

Um recife de ostras, que nada mais é que uma pilha de ostras, é bem mais simples que um recife de coral. As fêmeas liberam milhões de óvulos na água. Uma vez fertilizados, eles se transformam em larvas, que são levadas pela corrente. Se não forem comidas, as larvas se fixam em uma superfície sólida, de preferência sobre outra ostra. Aí começam a formar uma concha fina que nesta fase se chama semente. O processo de acumulação de indivíduos transforma o recife em uma estrutura sólida, conforme uma semente se adere a outra ostra. Em condições ideais, tanto os recifes quanto as ostras se desenvolvem rapidamente.

Os recifes de ostras são amortecedores naturais que diminuem a altura das ondas e absorvem grande parte de sua energia, e, assim, diminuem a erosão causada pelos rastros dos barcos, pela subida do nível do mar e pelas tempestades. A meta dos trabalhos de restauração em Grand Isle é evitar a erosão e proteger a costa dos ventos e das ondas.

Na maioria das baías e estuários o fundo costuma ser plano e lamacento, com pouca vegetação e nada que interrompa a topografia além dos recifes de ostras. A importância do trabalho de construção feito pelas ostras é visível na baía de Caminada. A água tem poucos centímetros de profundidade na praia e mesmo no meio da baía não passa de 2,5 metros. Salvo algumas ilhotas e pequenos quebra-mares artificiais, não há mais nada entre Grand Isle e as grandes restingas da paróquia de Jefferson, a cerca de 20 quilômetros de distância.

Os novos recifes de Grand Isle, como qualquer outra infraestrutura verde (e ao contrário da cinza), fazem várias coisas ao mesmo tempo. As ostras, assim como os castores, os corais e os mangues, são engenheiras naturais; modificam o ambiente que as cerca beneficiando a saúde de outros organismos. Os recifes de ostras são hábitats de peixes e moluscos – de tal maneira que os peixes que vivem em recifes restaurados e protegidos podem ter um valor de mercado maior que o das próprias ostras.

As ostras também filtram a água – com resultados impressionantes. Existem vídeos que mostram um tanque de peixes cheio de água turva com a água clara horas depois da adição de ostras. Uma ostra adulta consegue filtrar quase 200 litros de água por dia. Os cientistas estimam que, antes da colonização europeia, as ostras filtravam toda a água da baía de Chesapeake – por volta de 70 trilhões de litros – em três dias. Hoje, por causa da coleta excessiva e da poluição, a mesma filtragem leva mais de um ano.

Quando ostras e outros moluscos, como mariscos e mexilhões, filtram os sedimentos e as algas, a água se torna clara, fazendo com que mais luz atinja o fundo, permitindo que a vegetação marinha se fixe. As pradarias marinhas são ambientes naturais de caranguejos e viveiros de peixes jovens.

Os moluscos também removem o excesso de nutrientes das baías. Esses nutrientes frequentemente provêm de esgoto não tratado despejados nos rios, ou de fertilizantes de plantações e dos pastos carregados pela água da chuva, e que acabam se acumulando em águas próximas da costa. Alimentadas por nutrientes abundantes, particularmente nitrogênio, as

O recife de 1 milhão de dólares

algas se reproduzem de maneira descontrolada. Quando elas morrem e se assentam no fundo do mar, bactérias decompõem o material vegetal e, no processo, retiram a maior parte do oxigênio da água. Sem oxigênio, tudo que não pode se mover para águas mais apropriadas morre, deixando uma zona morta. A zona morta no golfo do México, alimentada por toneladas de nutrientes acumulados em toda a bacia do Mississippi, em poucos anos já cobre cerca de 18.000 quilômetros quadrados.

Os recifes de ostras não resolverão o problema dos nutrientes em todo o golfo. O Mississippi é tão grande e há tantas fazendas em sua bacia que as ostras não farão nenhuma diferença, mesmo que voltem à sua abundância original. Mas em estuários menores, como em Great Bay, em New Hampshire, e nas baías de Mobile e de Cheseapeake, elas conseguem reduzir bastante a proliferação de algas.

As estruturas planejadas para proteger a orla fazem apenas isso, e nem sempre bem. Nos Estados Unidos, o Corpo de Engenheiros constrói ou concede licenças para a construção de quebra-mares e enrocamentos – um muro de granito ou pedra calcária comuns nos rios e em córregos –, barreiras caríssimas não só de construir, mas de manter. A blindagem da orla tem o efeito adverso de redirecionar a energia das ondas para a água e danificar os hábitats que ainda restam. Pior que isso, o fundo da baía de Caminada consiste em uma grossa camada de sedimentos depositados ao longo de milênios pelo Mississippi. As grandes pilhas de concreto simplesmente afundariam nessa lama. Muito melhor é manter a orla viva.

A recuperação de uma orla viva não vai acontecer sozinha; exige muito trabalho e uma sofisticada engenharia de aço soldado, plástico e conchas de ostra. Em Grand Isle, as verbas de estímulo começaram a chegar em 2010 para financiar um recife construído com gaiolas triangulares feitas de vergalhões, com 1,5 metro de largura por 60 centímetros de altura. A estrutura triangular contendo redes cheias de conchas de ostra é baixada na água por um guindaste e protegida por blocos de cada lado. A parte

145

superior da gaiola fica na superfície da água durante a maré cheia e oferece uma base sólida para que as ostras possam crescer.

O novo recife de Grand Isle tem pouco menos de 1,5 quilômetro de extensão e se situa em média a 15 metros da praia. Um recife similar totalmente restaurado na paróquia de St. Bernard, a menos de 100 quilômetros do Mississippi, tem um pouco mais 5 quilômetros. Assim que foram instalados, os recifes proporcionaram proteção contra tempestades e já começaram a ser colonizados pelas ostras.

Se houver outras experiências com recifes planejados, eles reduzirão a erosão rapidamente. No Texas, outros recifes semelhantes agora protegem da erosão a orla de uma reserva natural na hidrovia intercosteira da baía de Matagorda. Desde 2007, o novo recife vem reduzindo os danos causados pelas ondas formadas pelas grandes barcaças que seguem para Freeport e Galveston. Já há sedimentos suficientemente profundos para que a vegetação de brejo entre o recife e a praia possa se formar.

O potencial para frear a perda das áreas pantanosas na costa e talvez iniciar o longo processo de recuperação dessas áreas no golfo do México é significativo, sobretudo na Louisiana. O estado concentra a maioria das áreas alagadas dos Estados Unidos e as está perdendo rapidamente, em parte por causa dos diques construídos ao longo do Mississippi (ver capítulo 3, página 63). O Levantamento Geológico dos Estados Unidos (U.S. Geological Survey, USGS) estima que, se a tendência atual permanecer, por volta de 2050 já terão sido perdidos 6.200 quilômetros quadrados de pântanos. A principal causa é a subsidência – os deltas do rio naturalmente afundam se não são reabastecidos com sedimentos. O problema é exacerbado por inúmeros outros fatores, entre eles os muitos canais construídos nos pântanos para facilitar as operações de petróleo e gás, a diversificação no uso da terra ao longo da grande bacia do Mississippi e, é claro, as mudanças climáticas.

A erosão da orla terá imensos efeitos ecológicos e econômicos. Poderá romper dutos de petróleo e gás, obrigar os portos a mudar de lugar e destruir hábitats que são a base da pesca comercial e recreativa. Os mangues estão entre os ecossistemas mais produtivos do planeta e são a principal razão da vitalidade da pesca no golfo. Eles são viveiros para muitas espécies de peixes e moluscos de importância comercial e recreativa, como a tainha, a anchova, o linguado, o siri-azul e o cantarilho.

Os recifes de ostras não deterão sozinhos a perda dos mangues, mas podem ser parte da solução.

Em Grand Isle, em 2011, os pescadores notaram imediatamente que o cantarilho e a truta-pintada voltaram a rondar os novos recifes. Só isso bastou para que os recifes se tornassem populares entre os moradores e os que vinham só para pescar.

A mesma coisa está acontecendo no Alabama, perto da desabitada Coffee Island, na baía de Portersville, não muito distante da baía de Mobile. Coffee Island guarda a entrada de Bayou La Batre. Famosa por abrigar a Bubba Gump Shrimp Co. do filme *Forrest Gump*, é o maior porto de processamento de pescado do estado. Barcos, estaleiros e negócios afins contam com a ilha para a proteção do porto, mas, assim como Grand Isle e outras ilhas-barreira, ela é castigada por tempestades e pelo avanço do mar, e sua orla vem recuando há muitas décadas.

A verba de estímulo financiou em 2010 um recife de ostras em duas faixas da orla, protegeu 12 hectares de hábitat e criou quase 1 hectare de recifes de ostras. Tanto a orla quanto as ostras deram os primeiros sinais de recuperação assim que os trabalhadores puseram no lugar a última peça do recife. Em apenas dois anos, os recifes restaurados já permitem a pesca comercial do linguado.

Coffee Island está incluída no 100-1000: Restore Coastal Alabama – o mais ambicioso esforço de restauração do mundo. O projeto reúne vários grupos comunitários formados por uma igreja, universidades, cientistas e organizações de conservação. O objetivo é construir 160 quilômetros (100 milhas) de recifes de ostras e restaurar 405 hectares (1.000 acres) de brejos costeiros e pradarias marinhas na baía de Mobile e arredores. Uma iniciativa anterior demonstrou o poder da ideia: em janeiro de 2011, mais de 550 voluntários se ofereceram para ajudar a construir parte do recife de ostras na baía.

Os recifes restaurados na baía de Mobile, em Grand Isle e nos brejos de St. Bernard chamaram a atenção do público. Nova York também quer restaurar seus recifes de ostras. Talvez um dia eles voltem a defender a cidade das fortes tempestades como a que causou tanta devastação durante a passagem do furacão Sandy, em 2012. Os novos recifes planejados estão mudando o modo como as pessoas veem as ostras, inclusive de legisladores que só tinham interesse financeiro em seu cultivo. Essa nova perspectiva também é encontrada em outros lugares, mas no golfo já está muito à frente das demais.

É pouco provável que os recifes de ostras atraiam investidores privados, porque o retorno do investimento é muito lento. Os recifes proporcionam benefícios públicos, como a proteção da costa, o que justifica o investimento público.

Cientistas da conservação e economistas já começam a formular boas estimativas do retorno financeiro dos recifes de ostras. Uma análise dos 5 quilômetros de recifes planejados de ambos os lados da baía de Mobile revela que eles acrescentarão anualmente cerca de 3.000 quilos de peixe à pesca comercial e recreativa. Isso corresponderá a um benefício de 46.000 dólares anuais aos produtores e consumidores da pesca comercial e recreativa.

Esse valor corresponde somente aos peixes – e a duas pequenas extensões de recifes. Acrescente todos os benefícios em áreas maiores e a matemática ficará mais interessante: cada 1,6 quilômetro de recife restaurado produzirá 450 quilos a mais de peixes e caranguejos por ano e reduzirá a energia das ondas em pelo menos 75 por cento. Quando o Restore Coastal Alabama atingir seu objetivo de 160 quilômetros de recifes, o projeto terá gerado mais de 1 milhão de dólares anuais em benefícios financeiros – sem incluir os danos evitados pelo controle da erosão costeira e das inundações.

Diferentemente das opções sintéticas, o recife de ostras cuida de si mesmo. Quando o substrato assenta, não é preciso fazer mais nada além de monitorar seu progresso. O trabalho de construção é rápido, mas os benefícios durarão tanto quanto o recife, provavelmente décadas ou mais.

E, talvez o mais animador, a quantia de 1 bilhão de dólares em investimentos não está descartada. A Lei de Recursos e Sustentabilidade dos Ecossistemas, Oportunidades Turísticas e Economias Renovadas dos Estados da costa do golfo, incluída na Lei Federal do Transporte de 2012 do Congresso, determina que 80 por cento das multas aplicadas pela Lei da Água Limpa às partes responsáveis pelo vazamento da Deepwater Horizon sejam reinvestidas na restauração e no desenvolvimento econômico da região a longo prazo. Obviamente, todo esse dinheiro não será aplicado apenas na restauração do recife de ostras, mas uma parte dele faria uma boa diferença.

A restauração de recifes de ostras no golfo, assim como a restauração dos corais no Pacífico, é a prova de que conservação e recuperação financeira podem caminhar juntas. Ambientes litorâneos intactos têm valor tangível e mensurável para as pessoas. Esses benefícios serão ainda mais importantes quando aparecerem as consequências das mudanças climáticas.

7

Investindo no futuro diante da mudança climática

Meus avós migraram do Leste Europeu para os Estados Unidos. Quando se instalaram em Cleveland, plantaram uma grande horta de verduras e abóboras, além de um pomar – com macieiras, cerejeiras, pereiras e ameixeiras. Passei grande parte da infância, na década de 1960, tirando mato dos canteiros e apanhando frutas.

Essa época não durou muito. Ainda na escola primária, eu sabia que a poluição do ar estava piorando, principalmente por causa das fábricas de aço e outras indústrias pesadas instaladas na cidade e arredores. As árvores pararam de produzir boas frutas, enfraqueceram e algumas morreram. Então, em 1969, o rio Cuyahoga pegou fogo. Não é preciso ser ambientalista para saber que algo está terrivelmente errado quando um rio é tomado pelas chamas. Foi uma vergonha para os moradores de Cleveland. Jamais me esquecerei de Randy Newman cantando "Burn On" e Rowan & Martin fazendo piadas sobre o rio no programa de tevê *Laugh In*. Tudo isso não abriu só os meus olhos, mas os de muita gente.

Um fato como um rio em chamas exige a aprovação de importantes leis federais contra a poluição da água e do ar que passem a vigorar imediatamente nos locais mais atingidos. A transformação que se viu em Cleveland foi evidente. Faz mais de quarenta anos que o rio Cuyahoga está sendo limpo e suas margens na cidade estão voltando a se tornar cheias de vida.

A poluição do ar e da água é um problema grande e complexo. Mesmo assim, governos, empresas e indivíduos conseguem resolvê-lo se concentrando em uma bacia como a do rio Cuyahoga ou focando em indústrias específicas como as do aço e geradoras de energia, que tanto contribuem para a poluição do ar no meio-oeste dos Estados Unidos. A maior parte da poluição tem impacto local ou, nos piores casos, regional. Nessa escala, a natureza é resiliente. Talvez demore anos ou décadas, mas os danos serão reparados.

No outro extremo, a maior ameaça ambiental do nosso tempo causará alterações em todo o planeta, afetará a todos e vai durar um milênio. Essa ameaça, é claro, é a mudança climática.

Quando, em minhas viagens, falo em conservação e sobre o valor da natureza, a questão da mudança climática sempre vem à tona, especialmente quando ondas de calor, tempestades, inundações e secas são assuntos tangíveis a todos. As pessoas que me fazem perguntas sobre o clima costumam se dividir em dois grupos. Alguns querem saber por que ainda não estamos fazendo nada. Para esses, não há outras questões prioritárias. Acreditam que a mudança climática seja prioridade máxima para as organizações de conservação. O outro grupo espera ouvir que está tudo bem. Infelizmente, com base no que diz a ciência, eu não posso reconfortá-los. A mudança climática é uma ameaça terrível e um tabu em qualquer conversa sobre o meio ambiente ou economia.

A mudança do clima é uma realidade. E sabemos o que fazer para evitá-la. Quanto mais adiarmos, mais perderemos e mais caro nos custará. Cada molécula de carbono emitida hoje – emissões que não custariam

Investindo no futuro diante da mudança climática

quase nada para serem evitadas – permanecerá na atmosfera por milênios. Precisamos de políticas fortes e efetivas para reduzir as emissões. Existem inúmeros caminhos para alcançar essas reduções, mas o processo tem que ser acelerado imediatamente.

Menos óbvias do que a necessidade de reduzir emissões de carbono são as relações entre a mudança do clima e o capital natural, e como o investimento nesse capital é, em si, uma reação à mudança climática. Ele pode nos ajudar na adaptação às consequências inevitáveis dessa mudança. Como se vê nas planícies inundáveis e nos recifes de corais e de ostras, a natureza presta serviços que não se comparam a qualquer solução encontrada pela engenharia.

Investir em capital natural pode também proteger o clima e os oceanos, reduzindo as emissões. Consideremos, por exemplo, que uma quantidade significativa – por volta de 15 por cento – das emissões de gases do efeito estufa resulte da perda das florestas tropicais. Esse montante corresponde à soma das emissões de todos os carros, caminhões, ônibus, trens e aviões do mundo todo. É a principal causa das emissões no Brasil e na Indonésia, dois dos cinco maiores países emissores de carbono. Isso representa uma excelente oportunidade de ganhos para ambas as partes: salvar as florestas e tudo o que há nelas e, ao mesmo tempo, diminuir o ritmo da mudança climática. A propósito, evitar a emissão de uma tonelada de carbono mantendo as florestas é muito mais barato do que reduzir uma tonelada de emissões de carros e usinas elétricas.

Cheguei à TNC em 2008 com a esperança e a expectativa de que o governo dos Estados Unidos se unisse à União Europeia e a outros países para precificar a poluição do carbono. Boa parte dos meus colegas da comunidade ambientalista esperavam – com muito otimismo, é verdade – que a conservação das florestas atraísse recursos financeiros por meio dos mecanismos da precificação do carbono e, como resultado, alavancasse nosso trabalho a um patamar totalmente novo. Eu ainda acredito que isso vai acontecer. Entretanto, a criação de mercados de carbono para proteger nosso sistema climático depende de atitudes governamentais que hoje ainda parecem muito distantes. Investidores e empresários estão dispostos a criar mercados de carbono que incluam a conservação das florestas e outros investimentos em capital natural como parte da solução. Mas, sem a ação governamental, as iniciativas voluntárias do empresariado não chegarão aonde é preciso.

O mar sobe e o pântano afunda

A apertada estrada que leva a Grand Isle desafia a adaptação à mudança climática. O novo trecho sul da LA 1 foi construído sobre pilares de concreto a 6 metros de altura do pântano. Uma boa notícia: nunca os brejos apresentaram tantas porções de águas abertas enquanto o mar avança e a erosão da costa aumenta. Essa estrada elevada tem uma bifurcação: à esquerda segue para Grand Isle; a sudoeste atravessa os brejos e chega a Port Fouchon, um dos terminais de embarque de petróleo e gás mais importantes do país, por onde passa 90 por cento do petróleo produzido nas águas profundas do golfo.

Os altos pilares protegem a estrada das tempestades e inundações. Infelizmente, a pista elevada não vai muito longe. Depois de passar pela pequena e quase deserta vila de Leeville, nos próximos 11 quilômetros a estrada está apenas a poucos metros sobre o nível do mar e já começa a afundar. Segundo a NOAA, se continuar nesse ritmo, a estrada ficará submersa mais de três semanas por ano em 2030. Fechá-la temporariamente custaria bilhões, pois não há outros portos tão importantes quanto Port Fouchon para a produção de petróleo e gás.

Suspender esses 11 quilômetros de estrada não custaria menos do que centenas de milhões de dólares. A situação é a mesma em comunidades litorâneas de todo o país. Por volta de 2030, quando as águas do golfo do México tiverem coberto a LA 1, em outras comunidades norte-americanas mais de 2 milhões de casas já estarão submersas.

A situação da LA 1 revela as consequências não intencionais da dependência excessiva na infraestrutura cinza. Não a da própria estrada – a essa altura, a única solução é cravar pilares no solo e suspendê-la. A infraestrutura que provoca o afundamento dos brejos são os diques do Mississippi, que direcionam para as águas profundas do golfo toneladas de sedimentos que alimentavam as áreas pantanosas. Se o rio fosse reconectado ao seu delta, os brejos seriam restaurados e não haveria tanta necessidade de reformar a estrada. Talvez seja tarde demais para salvar a LA 1 com capital natural, mas isso nos prepara para uma longa batalha contra o avanço do mar. A lição de que poderia ser diferente se tivéssemos prestado mais atenção no papel da natureza não deve ser esquecida por outras comunidades. As soluções de engenharia têm um limite em ajudar as pessoas a se adaptar à mudança climática. Grande parte dessa adaptação dependerá de incontáveis sistemas naturais. Esses sistemas – como brejos e recifes de ostras – costumam ser resilientes, mas os quebra-mares e os diques nos quais se investiu tanto dinheiro e tanta confiança são muito mais frágeis do que gostaríamos de admitir.

A LA 1 também ilustra um problema muito maior. Toda a nossa infraestrutura – represas, rede fluvial, adutoras e diques – foi planejada sob a premissa inatacável de que o clima variaria dentro de limites definidos. Esse princípio, conhecido como *estacionaridade,* tem origem especificamente na hidrologia. Os engenheiros que projetam os sistemas de controle de inundação basearam seus cálculos durante muito tempo em registros históricos e até geológicos de chuvas e inundações, e desses registros extrapolam a pior inundação que o sistema enfrentaria em, digamos, cem ou quinhentos anos. Eles acreditam, e com razão, que suas obras suportam e suportarão por muitas gerações tudo que a natureza lançar sobre elas.

Mas esse pressuposto talvez não seja mais viável, ao menos diante da mudança climática. Tomemos o exemplo de Nashville. Num mês de maio típico, a cidade recebe em média 140 milímetros de chuvas. No dia 2 de maio de 2010, essa quantidade choveu em *seis horas.* O dilúvio continuou

Capital natural

por mais dois dias e o rio Cumberland transbordou, causando um prejuízo de milhões de dólares. O Usace estimou que foi uma inundação que ocorre a cada mil anos; outros observadores avaliam que foi ainda mais rara, talvez uma inundação que ocorre a cada 5.000 anos.

Vejamos outro exemplo, desta vez na Nova Inglaterra. As adoráveis pontes cobertas da região suportaram mais de um século de inundações, nevascas e tempestades de gelo, sobreviveram até mesmo ao Grande Furacão da Nova Inglaterra, em 1938, o pior já ocorrido na região. Muitas dessas pontes, infelizmente, não suportaram o furacão Irene, em 2011. A frequência dos furacões não é maior em consequência da mudança climática, mas eles estão muito mais fortes – como também as tempestades. Uma análise de mais de 80 milhões de registros diários de precipitações nos 48 estados continentais dos Estados Unidos concluiu que chuvas intensas e nevascas são 85 por cento mais frequentes hoje na Nova Inglaterra do que eram em 1948.

A tendência é incontestável. Em toda parte, comunidades presenciam com mais frequência o que os meteorologistas chamam de eventos climáticos extremos e maior variabilidade do clima. Enquanto as tempestades ainda surpreendem os moradores de Nashville e Vermont, os dados já não surpreendem mais. Eles estão perfeitamente de acordo com as previsões que cientistas do clima como James Hansen, um dos primeiros a alertar para as consequências da queima de combustíveis fósseis, fizeram há trinta anos.

E, se o que era considerado extremo se tornar rotina, teremos que rever não só as estradas como a LA 1, mas tudo que foi construído pelo homem, talvez até a localização de cidades inteiras. O controle de alguns dos nossos recursos naturais mais importantes, como as florestas, também exige novo exame minucioso.

Há outra previsão referente ao clima que tem se confirmado de forma terrível. Há muito tempo os cientistas temem que a mudança climática torne muitas áreas mais secas, e que as estiagens resultem em escassez de comida e incêndios mais intensos e mais frequentes. Em 2012, incêndios nunca antes vistos no Oeste dos Estados Unidos e longas estiagens no Cinturão do Milho alertaram para a realidade da mudança climática de um modo que nenhum levantamento de dados mais cuidadoso ou defesa apaixonada teriam feito.

Não há desafio mais apavorante nem mais importante que a mudança climática. Mesmo que a visão de milhares de hectares de plantações arruinados e de florestas em chamas nos deixe desesperados, ainda há tempo de fazer alguma coisa. Investimentos consideráveis na natureza podem ajudar a nos adaptar a um novo clima e a evitar que as mudanças sejam ainda piores.

Tierra y Libertad

Diante desse global e aparentemente tão terrível desafio, a solução pode ser começar aos poucos. Vejamos o exemplo do vilarejo Tierra y Libertad, no estado de Chiapas, sul do México. Foi lá que meu colega Frank Lowenstein constatou que uma simples sombra de árvore pode ser uma estratégia para proteger a vida e a subsistência de criadores de gado pobres em um clima em mudança, e ao mesmo tempo ajudar a economia do país.

A região ilustra bem o que chamamos de tempo "instável" (ver capítulo 3, página 58). O volume da chuva que costuma cair ali não mudou muito, mas a periodicidade, sim. Chiapas recebe cerca de 3.550 milímetros de chuva por ano e é um dos lugares mais úmidos da América do Norte. A chuva se distribui ao longo de seis meses e, na outra metade do ano, chove muito pouco ou nada. Hoje, o período de seca pode durar oito meses, e, quando chove, tempestades provocam o desmoronamento de encostas e inundação nos vales.

O rio Grijalva recebe a maior parte da água da chuva e a leva para quatro grandes reservatórios que fornecem água para as turbinas geradoras de 10 por cento da eletricidade do México. Devido ao risco de inundação, o nível da água nos reservatórios tem que ser mantido baixo para dar espaço à água que chegar, mesmo que ela não venha. As inundações causam ainda outro problema: arrastam muito sedimento para os reservatórios.

A inundação e os sedimentos se combinam para reduzir de maneira significativa o volume de água do reservatório. O volume de água é a variável mais importante na quantidade de eletricidade que é gerada nas turbinas. Menos água, menos eletricidade. Menos eletricidade, menor desenvolvimento econômico para o México.

Os períodos mais longos de estiagem também causam problemas – locais e nacionais. Os pastos nas montanhas têm menos capim. As práticas tradicionais de pastoreio, antes tão eficientes, agora transformam as pastagens em solo exposto infértil. O capim alimenta os animais e absorve a água da chuva. Menos capim significa mais animais famintos e maior risco de inundação.

Uma solução simples, porém muito eficiente, para os pastos é plantar árvores resistentes à estiagem. As árvores dão frutos e forragem para a criação, as folhas interceptam e diminuem a força da água que penetra no solo e ainda evitam que a grama seque muito rápido. Algumas espécies ajudam a aumentar a produtividade dos pastos recolhendo nitrogênio da atmosfera e transferindo-o para o solo.

Ao absorver a chuva e manter a grama crescendo, as árvores reduzem as inundações e protegem não só as cidades situadas rio abaixo e os importantes reservatórios do Grijalva, mas os próprios criadores de gado. Isso deve tornar menos provável a repetição de alguns sofrimentos recentes. Por exemplo, uma vila inteira teve que se mudar para um lugar mais alto e mais distante do rio para não ser novamente inundada. Se mais árvores forem plantadas, talvez esses transtornos possam ser evitados.

O plantio de árvores é uma das ações integradas para a recuperação de pastagens. Outros componentes são reservatórios de água portáteis e cercas eletrificadas com energia solar para permitir o rodízio do gado nos pastos e dar tempo para o capim se recuperar. Por não precisarem andar longas distâncias para encontrar sombra e água, as vacas terão mais energia para produzir leite. Alguns criadores dobraram a produção com esse procedimento.

Chiapas é a prova de que problemas localizados podem se espalhar e afetar áreas maiores, e de que concentrar a solução num problema específico pode começar a resolver desafios globais. Em Chiapas, a mudança do clima na forma de secas mais prolongadas associada a outros fatores complexos diminuiu a disponibilidade de energia na Cidade do México, distante 650 quilômetros. O mesmo padrão se repete no Oeste norte-americano, onde a menor frequência de chuvas desencadeou uma sequência de eventos como infestações de insetos, incêndios devastadores e até inundações. Imaginar que a estiagem possa causar inundações soa estranho, mas esse é o novo mundo criado pela humanidade.

Em outros lugares, a diminuição dos suprimentos de água é o desafio apresentado pela mudança do clima. Por exemplo, o grande problema no Oeste dos Estados Unidos, especialmente no Arizona e na região de Sierras, é que está nevando menos. A camada de neve funciona como um depósito de água, retendo bilhões de litros que são liberados na primavera. A água da neve derretida vai para o rio Colorado e ajuda a encher o lago Mead, o imenso reservatório que fornece água para Nevada, Arizona e Califórnia. A neve acumulada repassa a água dos invernos relativamente úmidos para os verões tipicamente secos. Se a água, em vez de se acumular nas montanhas durante meses, cair em forma de chuva ou derreter rapidamente, o resultado serão inundações e escoamento superficial rápido que não durará todo o verão.

Uma possível solução investigada pelo Serviço Florestal dos Estados Unidos e cientistas independentes é manejar as florestas especificamente para manter a camada de neve durante mais tempo na primavera. Isso implica desbastar a floresta de modo que mais neve chegue ao solo e que as árvores retenham menos água. Os cientistas da Universidade da Califórnia em Berkeley denominaram essa ideia "floresta hidrologicamente eficiente".

Tal procedimento não só ajudará o fornecimento de água rio abaixo como evitará que a vegetação resseque, diminuindo as chances de incêndios.

Então, além de todos os benefícios de uma floresta, podemos acrescentar mais um que sequer imaginávamos: reter a neve. Um dia, os economistas poderão – na verdade, provavelmente deverão – determinar o valor desse serviço para quem passeia nas florestas, usa sua madeira e bebe sua água. Por enquanto, o valor preciso importa menos do que reconhecer que investir em florestas saudáveis pode ser a melhor opção quando se trata da adaptação às mudanças climáticas.

Atribuindo valor ao carbono

Não custa repetir que valorizar a natureza nem sempre significa atribuir valor a algo pelo que nunca se cobrou. Reconhecer que a natureza tem valor e buscar incentivos para a sua preservação são os passos mais importantes, e nem sempre é necessário atribuir um valor ao serviço que ela presta. Entretanto, em certos casos, colocar um preço é fundamental.

Um dos principais componentes da natureza que ainda não tem um preço (na maior parte do mundo) é o carbono. Lançar carbono na atmosfera, principalmente na forma de dióxido de carbono, é a principal causa antropogênica da mudança climática, e o poluidor não paga nada por isso. Os usuários de combustível fóssil despejam carbono na atmosfera pelas chaminés e pelos canos de escapamento. Cobrar por esse carbono é o mínimo que se pode fazer em relação à mudança climática. As discussões deveriam se concentrar em como, e não se, deveríamos cobrar.

Quando a paixão não se impõe, essa ideia pode transpor os limites partidários. Lindsey Graham, senador republicano da Carolina do Sul, apresentou uma proposta de lei ambiental com os senadores John Kerry, democrata, e Joe Lieberman, independente. Em 2010, ele disse: "A meu ver, não cobrar pelo carbono é não levar a sério a independência energética. O curioso é que jamais seremos independentes energeticamente enquanto o ar não estiver limpo, e o ar jamais estará limpo se o carbono não for cobrado".

Os economistas em geral concordam. William Nordhaus, professor emérito de Economia em Yale, argumenta que qualquer proposta relativa à mudança climática que não discuta um preço para o carbono não está reconhecendo que a criação de um incentivo de mercado para diminuir a liberação de carbono na atmosfera é a principal mensagem econômica para combater a mudança climática. Ele afirma: "Numa primeira abordagem, aumentar o preço do carbono é um passo necessário e suficiente para lidar com o aquecimento global. O resto é só retórica, e talvez até seja prejudicial, por induzir ineficiências econômicas".

Os detalhes da fixação do preço do carbono são complicados, mas resumem-se a duas opções básicas: ou o governo fixa o preço por meio de um imposto ou o mercado determina um valor limitando as emissões, deixando que a oferta e a demanda determinem o valor pelo direito de emitir. Tanto uma como a outra têm seus defensores. Avaliar as vantagens e desvantagens de cada uma vai além do escopo deste livro; entretanto, ambas dependem de novas formas de valorizar a natureza e cada uma tem implicações para a conservação e para a economia.

Taxar o carbono tem a vantagem de ser simples. Deixe de lado a questão sobre se é possível que qualquer coisa que lembre um novo imposto possa ser transformada em lei nos Estados Unidos em um futuro próximo – repare que a atenção cada vez maior à necessidade de se reduzir o déficit fiscal pode resultar em apoio político para a obtenção de receitas fiscais adicionais. Também não leve em conta o provável debate sobre o valor do tributo – inicialmente ele poderia ter um valor baixo que, com o passar do tempo, seria reajustado gradualmente para que a economia se adaptasse sem grandes transtornos. A ideia é simples: acrescentada a taxa, o custo para emitir carbono aumentaria e os usuários teriam um incentivo para consumir menos energia. É isso que significa, para nós, "precificar o carbono".

Os incentivos associados à taxa do carbono se baseiam em bom senso e economia elementar. As taxas aumentam a receita, mas desencorajam a atividade que está sendo taxada. Por essa razão, quando o governo cobra por uma atividade específica – digamos, fumar um cigarro –, a tendência é que se fume menos.

Uma vez fixada a taxa do carbono, o preço nas bombas de gasolina e o valor da conta de energia elétrica deverão subir. Alguns estados e governos nacionais já estabeleceram taxas de carbono. Vários países do norte da Europa adotaram taxas específicas no início dos anos 1990 e o Reino Unido aderiu à prática em 2000. A Colúmbia Britânica, no Canadá, instituiu uma taxa em 2008 e a Austrália fez o mesmo em 2012. Nos Estados Unidos, a taxa de carbono poderia ser instituída numa reforma tributária mais ampla e usada para reduzir o enorme déficit fiscal.

Os Estados Unidos já tiveram uma experiência em utilizar incentivos econômicos como esse para estimular a economia de energia. Lembro bem dessa experiência de minha infância, das longas filas nos postos de gasolina que começaram em 1974. Foi quando a Organização dos Países Exportadores de Petróleo (Opep) reduziu o fornecimento de petróleo e os preços triplicaram. (A revolução iraniana teve consequências semelhantes em 1979 e os preços dobraram.) Imaginemos que esse aumento de preço correspondesse a taxas – só que, nesse caso, a receita era da Opep. Sem dúvida os altos preços foram um choque para o sistema. Mas houve uma redução imediata no consumo de energia e consequentemente nas emissões de dióxido de carbono. Ou seja, em termos de política ambiental, as taxas funcionaram. É claro que podemos administrar essa taxa com mais cuidado. O choque será evitado se ela for introduzida num ritmo mais moderado e aumentando aos poucos. Os consumidores teriam tempo de adaptar seu comportamento e diminuir o consumo de energia. E, principalmente, a receita gerada pela taxa não iria para a Opep, mas ficaria em casa.

No que resultaria uma taxa do carbono associada a uma energia mais cara? Como ilustra o exemplo da Opep, as medidas para reduzir o consumo de energia envolvem transporte pessoal mais eficiente, construções sustentáveis e cidades mais verdes. Da mesma forma, com a energia baseada no carbono mais cara, fontes energéticas limpas se tornariam mais competitivas e encorajariam novos investimentos e inovações.

Cap and trade

Alguns ambientalistas, desanimados com a dificuldade de aprovar leis mais abrangentes para a energia e o clima nos primeiros anos do governo Obama, sequer mencionam as recentes medidas para patrocinar uma legislação de emissão de carbono. Considero isso um erro por várias razões. Em primeiro lugar, não devemos permitir que os opositores desse programa o apresentem como uma perspectiva antimercado e estatizante. Pelo contrário, a ideia é que as forças de mercado direcionem as reduções de emissão para onde elas sejam obtidas pelo menor custo. Em segundo lugar, permissões de emissão de carbono estão em curso na Califórnia, União Europeia e Austrália, por exemplo, e merecem nosso apoio. Em terceiro lugar, muito embora ambientalistas e outros grupos não tenham conseguido aprovar uma legislação climática mais abrangente nos Estados Unidos, fizemos alguns progressos importantes e não devemos desistir. Por exemplo, a Sociedade Americana pela Ação Climática (United States Climate Action Partnership, Uscap) – uma coalizão de mais de vinte companhias multinacionais e cinco organizações ambientalistas – demonstrou que é possível trabalhar em conjunto e desenvolver propostas legislativas detalhadas e abrangentes. A Uscap já apresentou seu projeto de lei no Congresso. Chegou a hora de esses grupos se unirem, talvez com novos e diferentes parceiros, e apresentarem novas propostas.

Programas de cap and trade [limite e negociação] têm sido usados com muito sucesso no combate à chuva ácida. A ideia era limitar o total de emissões de dióxido de enxofre nas geradoras de energia elétrica – as grandes responsáveis pela chuva ácida – à metade dos níveis anteriores, mas permitindo que cada instalação decidisse como ficar abaixo desse limite.

Capital natural

As companhias receberam um determinado número de créditos que correspondia à quantidade de dióxido de enxofre que podiam emitir. Se reduzissem suas emissões e não precisassem usar todos os créditos, vendiam o excedente a outras empresas que não conseguiram reduzir suas emissões a um custo compatível. As prestadoras de serviço tinham então um incentivo para operar abaixo do limite da maneira mais barata possível para obter benefícios com a venda dos créditos excedentes.

Essa prática criou um mercado totalmente novo: licenças para poluir. Ao menos no caso da chuva ácida, o cap and trade tem funcionado. Sob essa perspectiva, inscrita na Lei do Ar Limpo de 1990, assinada pelo presidente George H. W. Bush, as emissões de enxofre das geradoras de eletricidade caíram pela metade e muito abaixo do custo previsto pelos economistas.

Enquanto os ambientalistas procuram cobrar pelo carbono de forma mais ampla e em mais jurisdições, os governos podem tomar muitas outras medidas para enfrentar a mudança climática. Por exemplo, nos Estados Unidos os novos padrões econômicos do combustível automotivo vão diminuir as emissões significativamente. Da mesma forma, as últimas iniciativas da EPA para enrijecer as regras das geradoras de eletricidade – e, simultaneamente, baratear o gás natural – provocaram o fechamento das geradoras mais antigas e menos eficientes. Os padrões renováveis de eletricidade adotados em 29 estados americanos e em Washington, DC, também têm papel importante na transição para fontes de energia mais limpas.

Por fim, a crise provocada pelo aquecimento global requer soluções globais. O que significa que países com grandes emissões de carbono, como China e Índia, também devem fixar um preço por ele. A China está implantando alguns programas de cap and trade. Os Estados Unidos estarão em uma posição muito melhor para incentivar o progresso internacional nesse sentido quando tomarem medidas mais definitivas em sua própria casa.

Um novo tipo de desenvolvimento

O interesse no mercado de carbono não desapareceu, só mudou de lugar. Com as iniciativas federais paradas nos Estados Unidos, a ação foi transferida para os estados. Todo mundo está de olho na Califórnia, a oitava maior economia do mundo. Em 2006, decepcionado com a lentidão do Congresso para aprovar a Lei do Clima, o governador Arnold Schwarzenegger e seus deputados decidiram por um programa estadual de cap and trade. Superados todos os desafios legais e políticos, o estado começou a leiloá-los em 2012.

Ainda mais interessante é o fato de que a Califórnia assinou um contrato com o estado brasileiro do Acre. Califórnia e Acre esperam que, tão logo o mercado de carbono ganhe corpo, as companhias que precisam reduzir suas emissões voltem a atenção – em busca de reduções de emissão mais baratas – para a Amazônia, florestas tropicais da Indonésia, regiões alagadiças e hábitats marinhos da costa, todos eles com grandes quantidades do chamado "carbono azul". Todos esses ecossistemas absorvem e armazenam carbono. Consequentemente, pagando para que as florestas continuem em pé (ou por novas florestas), elas estarão contribuindo com as metas de redução de emissões corporativas e nacionais. Em vez de cortar suas emissões, as companhias comprariam créditos de carbono no Acre ou no Pará, ambos localizados na Amazônia, ou em Kalimantan Oriental, na Indonésia. A receita arrecadada com a venda dos créditos pode ser aplicada em outros tipos de desenvolvimento econômico que evitem o desmatamento.

A boa notícia é que esse grande fluxo de caixa – certamente muito útil – para os países tropicais talvez nem seja necessário, pois eles já estão mudando a maneira de ver seu desenvolvimento econômico. Em vez de contar com um mercado de carbono em que os países desenvolvidos paguem para que as indústrias parem de desmatar, um modelo mais sustentável começa a despontar. Hoje, o desenvolvimento rural com baixa emissão de carbono financiado com dinheiro público, a floresta como propriedade nacional e a pressão dos consumidores, como o que se vê no Brasil em relação à soja e à carne bovina, já estão em curso e podem ser uma abordagem muito mais bem-sucedida.

O Brasil, por exemplo, um dos maiores interessados nesse tipo de mudança, vem reduzindo o desmatamento desde 2006. A Indonésia se comprometeu a reduzir sua taxa de desmate em pelo menos 26 por cento até 2020. A nova lei mexicana para o clima determina que o desmatamento cesse até 2020. Outros países buscam assumir compromissos similares para proteger o capital natural de suas florestas.

Esses países estão contrariando uma tendência histórica, segundo a qual o desmatamento sempre acompanha o desenvolvimento econômico. Assim aconteceu na América do Norte e na Europa, e hoje está acontecendo em ritmo mais acelerado – em décadas, não mais em séculos – nos trópicos. Felizmente, o que os economistas e os especialistas em desenvolvimento chamam de curva de transição da floresta demonstra que o desmatamento se desacelerou e, ao menos em alguns lugares, cessou. Então, em vez de simplesmente enviar dinheiro para os países onde estão as florestas tropicais, é melhor ajudá-los a adotar um modelo diferente de desenvolvimento econômico, que não leve ao inevitável caminho do desmatamento. O segredo é que as florestas não sejam vistas como um recurso biológico ou econômico, mas biológico *e* econômico.

Isso significa considerar a mudança climática, o desmatamento e o desenvolvimento como fatores interligados. Parte dessa ligação não implica em parar de cortar árvores, mas fazê-lo de uma forma melhor. Do ponto de vista da conservação, florestas totalmente protegidas são melhores para a preservação de plantas e animais do que florestas manejadas para corte. Por que razão, então, os conservacionistas criariam incentivos para cortar árvores?

É simples: a crescente população mundial vai precisar de madeira. A silvicultura sustenta milhares de pessoas no mundo todo e alimenta as indústrias de papel e madeira. A reciclagem e as alternativas não

Investindo no futuro diante da mudança climática

madeireiras podem reduzir a demanda pelo recurso, mas florestas e plantações bem manejadas não deixarão de ter um papel importante. Elas não são apenas uma reserva confiável e sustentável de papel e madeira, mas aliviam a pressão sobre áreas ainda intocadas, que concentram as maiores quantidades de carbono, e abrigam espécies ameaçadas e comunidades indígenas.

Em vez de sempre combater o corte de árvores, muitas vezes é mais produtivo encontrar maneiras mais responsáveis de obter madeira, entre elas impedindo o corte em locais que não possam sustentá-lo. As práticas de corte destrutivas, frequentemente ilegais, são um dos fatores mais graves da perda de florestas e resultam em emissões de carbono. Trocar o corte destrutivo por práticas de menor impacto reduz os danos à floresta e, em alguns casos, diminui em até 40 por cento as emissões de carbono, sem prejudicar o fornecimento. Em florestas bem manejadas, os madeireiros cortam as árvores de maior valor comercial e deixam o restante intacto. Em vez de usar tratores que derrubam grandes faixas de florestas e precisam de estradas largas para chegar aos locais de corte, madeireiros mais seletivos arrastam os troncos mais valiosos por trilhas estreitas com cabos de aço.

Florestas bem manejadas preservam grande parte da sua diversidade biológica. O corte seletivo possibilita que uma floresta mantenha quase todas as plantas e os animais, retenha três quartos do carbono e produza madeira por muito tempo. A menos que sejam inteiramente dizimadas para plantar soja ou criar gado, as florestas suportam muito uso sem causar um colapso ecológico. Elas jamais serão como as florestas intocadas, mas também não são um caso perdido. O mais difícil é determinar quais lugares exigem alto nível de proteção e quais representam oportunidades de investir em capital natural para as pessoas e para o meio ambiente.

As empresas madeireiras são símbolos da destruição ambiental, e tão demonizadas quanto a indústria petroleira. Para que sejam consideradas potenciais aliadas da conservação de florestas será preciso uma perspectiva muito diferente. Contudo, em longínquas regiões tropicais, os conservacionistas têm que se aliar às madeireiras. Nessas regiões, são elas que dão as cartas nos vilarejos, isso quando *há* vilarejo. Essas companhias, que vão de gigantes multinacionais a microempresas que operam com orçamento apertado, têm ou buscam ter o ativo mais importante: a posse legal de grandes trechos de florestas. Os governos já entregaram mais florestas às madeireiras do que as transformaram em reservas em todas as regiões tropicais protegidas do planeta.

Muitas comunidades que dependem de florestas não têm direitos sobre elas e menos ainda sobre sua madeira ou carbono. Sem a propriedade legal, pouca coisa podem fazer quando operações madeireiras inescrupulosas chegam e começam a cortar. O mesmo acontece quando os governos tomam posse das florestas e, ao menos no papel, as colocam sob proteção. Muitas florestas da Ásia e da América Latina foram intensamente desflorestadas nos últimos trinta anos, mesmo sendo parques nacionais.

Na Indonésia, a maior parte das áreas desmatadas é ocupada por grandes plantações de dendezeiros. Um investimento melhor a longo prazo seria não colocar essas plantações em florestas intocadas, mas em áreas degradadas (das quais a Indonésia possui milhões de hectares), da mesma forma que o Brasil está direcionando a criação de gado para áreas já convertidas (ver capítulo 5, página 107). Mas é difícil que essa mudança aconteça. Os plantadores de dendezeiros têm lucro rápido vendendo madeira, e definir com clareza a propriedade de áreas degradadas é uma tarefa complexa. São necessárias muitas políticas para mudar esses incentivos.

A conservação de florestas por si só não resolverá o desafio da mudança climática. Ainda assim, reduzir as emissões de carbono causadas pelo desmatamento é importante e potencialmente transformador para as comunidades, os ecossistemas, a biodiversidade e o clima do planeta.

Um passo à frente

Lembro-me bem da tragédia do Onze de Setembro, em Nova York. Embora meus colegas e eu tenhamos saído em segurança de Wall Street, vimos de perto cenas de extraordinário sofrimento e destruição. Desde então procuro não pensar ou falar sobre o assunto.

Mas aquelas imagens voltaram à minha mente quando o furacão Sandy atingiu a Costa Leste dos Estados Unidos. De novo, gente vulnerável subjugada pelo choque, perda de vidas e propriedades, sofrimento generalizado. E de novo as dúvidas aparecem: por que não estávamos preparados? Não deveríamos ter imaginado que isso poderia ocorrer? Onde estava o nosso governo? Acontecerá outra vez? E, mais importante, o que fazer para que isso não se repita e, se acontecer, como devemos nos preparar?

Na verdade, sabemos muito bem o que fazer. Em primeiro lugar, reduzir imediatamente as emissões de carbono. Nós sabemos como fazer isso, e sabemos como fazer sem que seja prejudicial demais para a economia.

Em segundo lugar, precisamos pensar bem sobre a infraestrutura necessária para nos proteger dos fenômenos climáticos extremos. A infraestrutura cinza dos quebra-mares, diques e comportas é importante, mas ilhas, recifes e áreas alagadiças também precisam ser protegidos e urgentemente restaurados.

Em Cape May, New Jersey, por exemplo, três comunidades se uniram para restaurar as dunas e as áreas alagadas da costa a fim de prevenir inundações. Enquanto o furacão Sandy tocou o continente a apenas alguns quilômetros de distância, o sistema de praias e brejos restaurado poupou as comunidades próximas dos alagamentos sofridos antes do esforço de restauração. Em Nova York, o projeto Redesigning the Edge, apoiado, entre outras instituições, pela Metropolitan Waterfront Alliance, busca meios de combinar a infraestrutura natural e a construída para prevenir inundações e criar espaços abertos utilizáveis ao longo das suas hidrovias.

O Sandy talvez tenha sido um mal necessário. Nova York é o centro financeiro do mundo e a capital da mídia. Os nova-iorquinos não têm escolha: ou lutam por políticas que enfrentem as ameaças das mudanças climáticas ou fazem as malas e se mudam para o interior.

Capital natural

As cidades escondem oportunidades ainda inexploradas de conservação, e não só de adaptação à mudança climática. A conservação urbana não tem sido foco das principais organizações de conservação. No entanto, o melhor lugar para se apreciar o valor da natureza talvez seja onde ela mais faz falta.

8

Cidade e campo

Quando morava em Nova York, eu fugia das pressões de Wall Street correndo no Central Park, então conheço bem o valor dos espaços verdes urbanos. Mesmo assim, raramente pensava em outros benefícios que o parque reservava. Muitos moradores de centros urbanos estão apenas agora começando a compreender a infraestrutura verde e seu papel para a melhoria da qualidade da água, a redução da poluição do ar e melhoria da saúde pública em geral.

Quando comecei a trabalhar na TNC, relutei em revelar minhas raízes da cidade grande. Durante uma das primeiras reuniões com todo o pessoal, não fiz jus às minhas credenciais verdes ao beber água de uma garrafa de plástico. Eu estava com um terrível resfriado e perdendo a voz, mas isso não comoveu meus novos colegas. Quando cheguei ao trabalho no dia seguinte, eles haviam me presenteado com diversos *squeezes*.

Agradeci a gentileza, mas o simbolismo disso me impressionou. Os ambientalistas não podem comprar garrafas reutilizáveis para todo mundo, embora às vezes pareça que essa é a estratégia varejista para preservar a natureza: uma pessoa por vez, um lugar especial por vez. Mas isso não será suficiente; não mais. Fazer a diferença significa demonstrar como a natureza é importante para milhões de pessoas que podem não ter notado isso ainda: pessoas que vivem nas grandes cidades.

As principais correntes de conservação vêm negligenciando as cidades há muito tempo. As raízes do movimento ambientalista na preservação da vida selvagem mantiveram seu foco de ação em regiões distantes das multidões urbanas. O movimento também se inspira na ideia de que entre os maiores valores da natureza intocada está a sua capacidade de renovar o espírito humano.

Abandonar essa ideia seria um grande erro; proteger os lugares selvagens pelo que eles são tem um valor imenso. Entretanto, fazer da natureza selvagem o único foco de conservação nos leva ao risco de ignorar que os seres humanos são, pela primeira vez na história, uma espécie urbana. A ciência nos dá argumentos muito convincentes para a conservação da natureza em espaços urbanos. Florestas, rios e estuários urbanos são imensamente benéficos, tanto localmente como em lugares mais distantes. A maioria deles requer algum grau de recuperação. Conectar os moradores de grandes centros urbanos com a natureza também estimula o apoio à conservação de áreas remotas que muitos deles podem nunca chegar a conhecer. Entidades como o Fundo para Terras Públicas (Trust for Public Land, TPL) e organizações de justiça ambiental como a South Bronx Sustentável (Sustainable South Bronx, SSBX) fazem um excelente trabalho nessas áreas há muitos anos. Mas para muitas outras organizações – entre elas a TNC –, a conservação ambiental urbana tem sido, no máximo, um assunto de baixa prioridade.

Isso precisa mudar. Mais da metade dos habitantes do planeta vive em cidades. Arquitetos e urbanistas já pensam em materiais, projetos urbanos e arquitetura de uma perspectiva ambientalista. O resultado disso serão novas formas de construir cidades, capazes de reduzir tanto a área que elas ocupam como os gases do efeito estufa que elas produzem.

Um dos líderes nesse campo é o arquiteto Peter Calthorpe. Em seu livro *Urbanism in the Age of Climate Change* [Urbanismo na era da mudança climática], ele escreveu: "Combater a mudança climática lembra um pouco a guerra contra as drogas: pode-se ir atrás do fornecedor – as fábricas movidas a carvão – ou pode-se ir atrás do viciado – as construções ineficientes e a ocupação descontrolada. É preciso perseguir ambos".

Em 2011, o escritório de Calthorpe e o estado da Califórnia realizaram um estudo sobre alternativas para o urbanismo no estado. Comparando o desenvolvimento urbano verde com o modelo atual de desenvolvimento urbano (mas extrapolando a atual tendência), as emissões de gases do efeito estufa diminuem de 348 milhões de toneladas para 83 milhões de toneladas; a ocupação da terra cai de 14.500 quilômetros quadrados para 4.800 quilômetros quadrados, e o consumo de água, de 560.000 litros para 250.000 por residência. Isso significa cidades mais adensadas, quintais menores e mais percursos a pé. Mas também é o que melhor atende a população mais idosa, que não quer ter que cuidar do jardim nem dirigir grandes distâncias.

A lição que os conservacionistas devem tirar do trabalho de Calthorpe e de outros intelectuais inovadores é a necessidade de divulgar ainda mais a conservação urbana. Assim como conservacionistas reconhecem a necessidade de olhar para além das Unidades de Conservação, também deveriam considerar o sistema urbano como um todo, não só os espaços abertos e os parques urbanos. Cuidar da natureza pode ser uma das principais formas de proteger quem vive nas cidades.

A natureza é tão importante na cidade quanto é num ambiente selvagem – talvez até mais, pois muitas cidades são caracterizadas pela ausência de natureza. Nossa tarefa é fazê-las se parecer mais com paisagens naturais.

Repensar as cidades de uma perspectiva natural não será fácil, mas a ideia básica e as bases econômicas para isso não são tão complicadas. Para tornar isso real, temos que aproximar a natureza do local onde as pessoas vivem. Fazendo isso revelaremos o valor da natureza em lugares onde ela foi esquecida.

Conservação urbana não é só redirecionar os programas de conservação dos lugares esparsamente habitados para aqueles densamente habitados, num utilitarismo simplista. Construir uma base de apoio público à conservação ambiental significa tornar a natureza relevante para os moradores das cidades, o que requer dar atenção a parques, orlas e outros espaços verdes cujas pessoas tenham acesso no dia a dia. Essa mudança trará inúmeros benefícios econômicos, além de contribuir para uma ligação mais profunda com uma natureza mais diversificada, ar e água mais limpos e uma cultura mais próspera.

Floresta urbana

As histórias sobre o valor da natureza raramente levam em conta as cidades, a não ser como um lugar de onde fugir. A natureza está além das calçadas e do último semáforo, depois do fim da última rua; lá, muitos de nós esperamos, começa o mundo selvagem. Num certo sentido isso ainda é verdade. A maioria das plantas e dos animais viceja onde há menos pessoas e seus acessórios – estradas, casas, fazendas e outros sinais da inventividade humana. Muitas pessoas em várias culturas diferentes prezam esses raros pedaços do planeta, onde a presença humana praticamente inexiste, como fonte de renovação e comunhão espiritual.

Concentrando-se no que está distante, os conservacionistas podem não se dar conta de algo igualmente importante, mas que está ao nosso alcance. A incorporação da natureza, em todas as suas manifestações, na economia, na ciência e na política pode revolucionar nossa sociedade e o cenário econômico da mesma forma que o automóvel ou a internet.

Para ver essa transformação, considere como todos dependem da natureza para as necessidades mais básicas, seja morando em Manhattan, em Montana, nos Estados Unidos, ou no ponto mais distante do mais remoto deserto. Essa dependência conecta as pessoas, quer elas percebam na natureza selvagem a preservação do mundo, como disse Henry David Thoreau, quer a vejam como fonte de matérias-primas que serão transformadas para obtenção de lucro ou em benefício da espécie humana.

Thoreau tentou, ainda que por um breve período, afastar-se da civilização, embora o lago Walden, a pouco mais de 3 quilômetros da cidade de Concord, em Massachussetts, dificilmente pudesse ser qualificado como "selvagem", mesmo em 1945. Outros visionários dessa mesma época tentaram aproximar a natureza e seus valores da cidade, plantando as sementes de uma visão mais ampla de conservação que começou a florescer só agora. Entre eles destacou-se, nos Estados Unidos, Frederick Law Olmsted.

Olmsted praticamente inventou a profissão de paisagista e até hoje é o mais conhecido americano a exercê-la. Com seus próprios trabalhos e os de seu escritório, que prolongou seu legado até muito tempo depois de sua morte, a marca Olmsted está presente em centenas de parques e outros espaços públicos do país. O Central Park, em Nova York, supera todos eles em fama, número de visitantes e influência. Cento e cinquenta anos depois de sua criação, continua sendo a floresta urbana por excelência.

O paisagista enxergou, muito antes que qualquer outro, o potencial de reunir em uma mesma área as funções ecológica e social. E implantou áreas naturais para melhorar a vida da comunidade local. O entrelaçamento do humano com o natural no mínimo possibilita que as áreas verdes tenham mais de uma função e satisfaçam mais de uma necessidade.

Olmsted também entendia a necessidade de pensar grande, além das fronteiras de um só parque. Nisso, e em várias outras coisas, esteve muito à frente de seu tempo. Desenvolveu um projeto para Staten Island – na época, mais um subúrbio do que parte integrante da cidade de Nova York –, o primeiro planejamento regional do país, mas que nunca foi executado.

A abordagem de Olmsted de investir na natureza fez mais sucesso em outro lugar. Menos icônico que o Central Park, porém mais ambicioso, o projeto para um cinturão de parques e espaços abertos em Boston, que data do fim dos anos 1870, antecipou em mais de um século a ideia de infraestrutura verde. A cidade havia se espalhado na direção da orla do rio Charles e um novo bairro, muito elegante, chamado Back Bay, havia surgido. Infelizmente, mas previsivelmente, as áreas mais baixas costumavam inundar na maré cheia. A área ainda acumulava o esgoto trazido pelo rio Muddy, que separava Boston da pequena cidade de Brookline, a oeste.

O plano de Olmsted transformou esse desafio de engenharia em uma oportunidade muito maior. Ele desviou o esgoto para uma tubulação subterrânea e solucionou o problema dos alagamentos criando um mangue artificial, batizado de Back Bay Fens. Além disso, construiu eclusas ao longo do rio Charles, áreas para barcos de recreação e, nas margens, vias para a passagem de carros. O biógrafo de Olmsted, Witold Rybczynski, afirmou que o objetivo do paisagista não era artístico, mas pragmático. Ele foi muito cuidadoso no projeto e na implementação de tudo que se vê em Fens, pois queria que parecesse natural, como se a cidade tivesse sido erguida em torno do pântano, e não o contrário.

Para o rio Muddy, Olmsted viu dois possíveis futuros. Um deles era canalizá-lo por vários quilômetros numa estrutura de alvenaria para receber a água das cheias do rio Charles. Mas seria uma obra muito cara e levaria muitos anos para arrecadar os recursos necessários. O atraso, segundo Olmsted, deixaria o rio "sujo, insalubre, esquálido", e nesse ínterim depreciaria o valor das propriedades e seria uma fonte de doenças. Muitas cidades que ainda enfrentam esses mesmos problemas deveriam se inspirar nas soluções desenvolvidas por Olmsted. Ele deixou o rio intacto em sua maior parte, mas inclinou as margens para evitar erosão e construiu um parque linear interligando Back Bay a outras áreas naturais mais distantes do rio, entre elas Jamaica Pond, Arnold Arboretum e West Roxbury Park. Entre 1878 e 1896, isso se transformou no cinturão de parques conhecido como Emerald Necklace.

Os seis parques projetados por Olmsted avançaram na direção do centro e a oeste de Boston, do Franklin Park, ao sul, até Back Bay Fens, à beira-rio, muito próximos do Fenway Park. Somados ao Boston Common, os Public Gardens e a Commonwealth Avenue, todos anteriores à intervenção de Olmsted, os nove parques de Emerald Necklace ocupam uma parcela substancial do centro de Boston em três direções e garantem espaços verdes para mais de 1 milhão de pessoas.

"Design with Nature"

A ciência moderna confirmou muito do que Olmsted acreditava sobre os benefícios dos parques urbanos e da infraestrutura verde em geral, além de outras vantagens que ele não previu. Criar ou reformar infraestruturas verdes como ruas arborizadas, jardins particulares e parques urbanos em periferias – dentre os ambientes urbanos, são os que mais carecem de verde e desenvolvimento – pode contribuir para aumentar o bem-estar dos mais pobres, melhorando o ar e a qualidade da água, por exemplo. Infraestruturas verdes como Emerald Necklace deixam as cidades mais bonitas e mais agradáveis para se viver.

Em meados do século XX, Ian McHarg reconheceu essas qualidades na infraestrutura verde. Escocês de voz grossa e sotaque carregado, fumante compulsivo e ex-paraquedista, McHarg transformou o paisagismo, disciplina que tinha se tornado acanhada após a morte de Olmsted, em 1903, em uma perspectiva mais ampla de como as pessoas podem habitar um local sem destruí-lo. E ainda tinha uma língua afiada: segundo o periódico *Science,* quando uma senhora lhe perguntou o que poderia fazer para combater a poluição, ele respondeu que ela devia procurar o CEO da US Steel e "morder a jugular dele".

Em 1962, no despertar de uma nova consciência ambiental, McHarg escreveu:

> A cidade é provavelmente o ambiente mais desumano criado pelo homem para o homem. Hoje são necessários os melhores programas da medicina moderna e da legislação social para minorar os abusos que nos são impostos pelos ambientes físicos.

Capital natural

McHarg criou o Departamento de Paisagismo da Universidade da Pensilvânia, o mais interdisciplinar da época. Ele reuniu arquitetos, paisagistas e urbanistas com um geólogo, um etnólogo, um antropólogo, um geoquímico, um médico antropólogo, um hidrologista, um cientista do solo, um especialista em plantas, um limnólogo e um economista de recursos, para elaborar o que ele chamou de "ecologias humanas aplicadas". McHarg descreveu o trabalho desses profissionais na sua obra-prima *Design with Nature* [Design com a natureza], de 1969. Elaborado com o incentivo e o apoio financeiro de Russell E. Train, na época chefe do pequeno grupo de pesquisa Conservation Foundation, o livro é um marco na evolução de integrar a humanidade à paisagem natural.

Em *Design with Nature*, McHarg recomeçou de onde Olmsted havia parado em Staten Island e traçou um plano que revelava e interpretava os padrões hidrológicos da ilha, então o menos populoso e desenvolvido dos cinco distritos de Nova York. Levou mais de dez anos para que os administradores locais implementassem os elementos da sua proposta. A cidade aproveitou a infraestrutura verde já existente, um conjunto de riachos e várzeas no sudoeste da ilha, para lidar com a chuva das tempestades. E acrescentou outras várzeas e cursos d'água artificiais com a mesma função das versões naturais, como Olmsted havia feito em Back Bay Fens. O chamado Bluebelt, que abrange 4 hectares e dezesseis bacias hidrográficas, ajudou a cidade a economizar dezenas de milhões de dólares que teriam sido necessários para a construção de estações de tratamento de água convencionais.

Em uma escala menor e dentro dos limites da cidade, o Bluebelt repete as lições de Catskill: a importância da conectividade e o potencial, após a conexão, de o meio ambiente oferecer benefícios múltiplos ao homem e à natureza. A intenção inicial do Bluebelt não era causar um impacto tão amplo; seus planejadores tinham como meta apenas fornecer água limpa. Mas, quando o conceito se tornou realidade, autoridades e moradores de Staten Island perceberam que investir na natureza poderia resultar em mais do que simplesmente água limpa. Significava animais selvagens, várzeas protegidas, áreas de recreação e melhor qualidade de vida em uma área da cidade geralmente negligenciada.

Embora ainda não utilizassem o termo "infraestrutura verde", McHarg e Olmstead sabiam o que fazer para que a cidade fosse um lugar agradável para se viver: controlar a ocupação desordenada, criar espaços verdes e promover uma estrutura para um desenvolvimento urbano com maior sensibilidade ambiental. Mesmo nas cidades, que são os ambientes mais transformados do planeta, é possível criar sistemas harmônicos com a natureza.

Com planejamento cuidadoso, mesmo sem investimento maciço, as estruturas das cidades podem criar formas de oferecer múltiplos benefícios às pessoas e à natureza. McHarg mostrou como isso funciona no paisagismo, mas as implicações vão muito além. Não são só os edifícios, as ruas e as praças públicas que devem se harmonizar com a natureza, mas toda atividade humana – da cidade ao campo, do chão de fábrica ao silo de grãos, da sala do executivo ao palácio do governador.

Alguns teóricos, como o economista Edward Glaeser, de Harvard, consideram que o crescimento das cidades é benéfico ao meio ambiente. É melhor que as pessoas se concentrem em arranha-céus, ele diz em *The Triumph of the City* [O triunfo da cidade], do que se espalhem cada vez mais para as periferias, formando novos subúrbios, ruas, jardins e shopping centers.

A afirmação de Glaeser não é descabida. Mas os nova-iorquinos não trocarão o Central Park por habitações com alta densidade – uma extensão lógica do argumento de Glaeser –, porque a maioria dos habitantes das cidades abriria mão de uma pequena parte da própria liberdade na forma de leis de zoneamento para ter acesso ao Central Park ou a outros refúgios urbanos. As pessoas têm feito esse tipo de troca há muitas gerações, segundo o historiador Jon Christensen e a socióloga Carrie Denning. Eles dizem que a história nos dá exemplos de como proteger a natureza e ao mesmo tempo atender às demandas das pessoas em ambientes urbanos.

Christensen e Denning apontam para o que chamam de "a história oculta da conservação urbana" em San Francisco e arredores. Como em Nova York, a primeira preocupação foi com a água. No final do século XIX, os moradores começaram a proteger reservatórios e bacias hidrográficas como a de Hetch Hetchy por razões exclusivamente utilitárias. Ao mesmo tempo, o movimento "City Beautiful" inspirou-se, assim como muitos outros, em Olmstead e no Central Park, e criou primeiro o Golden Gate Park, na década de 1870, e em seguida muitos outros espaços verdes que se tornaram verdadeiros oásis ao ar livre em meio às estruturas urbanas. Quando a Bay Area expandiu-se após a Segunda Guerra Mundial, a rápida urbanização deu origem a uma nova geração de ativistas defensores dos "espaços abertos" que reivindicaram limites para o crescimento e restrições de zoneamento. A eles seguiu-se outra geração, nos anos 1980, que abraçou a causa da conservação da biodiversidade e dos ambientes naturais. Em todas essas áreas, os opositores da conservação e dos espaços abertos argumentavam que a preservação provocaria uma alta nos preços dos imóveis residenciais.

Um estudo de 2010 realizado por Denning, Christensen e o cientista da TNC Rob McDonald descobriu que a questão não é tão simples. Examinando mais de sessenta anos de dados habitacionais a partir do fim da guerra, eles concluíram que a conservação não afetou substancialmente a oferta de moradia. Uma explicação pode ser a tendência à preservação das regiões muito montanhosas ou úmidas para o desenvolvimento de empreendimentos habitacionais de alta densidade. Outra é que grande parte da área que teria sido incorporada, se não fosse protegida, fica próxima a residências unifamiliares de alto padrão, e, portanto, construir nesses lugares pouco acrescentaria à oferta geral de moradias. Sejam quais forem as razões, a conservação da natureza é apenas um dos muitos fatores que determinam e caracterizam o crescimento das cidades, além da localização das ruas, dos empregos e das áreas que não inundam com frequência. Essa é uma das decisões que os moradores da cidade não terão que enfrentar. Eles nem sempre precisam decidir entre a conservação da natureza e a oferta de habitações, ou o crescimento econômico e o desenvolvimento. Em cidades com alta qualidade de vida, na verdade, não é preciso fazer esse mau negócio.

Em muitas cidades, sobretudo nas mais antigas, a qualidade da água é um dos principais fatores de bem-estar humano. Mas a água encanada não é o único fator; a água da chuva também pode gerar preocupações, e a estiagem pode ser um problema ainda maior.

Como uma cidade pode ser mais parecida com uma floresta

Uma das características que definem a cidade é o excesso de superfícies rígidas. Ruas, calçadas, prédios e pontes fazem a água escorrer quando chove. Toda essa água tem que ir para algum lugar, e em geral chega com muita rapidez. Então, para que a cidade funcione mais como uma floresta ou um campo, a primeira coisa a ser feita é diminuir a velocidade da água.

Essa é uma questão que está se tornando urgente. De acordo com o Conselho de Defesa dos Recursos Naturais (Natural Resources Defense Council, NRDC), importante organização de políticas públicas e ciência com sede em Nova York, nos últimos cinquenta anos a quantidade de dias em que ocorreram fortes precipitações aumentou mais de 50 por cento. Se essa tendência continuar, como sugerem os modelos climáticos, as enchentes representarão um risco cada vez maior, tanto para as pessoas como para a infraestrutura construída ao longo de décadas – ou séculos, no caso de alguns lugares – para lidar com as águas pluviais. Por outro lado, as secas em outros locais impactarão os suprimentos de água potável e ampliarão os conflitos sobre o uso de água entre agricultores, industriais e moradores.

Os sistemas de distribuição de água estão literalmente se desmanchando sob nossos pés. Em 2009, a Sociedade Americana de Engenheiros Civis, o mesmo grupo que deu nota D- aos diques do país, atribuiu também péssima nota aos sistemas de esgotos dos Estados Unidos. Por exemplo, o orçamento do departamento de água de Washington, DC, em 2010, que depende exclusivamente das contas de consumo residencial, foi tão baixo, e as adutoras e toda a infraestrutura se apresentam em condições tão precárias, que substituir todo o ultrapassado sistema levaria trezentos anos.

Segundo estimativas, seria preciso um investimento anual de pelo menos 180 bilhões de dólares para que a infraestrutura de água urbana acompanhasse o rápido crescimento populacional. Se ao menos 10 por cento desse montante fosse repassado para investimentos em infraestrutura verde, isso representaria um número maior do que a soma dos orçamentos anuais das principais ONGs conservacionistas, melhorando muito as metas de conservação e ao mesmo tempo garantindo a água necessária para a população.

O papel da água é tão importante para a infraestrutura verde que alguns especialistas já falam até em infraestrutura azul-verde ou infraestrutura turquesa. O motivo é simples: em condições naturais, rochas, solo, plantas e árvores retêm a água onde ela cai ou diminuem a velocidade da corrente que escorre para os pântanos, córregos e rios. Consequentemente, só 10 por cento da água da chuva escorre pela superfície, metade é absorvida e o resto retorna à atmosfera como vapor d'água. O páramo no Equador é um ótimo exemplo; uma esponja gigante que absorve a água no ponto onde ela cai. Quando o solo não consegue absorver a água da chuva – seja porque foi tão pisoteado pelo gado que se solidificou, seja porque o homem construiu prédios, residências, estradas e estacionamentos sobre ele –, quase toda a água vai embora, levando junto a poluição e provocando transbordamento dos sistemas de captação da água da chuva com frequência cada vez mais alta.

O NRDC diz que, embora apenas 3 por cento dos Estados Unidos sejam classificados como urbanos, as enxurradas desses locais poluem a água muito além dos limites da cidade. De acordo com o burocratês da EPA, um rio, lago ou estuário é "impróprio" quando está tão poluído que

Cidade e campo

não permite nenhum tipo de uso atual ou desejado. Nesses termos, as enxurradas urbanas são responsáveis por, no mínimo, 3 por cento dos quilômetros de rios debilitados, 18 por cento dos hectares de lagos debilitados e 32 por cento dos quilômetros quadrados de estuários debilitados.

As águas poluídas prejudicam as populações de peixes e animais silvestres, destroem a vegetação nativa, contribuem para a erosão das margens dos rios, sujam as reservas de água potável e tornam inseguras e desagradáveis as áreas de recreação. A poluição deixa as pessoas doentes, o que, por sua vez, impacta negativamente a economia.

Paisagistas e engenheiros desenvolveram várias técnicas para tornar as cidades mais porosas ou recolher a água da chuva onde ela cai. Por exemplo, barris colocados sob calhas e canos de escoamento armazenam a água da chuva que desce do telhado, e jardins de chuva nas calçadas absorvem parte da água que iria para os bueiros. O uso de piso poroso em estacionamentos, como a brita ou bloquetes, e materiais tecnológicos, como o concreto permeável, permitem que a água penetre no solo, diminuindo significativamente a quantidade que escorre sobre a superfície. Cultivar gramados e outras plantas nos telhados não só diminui a quantidade de água nos bueiros como abriga pássaros, refresca e limpa o ar e, por funcionar como isolante térmico, gera economia em refrigeração e calefação dos imóveis.

Deixar as cidades mais parecidas com as paisagens naturais, com telhados verdes e jardins de chuva, talvez possa parecer uma solução tímida para problemas tão grandes. Realmente, um dos obstáculos para qualquer iniciativa relacionada às mudanças climáticas é superar o sentimento terrível de que qualquer coisa menos ambiciosa que projetos em escala continental não fará a menor diferença. Entretanto, infraestrutura verde em quantidade suficiente e em locais adequados faz a diferença. Em 2009, pesquisadores do NRDC e da Universidade da Califórnia, em Santa Barbara, constataram que construir infraestrutura verde nas propriedades residenciais e comerciais, novas ou reformadas, no sul da Califórnia e na área da baía de

San Francisco, poderia aumentar a reserva anual de água em mais de 490 bilhões de litros até 2030. Isso representa aproximadamente dois terços do volume de água usado na cidade de Los Angeles em um ano. Quanto mais água local houver, menor será a necessidade de importar água que precisa ser bombeada por bombas elétricas, o que se traduzirá em uma economia de eletricidade superior a 1.255.500 megawatts-horas – e uma redução do dióxido de carbono liberado na atmosfera da ordem de 535.500 toneladas por ano. E o que talvez seja o mais importante: segundo os pesquisadores, esses benefícios aumentariam a cada ano.

Cidade verde, água limpa

A conservação das matas ciliares nas cabeceiras dos rios, que agem como infraestrutura verde, gera economia de dinheiro para Nova York, Boston e outras cidades. Essas iniciativas são em grande parte invisíveis para a maioria dos cidadãos, mas uma infraestrutura verde ainda mais central e frontal que o Bluebelt de Staten Island também pouparia dinheiro. Nos Estados Unidos, a Filadélfia é um exemplo.

Como muitas outras cidades mais antigas, a Filadélfia possui um único sistema de galerias e canos para captação tanto do esgoto como da água da chuva. Esse sistema atende três quartos dos moradores e está sob a parte mais antiga e mais densamente povoada da cidade. Na maior parte do tempo, o sistema funciona bem e transporta o esgoto para as inúmeras estações de tratamento. Mas, em caso de chuva ou neve excessivas, o sistema não suporta o volume de água e causa o que os engenheiros chamam de transbordamento de esgoto combinado (*combined sewer overflow*, CSO). Para não sofrer uma pane catastrófica e causar alagamentos, a cidade despeja milhões de litros de esgoto sem tratamento nos rios Schuylkill e Delaware, que banham a cidade a oeste e a leste, e em outros córregos menores.

Também existem CSOs em dezenas de outras cidades. Essa prática não só despeja todo tipo de poluente em rios e córregos, como o grande volume de água varre o leito dos rios, arranca a vegetação das margens, provoca erosão e facilita a fixação de espécies não nativas. Se essa situação permanece, os rios urbanos tornam-se malcheirosos e horríveis de se ver – exatamente como Olmsted previu para o rio Muddy, em Boston.

Em junho de 2011, o Departamento de Proteção Ambiental da Pensilvânia aprovou o ambicioso "Cidade Verde, Água Limpa", plano da Filadélfia de reduzir o escoamento da água da chuva para o sistema de esgotos nos próximos 25 anos. O objetivo é transformar ao menos um terço das superfícies que hoje são impermeáveis em áreas verdes, instalando telhados verdes e jardins de chuva que absorvam os primeiros 25 milímetros de chuva de precipitação. Essa medida poderá reduzir de 80 a 90 por cento do volume de água da chuva que chega aos esgotos.

No outro extremo, cidades que preferem não implantar políticas ambientalmente corretas enfrentam sérios riscos. O fato é que a Filadélfia e outras cidades teriam menos incentivo para agir não fossem as pesadas multas que terão que pagar se não o fizerem. A EPA tem poder, pela Lei da Água Limpa, para aplicar multas e até processar a cidade, como aconteceu em Pineville, Louisiana, em 2011. As autoridades sabiam que havia um vazamento de fluido hidráulico em uma das bombas e nada fizeram para reparar. Quando a cidade foi inundada durante a passagem de um furacão em 2011, a água vazou para o rio e a baía próximos. A cidade – e não o prefeito ou o responsável pela estação de bombeamento – foi condenada judicialmente, recebeu um ano de período probatório e precisou, entre outras coisas, pedir desculpas formais.

Afora o vexame de uma cidade se apresentar algemada diante de um juiz para pedir perdão, fazê-la responder por crime ambiental é muito sério. A Filadélfia e outras cidades conhecem as penalidades previstas, e a história de Pineville destaca o papel fundamental que o governo deve ter na manutenção e na proteção dos benefícios da natureza. Mesmo quando os benefícios econômicos da natureza são evidentes, a regulamentação e a aplicação da lei são frequentemente necessárias para a negociação.

Os governos têm sido, em geral, os investidores e construtores da infraestrutura da qual toda a sociedade depende. Desta forma, também deveriam ser os defensores da infraestrutura natural. Os governos são responsáveis por estabelecer as bases para o funcionamento dos mercados e a realização de negócios, e precisam fazer o mesmo com os ativos ambientais. Se as empresas puderem poluir o meio ambiente sem multas ou punição, as menos esclarecidas certamente o farão. A noção de capital natural e seus importantes valores deveriam motivar setores antagônicos da sociedade a se unir em defesa de regras ambientais bem definidas.

Motivada pela ameaça de multas da EPA sob a Lei da Água Limpa e pelo desejo de agir corretamente, a Filadélfia quer reduzir o volume anual de esgoto que é jogado nos rios para cerca de 30 bilhões de litros, redução que em grande parte virá da infraestrutura verde. Em agosto de 2011, o departamento de águas da cidade havia completado ou ainda formulava um conjunto de melhorias que revelam a audaciosa praticidade do projeto: 91 trincheiras com árvores interligadas por uma estrutura subterrânea de infiltração [*stormwater tree trenches*], 33 floreiras irrigadas com água da chuva que desce dos telhados [*downspout planters*], 24 jardins de chuva, doze projetos de pavimentação porosa, nove extensões de meio-fio plantadas ou no meio da calçada ou nos cruzamentos [*stormwater bump-outs*], nove valas de infiltração [*swales*], sete jardins de água de chuva, seis trincheiras de infiltração/armazenamento, três áreas alagadiças de água de chuva e um piscinão para acúmulo da água da chuva. O departamento de águas também tem planos de recuperar os corredores formados pelos córregos que cortam a cidade para complementar as iniciativas de infraestrutura verde. A Filadélfia considera essas iniciativas parte de uma estratégia mais ampla, de oferecer "acesso mais equitativo a ambientes saudáveis" a seus cidadãos e se tornar a "cidade mais verde dos Estados Unidos".

As autoridades locais calculam que uma proposta cinza para reduzir os alagamentos custaria bilhões a mais que a infraestrutura verde que gerará resultados equivalentes. O plano de infraestrutura verde prevê um investimento mínimo de 1,67 bilhão de dólares em áreas verdes e 345 milhões de dólares na expansão da capacidade das estações de tratamento de esgoto.

Com o tempo, a Filadélfia quase certamente terá um retorno positivo de seu investimento em infraestrutura verde. Esse retorno inclui todos os benefícios econômicos, sociais e ambientais do plano, além das ações que serão evitadas – emissões de poluentes oriundas da construção e instalação da infraestrutura cinza, e do bombeamento e tratamento das águas pluviais. Uma análise das iniciativas da Filadélfia feita em 2009 concentra-se nos "benefícios adicionais": mais recreação nos canais da cidade, redução das mortes prematuras e do número de crises de asma provocadas pelo ar poluído e calor excessivo, valorização das propriedades próximas às áreas verdes, ecossistema enriquecido nas zonas úmidas restauradas ou criadas, redução da pobreza com a criação de empregos "verdes" e economia de energia graças à sombra, ao resfriamento e ao isolamento proporcionados pela vegetação. O estudo prevê que em quarenta anos o valor total da infraestrutura verde se aproximará dos 3 bilhões de dólares.

Nem todos adotaram a postura da Filadélfia. Washington, DC, por exemplo, começou a construir em 2011 um duto ao redor da cidade para resolver seus problemas com água da chuva, ao custo de quase 3 bilhões de dólares. E decidiu gastar uma ninharia, não mais que 10 milhões de dólares, para pesquisar soluções verdes.

A decisão de Washington é um desafio importante para a infraestrutura verde. Os exemplos de muitas cidades mostram que investir na natureza traz vantagens financeiras, ambientais e sociais, e mesmo assim são investidos anualmente 250 bilhões de dólares de capital privado em infraestrutura cinza. Em parte, isso acontece porque poucas agências governamentais e instituições financeiras se esforçam para estabelecer uma relação entre os benefícios da infraestrutura natural e o financiamento dos projetos. Para mudar isso é preciso uma criativa *expertise* financeira – que raramente é utilizada em projetos ambientais.

Capital natural

O capital privado necessário para a criação de infraestruturas verdes que terão grande impacto e alcance não virá até que os investidores se convençam, em seus próprios termos, de que vale a pena investir. Com esse objetivo, o NRDC, a TNC e o escritório de investimentos EKO Asset Management Partners criaram, em 2011, o NatLab, cujo objetivo é transferir para as soluções verdes uma parte substancial dos bilhões investidos anualmente pelo capital privado na infraestrutura tradicional.

A infraestrutura verde funciona. Qualquer cidade pode se tornar mais limpa e mais saudável, e ao mesmo tempo economizar, investindo na natureza. E isso vai muito além do problema com águas pluviais. O furacão Sandy obrigou as autoridades de Nova York e de outras cidades a pensar como as áreas alagadiças, os recifes e outras infraestruturas verdes estão envolvidas na prevenção dos efeitos da próxima grande enchente. E as mudanças climáticas praticamente garantem que outras virão.

Quase 3 bilhões a mais de pessoas viverão nas cidades em 2050. Atualmente, mais de quatro quintos dos norte-americanos vivem em cidades com 50.000 habitantes ou mais, e muitas delas, como Houston, no Texas, ou Jacksonville, na Flórida, avançam sobre a paisagem, engolindo fazendas e campos protegidos por fracas leis de zoneamento. Tudo que acontece nas cidades determinará o ritmo e a extensão das mudanças ambientais, local e globalmente. Mas essas mudanças não necessariamente significarão a ruína da natureza e dos ambientes naturais.

É essencial para a conservação urbana que pensemos em como serão as cidades daqui a várias décadas. Isso pode parecer contraditório, dada a urgência dos inúmeros desafios ambientais enfrentados por cidades como a Filadélfia. Não devemos subestimar o valor de medidas que geram retornos de curto prazo, como a iniciativa da Filadélfia, que farão a diferença de maneira quase imediata.

A conservação urbana não é isenta de riscos. O maior deles é que ela seja transformada em algo que as pessoas só apoiam quando são diretamente beneficiadas por ela. Se isso acontecesse, a conservação se tornaria uma versão muito mais frágil e estreita de si mesma. Temos a obrigação moral de colocar os interesses das criaturas que estão à mercê da espécie humana acima de nossos interesses mesquinhos. Não assumir essa obrigação seria uma grande perda para a conservação. Para que isso não aconteça, a conservação urbana terá que ampliar sua base de apoio não pregando o utilitarismo, mas expondo seus muitos benefícios. As cidades são uma oportunidade de demonstrar o valor da natureza em larga escala.

9

As empresas em defesa da natureza

Se trabalhar nas cidades deixa os ambientalistas se sentindo como estrangeiros, trabalhar junto às corporações multinacionais é ainda pior. Às vezes me pergunto por que as organizações ambientais deveriam colaborar com empresas como The Dow Chemical Company, Shell Oil ou a gigante da mineração Rio Tinto. Essas companhias deixam imensas pegadas ambientais – para que trabalhar com elas? E a resposta é sempre a mesma: por que não tentar? Quanto maior for a pegada, mais oportunidades terá a companhia de mudar seu comportamento e reduzir os impactos causados ao meio ambiente.

Um dos meus cientistas compara as corporações multinacionais às espécies-chave. Essas espécies têm um efeito desproporcionalmente grande em seus ecossistemas – como a pedra angular de um arco. Um bom exemplo são as lontras-do-mar do Pacífico. Esses animais têm um apetite voraz e consomem quantidades enormes de moluscos. Os pescadores disputam com elas haliotes, amêijoas e caranguejos. Mas, se as lontras forem caçadas e sua população diminuir, sua ausência causará um efeito cascata em todo o ecossistema. Os ouriços-do-mar – que as lontras também adoram comer – existem em grande número. Alimentam-se de algas, e, se as lontras não estiverem presentes para controlar as populações de ouriços, eles comerão toda a cobertura de algas até que não reste nenhuma. As algas, por sua vez, são um importante ambiente para peixes, mariscos e outros crustáceos. Então, se os pescadores pensam que serão beneficiados eliminando um concorrente em potencial, menos lontras significarão menos moluscos e menos crustáceos.

Seguindo a mesma lógica, algumas companhias servem a interesses semelhantes aos das espécies-chave. As madeireiras, por exemplo, manipulam grandes extensões de terra e suas ações transformam de forma radical paisagens inteiras. Afaste essas empresas ou mude o seu modo de trabalhar e os resultados serão completamente diferentes. Os ecologistas que cuidam das zonas de pesca, cerrados e florestas conhecem bem o papel das espécies-chave e criam planos de manejo para elas. Da mesma maneira, as organizações de conservação poderiam alcançar objetivos importantes trabalhando com corporações públicas como Plum Creek Timber, Dow ou BP, com empresas privadas como a gigante do agronegócio Cargill e a indiana Tata, e empresas estatais da China ao Brasil.

Em muitos lugares que os conservacionistas gostariam de proteger, a grande ameaça é a demanda humana por comida, energia, espaço e água. A indústria é o agente dessa demanda, exigindo a construção de mais estradas e outras infraestruturas, a expansão das áreas agricultáveis e a extração de mais minerais, petróleo e gás natural. Ignorar essas tendências seria um imenso risco para o planeta. Da mesma forma, simplesmente fazer vista grossa às empresas e a seus clientes talvez não seja uma boa estratégia.

E se, em vez de fazer vista grossa, os ambientalistas perguntassem "como"? Como as companhias poderiam mudar suas práticas para obter melhores resultados ambientais e financeiros? Como os governos poderiam criar incentivos para as companhias investirem e protegerem a natureza em vez de degradá-la? Perguntar *como* pode mudar a maneira de pensar de algumas pessoas e é uma diretriz que merece ser mais explorada.

É claro que alguns altos executivos apoiam superficialmente causas ambientais só para ter uma boa imagem perante o público – uma prática chamada *greenwashing* ["lavagem verde"]. Mas, num mundo cada vez mais transparente como o de hoje, essa prática é facilmente evitada. As chamadas organizações vigilantes ajudam muito: um julgamento crítico obriga todos a se comportarem da maneira honesta.

Embora a lavagem verde persista, a maior parte dos líderes empresariais entende cada vez mais que os principais fatores da ação ambiental são mais profundos do que um *marketing* bem-feito, a conformidade com a regulamentação e até mesmo o desejo de "fazer o que é certo". A sustentabilidade deixou de ser uma preocupação marginal para ocupar o centro das decisões empresariais. A conservação ajuda as empresas a administrar os riscos em suas cadeias de fornecimento, manter os preços baixos, identificar novas oportunidades de mercado e proteger os recursos essenciais de seu negócio. Da mesma maneira, funcionários e clientes dão preferência a empresas cujos valores se alinhem aos deles. E estratégias ambientais inteligentes são essenciais para esse alinhamento.

O fator decisivo é quando as companhias reconhecem que os serviços da natureza com os quais elas contavam e que até agora eram garantidos e recebidos gratuitamente, como água limpa e proteção contra alagamentos, não serão mais garantidos e muito menos gratuitos nos próximos anos.

Por exemplo, o presidente e diretor executivo da Dow, Andrew N. Liveris, desafiou a TNC a ajudar sua empresa a aplicar o conceito de capital natural nas suas operações e decisões de negócios. Ele e sua equipe queriam respostas para as seguintes perguntas, sempre focadas em *como*. Como as operações da Dow afetam os serviços da natureza e ao mesmo tempo dependem deles? Como os recursos naturais que geram esses serviços devem ser contabilizados no balanço patrimonial da empresa? Como é a vulnerabilidade desses serviços, e o que a Dow pode fazer a respeito – sozinha ou unindo-se aos acionistas para influenciar políticas voltadas para os recursos naturais? Como esses serviços beneficiam a comunidade? Como o envolvimento da Dow provocará um efeito cascata nas outras companhias? O projeto que tentará responder a essas perguntas, atualmente em curso e descrito mais adiante, é um exemplo promissor de como o conceito de capital natural pode ajudar a mudar a forma de se fazer negócios.

Colaboração não significa que as companhias devam esperar que os ambientalistas lhes deem passe livre. As empresas líderes que já estão no caminho da sustentabilidade ainda têm muito a percorrer. Algumas iniciativas honestas de colaboração entre ambientalistas e empresas certamente decepcionarão. Se isso acontecer, as histórias também deverão ser contadas.

Para que as empresas possam deixar grandes pegadas e influenciar o mercado é preciso tomar decisões melhores e entender que o valor da natureza tem potencial para gerar ganhos reais de conservação. Não é possível provar que essa postura funciona porque ainda é cedo. Mas já é hora de experimentar e ser muito cuidadoso com relação aos resultados.

Apostar a carreira em um pântano

Em 1996, a pressão regulatória sobre uma indústria química de Seadrift, no Texas, exigiu que o tratamento da água em suas instalações fosse melhorado. Os engenheiros costumam projetar essas operações de forma convencional. A primeira, a segunda e a terceira opções sempre envolvem despejar grandes quantidades de concreto. Em Seadrift, a companhia decidiu construir uma estação de tratamento de água ao custo de 40 milhões de dólares.

Mas um dos engenheiros teve outra ideia. Talvez ele soubesse que Nova York tinha economizado milhões em tratamento de água; talvez estivesse a par da literatura acadêmica sobre infraestrutura verde; ou talvez fosse mais inteligente. Não importa. Esse engenheiro deu um passo corajoso e arriscou sua carreira numa solução não convencional: construir um pântano.

As empresas em defesa da natureza

Em vez de despejar concreto, a companhia construiu um pântano perto da fábrica. Os colegas do engenheiro provavelmente acharam que ele estava maluco. Mas, em vez de gastar 40 milhões de dólares em um sistema de tratamento convencional, a empresa gastou 1,4 milhão em um sistema não convencional. Hoje o pântano trata 19 milhões de litros de água por dia, atende aos padrões regulatórios e – um bônus para a natureza – abriga uma grande variedade de animais.

Os princípios básicos aqui são conhecidos: considere o valor da estrutura verde e o da cinza e invista no que for melhor. Mas há duas grandes diferenças. A primeira é a companhia em questão. Ela não é uma fabricante qualquer de produtos químicos: a fábrica de Seadrift pertence à Dow, a segunda maior fabricante de produtos químicos do mundo, que opera em mais de 160 países e vendeu 60 bilhões de dólares em 2011.

A segunda diferença é que a administração da fábrica não baseou a decisão do projeto em uma lei ou regulamentação; ou no desejo de evitar um risco qualquer, como alagamentos; ou porque a companhia dependia de um determinado recurso, por exemplo, a água; ou porque queria passar uma boa imagem. Foi só porque a proposta do engenheiro parecia ser um bom negócio. As opções foram pesadas, os prós e os contras foram examinados e eles decidiram investir na natureza.

As consequências dessa decisão são muito simples. Os produtos da Dow, presentes em toda parte, mas não à vista do consumidor, são ingredientes de tudo, de materiais de construção a ração de animais domésticos. As instalações da Dow consomem volumes imensos de água, de modo que ela possui muitas terras ao longo dos rios e no litoral. A companhia produz dezenas de produtos que seriam tóxicos ou prejudiciais às pessoas e ao meio ambiente se fossem descartados ou vazassem acidentalmente.

Resumindo, a Dow tem uma enorme pegada ambiental. Tem também imensa participação no mercado e é uma marca internacional. Esses fatores, combinados, fazem da Dow um promissor parceiro da conservação. As empresas prestam atenção umas nas outras, em especial em suas concorrentes nos setores industriais. Se uma grande companhia reconhecida internacionalmente como a Dow muda seu comportamento ambiental e em consequência disso seus negócios melhoram, é bem provável que seja seguida por outras.

As corporações se beneficiam quando reconhecem que dependem da natureza. Muitas das mais inovadoras, entre elas 3M, DuPont, General Mills, Caterpillar e Dow, sabem disso. A profunda mudança de perspectiva envolvida não deve ser subestimada; é fundamental. Muitas gerações de economistas partiram do princípio que os fabricantes podiam usar quanto capital natural quisessem, desde que a economia gerasse capital produzido pelo homem suficiente para repô-lo. Quando a escala da atividade econômica era pequena se comparada à escala global, esse pressuposto era viável; agora não é mais.

As companhias estão entendendo essa dinâmica e enxergando oportunidades de novos produtos e mercados. Essa visão mais clara da importância da natureza para os negócios aponta também para a diminuição dos riscos ambientais, legais e sociais. Mas o mais importante é que as melhores recompensas virão quando as corporações incluírem o valor da natureza em todas as suas decisões de negócios. Então, os bilhões de dólares investidos na atividade econômica se voltarão para a conservação da natureza e não para a sua destruição.

Corporações responsáveis

É profunda a desconfiança da comunidade ambientalista em relação às corporações multinacionais. Muitas delas têm um longo histórico de desrespeito à saúde pública e ambiental. Segundo alguns ambientalistas, esse histórico é definitivo: quem polui uma vez polui sempre.

A história toda não é tão clara, mas um fato foi dolorosamente óbvio. Em 1989, o navio *Exxon Valdez* encalhou em Prince William Sound, no Alasca, e derramou pelo menos 40 milhões de litros de petróleo. Seis meses após o vazamento, um grupo de investidores, fundos públicos de

As empresas em defesa da natureza

pensão, organizações não governamentais, fundações, organizações de interesse público e sindicatos profissionais criaram a Coalizão de Economias Ambientalmente Responsáveis (Coalition for Environmentally Responsible Economies, Ceres). Sua primeira tarefa foi estabelecer os princípios da conduta ambiental corporativa, como proteção à biosfera, uso sustentável de recursos e restauração ambiental. Foi a primeira grande iniciativa pública para que as corporações assumissem o compromisso de comunicar e reduzir os impactos ambientais causados por elas.

Um empresário viu uma oportunidade de mudança real. Em 1990, o industrial suíço Stephan Schmidheiny criou o Conselho Empresarial Mundial para o Desenvolvimento Sustentável (World Business Council for Susteinable Development, WBCSD). Os preparativos para a primeira conferência mundial do meio ambiente, que seria realizada no Rio de Janeiro em junho de 1992, já estavam em andamento. Com a intenção de que os líderes mundiais presentes no evento ouvissem a comunidade empresarial, participavam do conselho presidentes executivos de 48 grandes corporações, entre elas Royal Dutch Shell, Chevron, DuPont e Dow.

As negociações dos tratados que os governos esperavam assinar na Conferência da Terra ou ECO-92 (o nome oficial era Conferência sobre Meio Ambiente e Desenvolvimento das Nações Unidas) envolviam milhares de pessoas de agências governamentais, de organizações não governamentais, do mundo acadêmico e de empresas. A intenção dos governos nacionais de obter vantagens econômicas vinculando compromissos com a mudança climática, a conservação da biodiversidade e a desertificação ganhou a atenção dos líderes empresariais. Muitas empresas que faziam parte do conselho e de outros grupos semelhantes provavelmente estavam mais interessadas nas vantagens que obteriam se fossem vistas como verdes. Sem dúvida, algumas resistiram a fazer mudanças radicais em suas operações e tentaram convencer na base da retórica. Em meados da década de 1990, nem a mais comprometida delas reconhecia plenamente o valor da natureza para seus negócios. Algumas tentaram evitar a regulamentação; outras valorizaram a natureza em contextos específicos, como a Coca-Cola hoje valoriza a água.

Os Princípios Ceres, o Conselho Empresarial Mundial para o Desenvolvimento Sustentável e a Conferência da Terra catalisaram o novo pensamento sobre a relação entre negócios e meio ambiente. Atitudes internas e externas em companhias como Dow, DuPont e SC Johnson começaram a mudar.

A boa-nova se espalhou e, no final dos anos 1990, outras companhias reconheciam o impacto que o mundo empresarial causa ao meio ambiente. Um grande movimento começou a ganhar força no interior do que é chamado Responsabilidade Social Corporativa. Numa iniciativa anterior, em 1990, o Fundo de Defesa Ambiental juntou-se ao McDonald's para reduzir os resíduos sólidos da empresa – campanha bem-sucedida que decretou o fim das embalagens fechadas de poliestireno, uma das razões pelas quais os restaurantes de *fast-food* passaram a usar embalagens de papel para seus sanduíches e a incentivar o uso de materiais recicláveis.

A demanda pública pela maior transparência das ações das empresas que afetam o meio ambiente cresce tão rápido que companhias e ONGs produziram pilhas de relatórios. Os investidores esquadrinham esses relatórios em busca de sugestões sobre o futuro das suas empresas e os riscos que poderão correr se faltarem recursos e materiais necessários, acontecerem desastres naturais e outros casos similares.

Um saqueador em recuperação

A explosão dos relatórios de sustentabilidade deu credibilidade institucional às empresas e ajudou investidores, regulamentadores, companhias e a vigilância pública a avaliar os progressos de uma economia mais sustentável. Entretanto, essas iniciativas acontecem longe da vista do grande público. Quanto à penetração delas na mídia, limitam-se aos logotipos corporativos em um *press release* ou a um *site*.

Coube, quase por acaso, a um tranquilo executivo da Geórgia dar substância às promessas corporativas de mudar seu comportamento ambiental. O líder mais visível e visionário desse novo foco da comunidade empresarial foi Ray Anderson, presidente executivo da Interface, o maior fabricante do mundo de revestimentos para pisos.

Em 1994, aos 60 anos, Anderson comandava sua empresa havia mais de vinte. Segundo ele próprio, só se lembrou do meio ambiente quando as regulamentações do governo o obrigaram. Nesse mesmo ano leu *The Ecology of Commerce* [A ecologia do comércio], escrito pelo líder empresarial Paul Hawken. Hawken critica as irrisórias iniciativas ambientais por parte das companhias, a dele inclusive, a firma de jardinagem Smith & Hawken. E escreve que, enquanto os ecossistemas se deterioram, as pessoas continuam se apropriando dos imensos benefícios concedidos pela natureza:

> Como os negócios em suas inúmeras formas são os principais responsáveis por esse saque, melhor seria que um número maior de empresas se perguntasse como conduzi-los honrosamente nos últimos dias do industrialismo e no começo de uma nova era ecológica.

Anderson descreveu a leitura do livro de Hawken como "uma facada no peito" que o fez chorar. Ele responsabiliza o mundo dos negócios e a indústria pelo descalabro ambiental, mas afirma que as companhias são uma força poderosa de mudança para melhor. Desse momento em diante, Anderson passou a descrever a si mesmo como um "saqueador em recuperação" e decidiu mudar a própria empresa – e, por extensão, as outras.

A Interface estabeleceu uma meta corajosa: zero desperdício, zero impacto e zero pegada até 2020. O que ele chamou de "Missão Zero", Anderson explica, significava "operar nossa companhia petróleo-intensiva de forma a extrair da terra só o que puder ser renovado natural e rapidamente pela terra, sem extrair uma gota de petróleo, sem prejudicar a biosfera. Não tirar nada. Não prejudicar nada".

Esse tipo de mudança reinventa os processos industriais desde o início. É, nas palavras do arquiteto e designer William McDonough e do químico

Michel Braungart, "refazer o caminho já percorrido". Isso sugere a redução do tamanho das empresas e da economia – uma revolução que está muito mais próxima hoje do que imaginaríamos dez anos atrás.

Um elemento do modelo de sete pontos de sustentabilidade de Anderson para a sua Interface é o foco nos "serviços oferecidos por seus produtos, e não nos produtos propriamente ditos". Ele desenvolveu uma placa de carpete que podia ser recolhida quando estivesse desgastada e usada para fabricar uma placa nova. Isso não é simplesmente reciclar, que em geral significa criar um produto de qualidade inferior, como o papel-jornal feito de jornal impresso, mas um ciclo fechado que dispensa materiais adicionais.

Imaginar uma companhia fabricante de revestimentos para pisos oferecendo serviços – cobrir o seu piso – e não um produto que acabaria em um aterro sanitário foi um grande salto dez anos atrás, mas outros seguiram o exemplo. As empresas modernas não veem mais os bens materiais como fins em si mesmos; preferem ganhar dinheiro ajudando os consumidores a alcançar seus objetivos com menos produtos. A ideia de separar o retorno da empresa de seu *input* material faz parte de um empreendimento maior para criar uma economia "circular": o sistema industrial que reutiliza materiais, elimina descartes e reduz o uso de produtos tóxicos.

Assim como a Interface, a Xerox também tem um programa agressivo para os consumidores usarem menos seus produtos, no caso, papel e máquinas copiadoras. O escritor e consultor Andrew Winston chama essa nova forma de fazer negócio de "grande heresia". Nesse sentido, parece ser uma estratégia contraintuitiva. Mas a Xerox sabe que, de uma forma ou de outra, seus clientes serão mais eficientes e usarão menos recursos.

Outra evidência de que as empresas estão reconhecendo o valor dos recursos e outros desafios ambientais é o número crescente de especialistas em sustentabilidade. Se no passado esses cargos apenas impressionavam, mas tinham pouca influência real dentro da empresa, agora o cenário mudou. Os especialistas em sustentabilidade em companhias como Walmart, Unilever e Coca-Cola trabalham junto a seus presidentes e são responsáveis pelas iniciativas corporativas para mudar o jogo. Além disso, o trabalho deles ganhou credibilidade comercial dentro da empresa. O presidente executivo do Goldman Sachs, Henry M. Paulson, convidou-me para chefiar os programas ambientais da sua empresa devido ao meu trabalho no banco, e não pelos meus registros ambientais. Muhtar Kent, da Coca-Cola, escolheu Beatrice Perez para chefiar a área de sustentabilidade graças à sua bem-sucedida trajetória no *marketing* da companhia. Hoje, o conceito de sustentabilidade corporativa é dominante. Um artigo no *Harvard Business Review* de 2009 descreve sustentabilidade como um fator de inovação em termos que até pouco tempo atrás não se ouvia nos círculos empresariais:

> [O] atual sistema econômico pressionou demais o planeta para suprir as necessidades de apenas um quarto das pessoas que nele vivem, mas daqui a dez anos o dobro dessa fração serão consumidores e produtores. A visão tradicional dos negócios entrará em colapso e as companhias terão que desenvolver soluções inovadoras.

Essa linguagem não pertence ao ambientalismo marginal, mas à voz ponderada do sistema empresarial. O veredicto é claro: sustentabilidade e lucratividade caminham juntas.

Alguns céticos argumentam que adotar políticas sociais e ambientais pode ferir o resultado dos negócios, embora muitos estudos concluam o oposto. Um desses estudos acompanhou empresas durante dezoito anos e concluiu que aquelas cujas políticas de sustentabilidade eram mais fortes tinham um desempenho muito superior, fosse medido pelo valor das ações ou pela lucratividade. Os autores do estudo, Robert G. Eccles e George Serafeim, da Harvard Business School, e Ioannis Ioannou, da London Business School, escreveram:

> A ausência de uma cultura de sustentabilidade rapidamente vem se tornando um fator de desvantagem competitiva. Não existe mais discussão sobre sustentabilidade. Ela é a chave para gerar valores a longo prazo aos acionistas atuais e os que ainda virão, e garantir a sustentabilidade da própria empresa.

"The Millennium Assessment"

As bases desta nova forma de pensar a sustentabilidade corporativa foram estabelecidas em 2005 com o lançamento do pioneiro Avaliação Ecossistêmica do Milênio (Millennium Ecosystem Assessment, MA). Sua influência foi grande, por exemplo, no Golden Sachs, em suas primeiras incursões ambientais quando eu ainda trabalhava lá. O estudo traz sólidas evidências que embasam nossa hipótese de que a natureza é um ativo essencial para os negócios. Walt Reid, coordenador do estudo, era conselheiro do Goldman Sachs quando começamos a formular nossos planos ambientais.

O MA foi uma ambiciosa iniciativa para avaliar a degradação dos ecossistemas do planeta e o consequente impacto sobre o bem-estar humano. Foi a primeira iniciativa global para aplicar o enfoque econômico ao valor da biodiversidade e aos vários serviços oferecidos pela natureza.

O principal resultado do estudo foi perturbador: em todo o mundo o homem degrada ou usa dois terços do capital natural. Isso inclui a infraestrutura verde que supre nossas necessidades básicas, como água potável, solo arável, zonas de pesca produtivas, ar e água limpos, assim como o controle do clima regional e local, desastres naturais e pragas.

A grande influência do MA sobre governos e empresas deu origem a inúmeros estudos. Um deles em particular utilizou as ideias dessa avaliação para convencer as companhias sobre a importância de valorizar a natureza. Foi o estudo de Economia dos Ecossistemas e da Biodiversidade (The Economics of Ecosystems and Biodiversity, Teeb), conduzido pelo Programa das Nações Unidas para o Meio Ambiente (Pnuma), quando ministros do meio ambiente de economias líderes e emergentes do mundo todo concordaram em começar um processo de análise dos custos e benefícios da diversidade biológica e sua conservação.

O Teeb forneceu o arcabouço teórico e empírico para a avaliação desses benefícios e custos. O estudo também incluiu uma análise econômica dos fatores que afetam os ecossistemas e a diversidade biológica – um passo importante, dadas as novas evidências de degradação ambiental e seu impacto potencial sobre o bem-estar humano. O Teeb Report endossa a ideia de que a conservação é prioridade-chave das empresas.

A análise feita pelo Teeb reforça o MA. Os dois juntos mostram que indivíduos, empresas e governos podem reconhecer os valores da natureza, investir na natureza de forma inteligente e saber quando é ou não adequado apropriar-se desses valores em benefício do homem. Tanto um quanto o outro são ferramentas para se repensar os pressupostos econômicos que levam as pessoas a ignorar – às vezes intencionalmente, mas na maior parte das vezes por necessidade ou ignorância – a nossa dependência da natureza.

As iniciativas da Dow para valorizar a natureza

A evolução da posição da Dow perante essas questões prova que o mundo corporativo já caminhou muito. Em 1995, a companhia definiu pela primeira vez suas metas ambientais para os dez anos seguintes, que, apesar de serem admiráveis em muitos aspectos, olhavam principalmente para dentro e se concentravam em melhorar o próprio desempenho em relação ao meio ambiente, à segurança e à saúde. Nada disso surpreende. Foi um passo importante, mas não um salto revolucionário do tipo do que foi dado por Ray Anderson.

Nas novas metas dos dez anos estabelecidas em 2005, a Dow começou a olhar além de seus muros em busca de soluções para problemas que extrapolavam sua própria segurança e seus registros ambientais. Em 2010, no meio do caminho de suas metas para os próximos dez anos ainda em curso, Andrew Liveris pediu a Neil Hawkins, o engenheiro que hoje é vice--presidente de iniciativas sustentáveis, que revisse as metas e identificasse suas maiores falhas. Como se sabe que a ousadia de um diretor corporativo acaba resultando em mudanças importantes, Hawkins chegou à conclusão de que a companhia, cuja ética de conservação em torno de suas instalações já impressionava, ainda não tinha extrapolado seus próprios interesses para que o valor declarado de proteger o planeta ganhasse um aspecto palpável.

Foi um momento crucial para Hawkins e a Dow. Como a companhia deveria ir além e embutir os valores ambientais nas suas novas decisões? Para uma empresa desse porte, as evidências científicas sobre o valor da natureza devem ser claras e os argumentos econômicos, convincentes. Entretanto, a evidência e os argumentos não se sustentam até que sirvam de base para ferramentas, estratégias e políticas de negócios que possam ser úteis. Esse desafio não é só da Dow, mas de outras corporações e da comunidade de conservação.

Para onde vai o Brazos?

A Dow Chemical nasceu em Michigan e lá estão seus escritórios. Porém, o centro de suas operações globais fica no Texas, e o sucesso delas depende, num grau considerável, de um único recurso: a água do rio Brazos.

O rio Brazos nasce no centro-norte do Texas, pouco mais de 300 quilômetros a noroeste de Dallas. De lá, segue para Oklahoma, ao norte, antes de retornar ao golfo do México. Com quase 1.300 quilômetros de extensão, é o maior rio do Texas. E talvez seja o mais ameaçado.

Teme-se pelo destino do rio Brazos desde a década de 1950, quando o estado e o Usace começaram a planejar a construção de uma sequência de nove represas no espaço de trinta anos. Em 1957, o autor John Graves percorreu um trecho do Brazos em uma canoa e escreveu seu elegíaco *Goodbye to a River* [Adeus a um rio], temendo que as represas desfigurassem o rio completamente.

Apenas uma represa foi construída, mas a preocupação com o rio só aumentou. A cidade de Houston não para de crescer e demanda quantidades cada vez maiores da água do Brazos. Outras cidades também usam a mesma água. As plantações de algodão e arroz – culturas que consomem muita água e são mantidas por pesados subsídios – e inúmeras instalações industriais também solicitam a água do rio. Ironicamente, um dos mais antigos detentores do direito à água é o que está mais distante da nascente do rio. Uma das primeiras e maiores instalações da Dow situa-se precisamente onde o Brazos entra no golfo, próximo à cidade de Freeport.

As empresas em defesa da natureza

A Dow começou a construir seu complexo de Freeport em 1940. A localização era perfeita: perto do rio, próxima de uma linda baía com reservas de gás natural e cúpulas salinas por perto. A fábrica de Freeport tem hoje 65 unidades de produção espalhadas por 7.000 acres e emprega cerca de 8.000 funcionários. Freeport responde por mais de um quinto da produção total da Dow.

Freeport cresceu paralelamente ao seu apetite por água potável – 283.000 litros por minuto. Mas o antigo direito de uso da água do Brazos que a Dow possui nada significa se o rio tiver pouca água quando passa por Freeport. Não é um temor infundado: o Brazos quase secou durante a terrível estiagem no Texas em 2010-11. As mudanças climáticas podem provocar estiagens ainda piores nos próximos anos, além de tempestades cada vez mais fortes no golfo do México.

Hoje, a Dow reconhece que é preciso cuidar da paisagem como um todo, de Freeport e de todas as suas operações. A água é vital para Freeport e a cidade é vital para a companhia, portanto, o futuro do Brazos é, sem dúvida, a principal preocupação. Mas resolver só esse problema não basta: a empresa precisa saber como contabilizar o valor dessa água e de toda a natureza.

A Dow não precisa ir além da sua própria história para encontrar um modelo de como contabilizar a natureza. Há muito tempo a segurança do trabalhador é prioridade máxima da empresa, cujos funcionários são alertados diariamente com programas de treinamento e reforço constantes, desde o mais humilde operário até os altos executivos. Nisso a companhia se saiu muito bem. Uma piada circula em Midland, Michigan, onde a Dow tem seus escritórios: você sabe quem são os funcionários da Dow porque eles cortam grama usando protetores auriculares e óculos de segurança. O foco na segurança é tão difundido que até os que visitam as instalações da fábrica se sentem mal se subirem as escadas sem segurar no corrimão.

Pode-se imaginar, então, que a proteção à natureza estará profundamente incorporada à cultura corporativa e será a sua principal caracte-

205

rística. Em 2011 a Dow foi a primeira companhia do *ranking* Fortune 50 a definir um programa de base ampla para atingir essa meta, por meio de uma parceria de cinco anos com a TNC. Essa colaboração implica investigar os vínculos entre as operações corporativas e o meio ambiente, e o objetivo da Dow é valorizar a natureza e seus serviços em tudo que faz. Com o auxílio de cientistas e economistas da conservação, a empresa pretende incorporar o valor da natureza também em suas estratégias e objetivos, e criar ferramentas para que outras companhias façam o mesmo.

Em suma, a ideia é transformar em rotina de trabalho o que os diretores das instalações de Seadrift fizeram. Eles trabalharam para afastar o heroísmo do processo e passaram a considerar o meio ambiente como parte rotineira das decisões sobre onde construir novas fábricas, como usar a terra e água, e como essas decisões afetarão outras comunidades, humanas e naturais.

Grupos como a TNC não pretendem ser escritórios de consultoria para o mundo corporativo, e sim mostrar as possibilidades que se apresentam quando empresas líderes estabelecem metas ambientais ambiciosas. Então, quando a Dow incorpora o valor da natureza nas suas decisões de negócios, ou quando a Coca-Cola investe na proteção das nascentes, ou quando a Rio Tinto compensa o impacto causado pelas minas criando áreas protegidas, conservação e empresas, juntas, indicam um caminho novo e muito melhor para seguir em frente.

A hipótese comprovável é: quando as empresas puderem contabilizar a grande variedade de serviços que dependem da natureza, verão que é vantajoso investir nos bens naturais geradores desses serviços. Um cálculo simples as ajudaria a mudar suas práticas para favorecer a natureza. E essas mudanças se refletiriam em todas as indústrias. Isso é novidade. Umas quatrocentas empresas do *ranking* Fortune 500 publicam relatórios de sustentabilidade, mas nenhum deles se refere especificamente aos serviços da natureza na linguagem de um diretor financeiro. Muitas se comprometeram a reduzir e mesmo a atenuar e neutralizar os impactos causados à natureza – sem dúvida, um progresso interessante –, mas ninguém sabe como incorporar de maneira abrangente a natureza em suas decisões empresariais.

Para que o valor da natureza faça parte do mundo dos negócios é preciso realizar mudanças estratégicas e culturais em cada companhia. A transformação vai desde desenvolver novos negócios e novas metas de sustentabilidade, identificar que tipos de decisão devem ser incluídos na valorização da natureza, até especificar os fatores que a diretoria financeira e os altos executivos devem levar em conta na avaliação dos novos sítios, na mudança de sítios e nos novos produtos e serviços. As empresas precisam parar de indagar por que a natureza é tão importante para os negócios e fazer perguntas mais práticas sobre como suas metas e processos devem mudar.

Freeport

O foco inicial da colaboração entre a TNC e a Dow está na fábrica de Freeport. É lá que a empresa e os cientistas da conservação analisam os negócios da companhia e o trabalho no interior de uma fábrica cujos métodos operacionais foram implantados há muito tempo. Na primeira vez em que os engenheiros da Dow se sentaram com os ecologistas e outros especialistas, ninguém se entendeu. Será um trabalho contínuo ao longo dos cinco anos de colaboração. Haverá outros pilotos, inclusive um no Brasil. A ideia é estudar vários modelos de negócios, cadeias de fornecimento e outros aspectos da indústria para fazer uma análise abrangente.

O maior desafio será atribuir um valor em dólar aos bens e serviços que a Dow extrai da natureza. Para começar, a empresa está voltada para três aspectos do capital natural em Freeport: o rio Brazos, os pântanos e as áreas alagadiças da costa, e as florestas de Columbia Bottomlands.

No rio Brazos a matemática é relativamente fácil: a demanda por água está aumentando, e o fornecimento, diminuindo. A Dow perderia milhões se tivesse que fechar suas instalações em Freeport por falta de água. Mas equações tão simples escondem muita complexidade. Por exemplo, o que exatamente está causando uma queda prematura no fornecimento de água? Os dados e os modelos climáticos não são promissores. A demanda humana por água deve continuar crescendo e é provável que a mudança climática não traga só estiagem, mas chuvas e inundações catastróficas.

A quantidade de água também não é a única preocupação. Sua qualidade, particularmente a salinidade, é outra questão preocupante para a Dow. Água salgada e equipamento de fábrica não se misturam. A água salgada tem que ser tratada antes do uso, e o tratamento aumenta os custos. Nos períodos de seca e com o rio abaixo do nível, a água salgada que vem do golfo do México avança sobre o rio Brazos por mais de 60 quilômetros. Como a maior reserva de água da empresa está a 70 quilômetros no Harris Reservoir, a "cunha salina" fica incomodamente próxima.

Uma vez que a Dow reconhece o valor da água para seus negócios, esse reconhecimento a orienta sobre quanto investir para garantir o futuro fornecimento. Não muito tempo atrás, uma empresa como a Dow enfrentaria um desafio como esse com força bruta: contrataria engenheiros e construiria novas tubulações, outro reservatório, outra represa. Mas hoje ela entende a necessidade de pensar grande, que a água é mais do que um mero componente da produção e que suas operações devem ser colocadas em um contexto mais amplo.

Os cientistas que trabalham na Dow fazem previsões diárias de alterações no fluxo da água do rio Brazos conforme os vários cenários climáticos. No momento, isso é especialmente importante. A severa seca no Texas enviou uma mensagem clara que resultou em um plano inovador, em âmbito estadual, para cinquenta anos de água. Poucos estados têm sido tão agressivos na coordenação do uso e da conservação da água em grandes regiões. O processo vai ajudar a Dow e outros usuários do rio Brazos a determinar onde é possível aumentar a reserva de água na bacia. Assim como as cidades do sul da Califórnia pagam aos fazendeiros para economizar água, empresas como a Dow terão que encontrar justificativas mais eficazes em termos de custos para que fazendeiros e comunidades situadas rio acima mudem a sua relação com a água. A empresa também pode optar por investir em uma estrutura verde, um pântano, por exemplo. Os métodos aqui propostos poderiam ser aplicados em outras bacias hidrográficas para analisar a escassez da água perante a mudança climática e o aumento da demanda.

A situação do Brazos levanta ainda outra questão. De certa forma, a água é o recurso mais fácil de ser abordado, porque tem benefícios evidentes para a empresa privada. É fácil convencer companhias que só pensam em si mesmas a investir na conservação da água. Mas esta representa apenas uma estreita fatia dos valores da natureza. A TNC e a Dow estão tentando avaliar toda a gama de benefícios que a natureza oferece ao público. Alguns desses valores talvez não sejam tão claros quanto a água ou a madeira, mas podem afetar a posição da empresa indiretamente, definindo sua reputação e a relação com as comunidades locais e até seus efeitos sobre os funcionários que vivem na região. Os valores da natureza são todos importantes. O desafio agora é ter dados e ferramentas que as empresas possam usar como fatores de suas decisões, paralelamente aos custos e benefícios mais tradicionais.

As florestas, os pântanos e as empresas

O inevitável crescimento de Houston e seus subúrbios representa muito mais que um risco para o rio Brazos. Os moradores dependem dos carros para se locomover. Acrescente-se a isso todas as usinas elétricas movidas a queima de carvão mais a indústria pesada nos arredores da cidade e teremos todos os ingredientes para um ar altamente poluído. Não surpreende que desde 1979 Houston exceda com frequência os níveis de poluição minimamente aceitáveis pela Lei do Ar Limpo.

O ozônio ao nível do solo provoca problemas respiratórios e destrói árvores e vegetação (na atmosfera, ele bloqueia a radiação ultravioleta, mas isso é outra história). Durante anos, a EPA trabalhou junto ao governo estadual para reduzir os níveis de ozônio em oito condados ao redor de

Houston, entre eles o de Brazoria, onde está Freeport. Mas em 2012, após trinta anos de tentativas, a região ainda excedia os limites legais de ozônio.

Após inúmeras batalhas judiciais e disputas regulatórias, a agência finalmente ameaçou as grandes indústrias, a Dow inclusive, com pesadas multas. Essa ação reforça a questão de que o valor da natureza não diz respeito só a empresas e organizações de conservação; o governo tem o papel de elaborar políticas que ofereçam incentivos à Dow e outras companhias a fazer sua parte e, se necessário, aplicar punições.

Um jeito de resolver a situação seria plantar árvores. Freeport era cercada por milhares de quilômetros quadrados de florestas inundáveis, as chamadas Columbia Bottomlands. Cerca de 75 por cento da floresta foi engolida pelo desenvolvimento, e grande parte do que restou está protegida por dois parques nacionais – San Bernard a oeste da cidade, e Brazoria definindo a fronteira a leste.

Plantar algumas espécies de árvores naturais de Columbia Bottomlands traria evidentes benefícios de conservação. A floresta é um importante ambiente de pássaros migratórios e muitas outras espécies. Do ponto de vista das indústrias, o maior benefício é a quantidade de poluição que as árvores retiram do ar.

A EPA considera o plantio de árvores uma medida que os estados deveriam tomar para reduzir o ozônio. Mas, como nenhum deles fez isso, muitas questões continuam sem resposta. Para a Dow, o fator central desconhecido é se os benefícios do plantio de árvores podem ser medidos em dólares. Se o plantio em larga escala tiver efeito mensurável na qualidade do ar da região, o valor que a Dow teria que desembolsar para cumprir suas obrigações ambientais poderia ser menor. Os conservacionistas, por sua vez, querem saber que outros benefícios as árvores oferecem em termos de meio ambiente, se elas retardarão as mudanças climáticas por absorverem carbono, e assim por diante.

Enquanto cientistas e economistas analisam os detalhes, os resultados demostram que o plantio de árvores pode ser uma nova e eficiente estratégia empresarial. Se a conservação usar um argumento como esse, despertará mais interesse das indústrias dentro e fora do Texas. Se a Dow tiver um bom projeto para reduzir as emissões, ela abrirá caminho para outros semelhantes e melhorará substancialmente a qualidade do ar na região. Se o reflorestamento custar menos ou o mesmo que as opções típicas da engenharia, a Dow e outras empresas sem dúvida o incluirão em suas estratégias. A metodologia e os resultados serão acessíveis a todos, e outros estados e indústrias considerarão o reflorestamento como parte essencial de seus negócios.

Os dois refúgios de vida selvagem que cercam as instalações da Dow em Freeport abrigam mais do que as últimas espécies remanescentes das florestas de Columbia Bottomlands. Grande parte deles consiste em pântanos que se estendem até o golfo, hábitats de pássaros e viveiros de peixes e camarões. Esses pântanos são importantes para mitigar os estragos causados pelas altas ondas levadas por tempestades e por inundações. Considerando-se que o Texas é atingido com frequência por furacões e tempestades tropicais – dez ocorrências diretas desde o ano 2000 – e é muito vulnerável ao avanço do mar, os pântanos são valiosos para a Dow.

Mas até hoje a companhia não calculou a importância de um pântano saudável, intacto, na redução dos danos causados pelas tempestades, e continua dando preferência às típicas soluções construídas pelo homem, como diques e barreiras contra inundações. Para testar a hipótese de que a preservação ou a restauração desses ambientes litorâneos fazem sentido para a empresa e são benéficas para a conservação, a Dow e a TNC estão desenvolvendo métodos para avaliar soluções de infraestrutura verde paralelamente à cinza em projetos de redução dos riscos naturais na costa.

Mensurar o valor dos pântanos em dólares será tão difícil quanto mensurar o valor das florestas no controle da poluição. Previsivelmente, a Dow não considera a contribuição positiva dos pântanos como uma parte viva e dinâmica do meio ambiente. Pior ainda, o modelo de seguro contra inundações vê o pântano da mesma forma como vê um pátio de estacionamento.

As pessoas responsáveis por tomar certas decisões, como construir ou não um determinado dique na frente de uma determinada fábrica para suportar uma determinada tempestade, precisam se sentir tão à vontade com dados ruidosos sobre a performance e a confiabilidade do pântano quanto se sentem hoje com planilhas limpas e planos de projeto preenchidos com mão de obra, materiais e seguro. Se não alcançarem esse nível de familiaridade, estarão se arriscando a construir instalações caríssimas – quando a natureza poderia fazer o mesmo trabalho tão bem ou melhor – e até a criar um projeto ruim de sistemas de diques, por desconhecer que ambientes litorâneos saudáveis ajudam os diques a cumprir sua função.

A estratégia da Dow não está livre de riscos do ponto de vista da conservação. Depois de examinar os custos e benefícios de todas as opções e contabilizar os valores da natureza, a companhia pode decidir que uma solução-padrão da engenharia atende melhor a seus interesses. Não há garantia nenhuma. E, mesmo que várias decisões sejam contrárias aos interesses da conservação, levar em conta a natureza em todas as suas instalações é sem dúvida um passo importante da Dow na direção certa.

Alguns ambientalistas não estão dispostos a trabalhar com corporações como a Dow em projetos como esse. Mas isso também pode ser bom. Algumas dessas organizações – o Greenpeace ou a Rede de Combate pelas Florestas Tropicais (Rainforest Action Network, RAN), por exemplo – desempenham um papel fundamental de vigilantes ambientais. Os vigilantes estão atentos às colaborações como a que existe entre a TNC e a Dow para ter certeza de que os resultados serão genuinamente positivos. Se os projetos derem errado, se não houver transparência ou se as organizações ambientalistas forem ingênuas e cometerem erros, eles se manifestarão. Trata-se de um tipo de crítica extremamente positiva, porque resultará em estratégias melhores, ONGs mais bem informadas e iniciativas mais bem-sucedidas para proteger a natureza. No ecossistema maior que envolve o movimento ambiental há um papel construtivo para várias estratégias organizacionais.

Por exemplo, em 2009, o Greenpeace publicou um relatório com o título um tanto inflamado *Carbon Scam* [O golpe do carbono]. O relatório criticava um projeto de floresta de carbono na Bolívia que tinha sido conduzido pela TNC com o apoio da General Motors e da American Electric Power. A TNC celebrou as conquistas ambientais do acordo – e mais o fato de que, pela primeira vez, uma terceira parte independente tinha identificado os benefícios do carbono na proteção da floresta. O Greenpeace, porém, levantou algumas questões delicadas sobre se o projeto cumpriria os compromissos assumidos com a população local, que dependia da floresta para viver. O resultado do relatório do Greenpeace, quando as desconfianças iniciais foram superadas, foi um pensamento construtivo sobre o que deveria ser feito para que projetos semelhantes funcionassem ainda melhor no futuro.

Esse tipo de diálogo entre organizações ambientalistas – apesar das duras críticas – faz parte do movimento para impulsionar o progresso ambiental. Não deve desencorajar novas parcerias nem estratégias inovadoras. Os ambientalistas podem aproveitar plenamente as oportunidades que as parcerias com empresas inovadoras têm a oferecer.

Imagine se no futuro as corporações multinacionais negligenciarem a importância da natureza em seus empreendimentos – e não perceberem que seus investimentos serão solapados caso certos limites sejam invadidos e os ecossistemas acabem tão maltratados que a água deteriorada, os solos desgastados e o clima extremo resultem em um mundo hostil à produtividade dos negócios. Quem se interessa pelo mundo natural não pode permitir que isso aconteça.

Conclusão

O valor da natureza está em qualquer paisagem e em qualquer pessoa. Consideremos, por exemplo, um jovem notável cujo nome é Joshua Carrera.

Joshua Carrera chegou ao fundo do poço em 2005, aos 15 anos de idade. Ele morava no Bronx com a mãe e a irmã, mas a mãe perdeu o emprego por causa de uma lesão. O seguro-desemprego parou de ser concedido e eles tiveram que sair do apartamento em que moravam. A família foi parar em um abrigo público no setor de Bushwick, no Brooklyn.

Joshua não se interessava por questões ligadas ao meio ambiente, mas se matriculou em uma escola técnica de estudos ambientais em Manhattan, porque isso o afastaria do Brooklyn e a instituição oferecia bons cursos na área científica. A escola, a primeira de ensino médio do país com ênfase em ambientalismo, fundada em 1992, oferecia aos alunos uma coisa ainda mais atraente: a oportunidade de saírem todos de Nova York no verão para participar de um programa de treinamento da TNC chamado Líderes em Ação Ambientalista para o Futuro (Leaders in Environmental Action for the Future, Leaf).

Capital natural

A primeira vez que Joshua se inscreveu no programa, não conseguiu uma das poucas vagas disponíveis – outro verão no abrigo. Mas conseguiu no ano seguinte e foi para Vermont. Ele passou o verão arrancando ervas daninhas invasivas nas reservas naturais próximas ao lago Champlain. Andando pelo bosque naquele verão quente e úmido em Vermont, em contato direto com os cientistas da conservação que estudavam a reserva, Joshua se aproximou da natureza pela primeira vez. E também pela primeira vez estava morando sozinho em um dormitório do Green Mouyntain College, em Poultney. No final do verão, ele visitou a Universidade de Vermont, em Burlington, e gostou tanto do que viu que decidiu que estudaria lá.

Joshua foi aceito na universidade e se especializou em estudos ambientais e biologia da vida selvagem. Então se envolveu em programas de conservação em lugares mais distantes. Trabalhou como voluntário em uma reserva em Montana, e no verão de 2010 foi para o páramo equatoriano ajudar uma ONG local a localizar o gato-maracajá, uma espécie andina de felino selvagem. A mãe de Joshua nascera no Equador, mas ele tinha pouca ligação com suas raízes locais e a fantástica diversidade natural do país, que inclui as ilhas Galápagos. Hoje, Galápagos é o seu novo lar.

Tirar as crianças da cidade e levá-las para a natureza para conhecer o trabalho que é feito pelos cientistas produzirá mais estudantes de ciência do que qualquer outra intervenção. Isso é crucial, porque a sociedade tem dois desafios pela frente: a economia global depende cada vez mais de tecnologias sofisticadas e a necessidade de grandes inovações só aumentará nas próximas décadas. Haverá uma demanda crescente por trabalhadores treinados em ciência, matemática e engenharia. Ao mesmo tempo, a degradação ambiental continuará ameaçando os alicerces de economias modernas e tecnologicamente avançadas. Assim, as próximas gerações serão adeptas da tecnologia e estarão atentas ao meio ambiente.

Como nos mostra Joshua, as duas questões podem ser abordadas diretamente: tire as pessoas, em especial os jovens, da cidade e dê a elas uma oportunidade de entrar em contato com a natureza. A experiência prática e a ciência moderna garantem que será uma vivência transformadora.

A média nacional dos universitários que se especializam em ciências dos organismos vivos é 6 por cento e, destes, 82 por cento são brancos. Dos quinhentos melhores formados pelo programa Leaf, a média é 34 por cento, e 80 por cento não são brancos. Em todo o país, 70 por cento dos alunos que terminam o ensino médio vão direto para a faculdade; quanto aos alunos da Leaf, mais de 96 por cento vão para a faculdade. Não se pode atribuir todos esses resultados à natureza, mas não é uma coincidência: ela faz diferença. Tirar as crianças das ruas e envolvê-las com a natureza é produzir os estudiosos das ciências de que nossa sociedade precisa.

Biofilia

Os valores da natureza que Joshua Carrera absorveu em Bushwick também são encontrados em lugares mais prosaicos – por exemplo, nos anúncios de imóveis.

Quem quiser alugar um apartamento em Manhattan sabe que quanto mais próximo ele for do Central Park, mais caro será o aluguel. Todo corretor de imóveis e todo morador conhece esse padrão, que também serve para outras cidades: casas com vista para riachos e florestas custam mais que outras, e casas que ficam próximas de áreas protegidas de qualquer espécie são tão premiadas quanto as do Central Park West e da Fifth Avenue, uma das regiões mais valorizadas do mundo.

O efeito extrapola o preço dos imóveis. Quem está internado em um quarto de hospital com vista para árvores se recupera mais rápido que outros cuja janela dá para um muro – as enfermarias da Idade Média tinham jardins e áreas naturais de recuperação. Trata-se de um fenômeno difuso que tem raízes profundas em nossas culturas e em nosso interior. Mas o que são, exatamente, essas raízes? A resposta é compreender mais plenamente o valor da natureza.

Parte dessa explicação é dada pela biologia. Em 1984, E. O. Wilson criou o termo *biofilia* para descrever a nossa ligação inata e afetiva com outros seres vivos. Os seres humanos viveram durante milênios em florestas e savanas, pelo menos 100.000 gerações de evolução durante as quais os indivíduos passaram toda a sua vida na natureza – sensibilizando-se, reagindo e estimulando-se com as surpresas e contribuições sensoriais que só a natureza nos dá. Somente agora a maioria vive nas cidades. A humanidade não pode abandonar essa história evolucionária e presumir que se adaptará naturalmente a ambientes que, em termos planetários, só surgiram há pouquíssimo tempo.

Ao menos nesse sentido evolucionário, as cidades não são naturais. A certeza de que as pessoas progridem quando em contato com a natureza remonta aos romanos, que espalharam parques de caça por todo o império, ou mesmo antes. A ideia de que os humanos têm que assumir o papel de administradores ou, de forma menos prosaica, de jardineiros do planeta encontra eco no trabalho de muitas décadas dos planejadores paisagistas, a começar por Frederick Law Olmsted.

A vida de Olmsted e de Joshua Carrera expõe o extenso valor da natureza, ou como refúgio ou como fonte de inspiração e serviços concretos com os quais as pessoas contam diariamente. O valor inerente, espiritual, da natureza há muito tempo é o foco do moderno movimento de conservação e permanecerá vital. O equilíbrio entre as necessidades humanas e das outras espécies que vivem neste planeta, contudo, só será alcançado quando as pessoas aprenderem a valorizar a natureza em casa, no trabalho, nas cidades, e a dar importância ao que ela oferece toda vez que respiramos ar puro ou abrimos a torneira para beber um copo d'água.

Mais do que nunca, a conservação precisa não só diversificar os lugares onde atua, mas encontrar aliados em várias comunidades. Os diversificados participantes do Leaf contrastam claramente com os típicos apoiadores das organizações de conservação convencionais: brancos, bem-educa-

Conclusão

dos e ricos. A noção atual de conservação como algo que interessa apenas a um estreito segmento de elite da população é potencialmente devastadora.

O típico adepto da conservação costumava acampar e caminhar ao ar livre na juventude, e essa experiência o levou, depois de uma década ou mais, a apoiar as organizações de conservação. Mas a quantidade de pessoas que participa dessas atividades ao ar livre está diminuindo. A atividade ao ar livre não estruturada caiu pela metade desde a geração anterior. Nos Estados Unidos, as crianças passam em média trinta minutos por semana ao ar livre. Já a média de exposição à mídia eletrônica é de 45 horas semanais.

Em seu livro *Last Child in the Woods* [A última criança na natureza], Richard Luov denominou esse fenômeno "transtorno de déficit de natureza". O termo sugere outro valor essencial: passar mais tempo na natureza comprovadamente faz bem à saúde.

Experimentos recentes sugerem que viver nas cidades tem um impacto mensurável na forma como as pessoas enfrentam o estresse e reagem a ele. Em um desses experimentos, os pesquisadores pediram aos moradores de cidades grandes, pequenas e de áreas rurais que fizessem algo muito estressante: um teste de matemática difícil, com tempo marcado. Eles reagiram como qualquer colegial, com aceleração dos batimentos cardíacos e aumento da pressão sanguínea, e exibiram maior atividade em partes específicas do cérebro relacionadas ao estresse. As pessoas que vieram das áreas rurais apresentaram menos tensão, as que moravam nas cidades grandes tiveram um nível de estresse mais alto e as que tinham nascido e crescido nessas cidades, o pior nível.

Nesse sentido, as cidades como ambiente nativo talvez sejam incompatíveis com nossas funções cerebrais. A pesquisa sugere que pôr as crianças em contato com a natureza com mais frequência tem importância vital, mais até do que as evidências apresentadas pelo programa do Leaf. Essas iniciativas às vezes são formuladas em termos da necessidade de salvar a natureza, mas também são muito importantes para salvar as crianças.

Capital natural

A psicologia ambiental tem várias teorias sobre o potencial restaurador da natureza, centradas na diminuição do estresse em geral e no alívio da necessidade de prestar atenção em muitas coisas ao mesmo tempo. O mecanismo exato da capacidade da natureza de reduzir o estresse ainda não foi descrito, mas não é só alimento para a especulação acadêmica. Pessoas, empresas e governos apostaram muito dinheiro nisso. Levar os adultos para a natureza diminui o estresse, e reduzir esse mal é a melhor forma de ser saudável. Enquanto os políticos se descabelam com os altos custos do sistema de saúde, parte da solução pode estar simplesmente batendo na porta.

Os Estados Unidos gastam mais com o sistema de saúde do que qualquer outro país do mundo – quase 9.000 dólares por pessoa anualmente. É um grande problema e uma carga financeira imensa para as empresas. Em reação a isso, algumas corporações têm economizado dinheiro – e melhorado a vida de seus empregados – incentivando hábitos mais saudáveis. Por exemplo, há 25 anos a Johnson & Johnson lançou a campanha "Live for Life" [Viver para a Vida] para promover a saúde de seus funcionários e hoje economiza pelo menos quinhentos dólares anuais por pessoa em despesas com saúde.

Além de reduzir o estresse, a natureza pode ajudar de outras formas a diminuir os gastos com a saúde. A recreação ao ar livre e na natureza reduz a obesidade, no momento um dos grandes problemas de saúde no mundo todo. Depois que a medicina eliminou grande parte das doenças infecciosas, os futuros desafios da saúde pública girarão em torno da qualidade de vida e das doenças relacionadas.

As empresas que oferecerem oportunidades de estar na natureza contarão com um quadro de funcionários mais saudável e gastarão menos com problemas de saúde. A relação entre natureza e saúde ainda faz parte da pesquisa biológica de ponta e levará algum tempo para se tornar uma prática comum. Mas por volta de 2030, as empresas que quiserem figurar entre as melhores para trabalhar terão que investir na natureza e permitir o acesso a ela, assim como investem atualmente em equipamentos internos para seus funcionários se exercitarem.

A perspectiva de diminuir os gastos com saúde interligando trabalho e natureza pode soar como uma bobagem da Nova Era; com base nisso, elementos mais conservadores da comunidade empresarial talvez desprezem a ideia. Mas, para executivos corporativos mais atentos, o valor da natureza está no centro e na frente.

Resiliência

Dois artigos de fé norteiam há muito tempo o nosso comportamento, seja como indivíduos, empresas ou países: a sociedade tem os recursos de que precisa, e, se algo faltar, as empresas criativas simplesmente o substituirão por algo que não esteja em falta. Pela primeira vez na história, esses princípios estão sujeitos a sérios questionamentos em escala mundial.

Nenhum pragmático pode deixar de avaliar as implicações desses fatos. Os destroços das civilizações que as ignoraram sujam a história humana. Os imensos progressos na agricultura e na tecnologia convenceram muita gente de que, de alguma forma, a ideia de limites não se sustenta mais, e permitiram que séculos anteriores usufruíssem de um estágio natural tão confiável em termos de recursos que, aparentemente, tornaram-se inconsequentes.

Dificilmente será alterado o pressuposto de que sempre haverá água para beber, boa terra para plantar, animais para pastar e peixes para encher nossas redes. O mesmo se dá com a confiança na capacidade humana de sempre encontrar alguma solução tecnológica, embora em algum momento a solução sofra a reação das imutáveis leis da física.

O desafio será cada vez maior. Não só a população global saltará para prováveis 9 bilhões de pessoas por volta de 2050, mas a classe média em todo o planeta será muito maior. Esse é um desenvolvimento positivo em muitos aspectos; todo mundo gosta de ver pessoas saindo da pobreza. Por outro lado, tanta gente a mais – com apetites consumistas insaciáveis – representará uma elevada demanda por comida, energia e espaço.

Capital natural

Como se não bastasse, as mudanças climáticas complicarão ainda mais essas questões. O planeta inevitavelmente esquentará, as atuais terras aráveis ressecarão e perderão seu valor agricultável. Também faltará água, os mares avançarão e tempestades destruidoras serão mais frequentes.

A natureza continua sendo resiliente. Se fizermos a coisa certa, ela poderá se recuperar em parte ou retornar ao seu estado anterior. Mas estamos brincando com a sorte.

Como eu disse na Introdução, sou otimista. Acho que boas coisas acontecerão se a humanidade fizer os investimentos certos na natureza, imediatamente. Mas também sou realista, tenho os pés cravados na ciência.

E a ciência nos diz que o pressuposto da abundância infinita fazia sentido porque as populações humanas e as nossas economias eram pequenas em relação aos sistemas que estávamos explorando. Mas agora a dimensão das atividades humanas não é mais tão pequena; o planeta tem limites, estamos nos aproximando deles e, em alguns lugares, já o ultrapassamos. Todo agricultor sabe que não se deve comer a semente do milho, e todo banqueiro sabe que não se deve gastar o principal. E é exatamente isso que estamos fazendo.

Normalmente, as pessoas têm valorizado a natureza ou por sentimentalismo ou então por algumas *commodities* – matérias-primas – cujo valor é determinado pelo que custam para ser extraídas e pelo que serão vendidas no mercado. Hoje, agricultores, pescadores, banqueiros e financistas estão despertando para dois fatos fundamentais: a nossa dependência da natureza é muito mais complexa do que imaginamos e o capital natural não é inesgotável.

Está faltando para a conservação e para os negócios um cálculo mais sofisticado e sutil, baseado em princípios financeiros e numa avaliação mais completa das contribuições da natureza para o bem-estar econômico e ecológico. Quando a economia convencional deixa o capital natural de fora da equação, os ecossistemas e as economias que dependem dele correm perigo.

Conclusão

A boa notícia é que investir na natureza é um excelente negócio. Mesmo que você deixe de lado os benefícios para a natureza e examine friamente os resultados, as oportunidades são boas demais para serem ignoradas. O investimento na natureza é inspirador e absolutamente otimista.

Outra boa notícia: o investimento na natureza faz as pessoas mudarem a maneira de olhar para ela. De tempos em tempos, gente como os agricultores de Iowa, os plantadores de cana-de-açúcar na Colômbia ou os executivos de grandes corporações, que não se veem absolutamente como ambientalistas, se dá conta de que sua vida e seu estilo de vida dependem dos sistemas naturais saudáveis. Essas pessoas são atraídas por um determinado investimento na natureza que lhes trará retornos específicos e práticos que esperam receber. Quando o investimento é bom, o que costuma acontecer e continuará acontecendo cada vez mais à medida que os investidores se tornarem mais sofisticados, o resultado será um olhar totalmente novo.

Também é importante que todos nós caminhemos juntos para o futuro. Todos devem se envolver no movimento ambientalista. Sempre existirão os maus atores, mas sei por experiência própria que a maioria das pessoas – não importa de onde venham ou quais sejam suas tendências políticas – que aprecia a natureza e está exposta aos seus valores fará tudo que puder para proteger o meio ambiente.

E sobre os inúmeros debates e controvérsias que às vezes se interpõem no caminho do progresso ambiental? Nós, ambientalistas, temos que ser humildes em relação às nossas estratégias; temos que progredir com segurança rumo a um projeto diversificado e sustentável, em vez de marcar pontos ideológicos. Para isso, devemos estar abertos à crítica construtiva e a novas ideias, e nos comprometer a buscar medidas objetivas do nosso progresso. Recomendo que aceitemos o conselho de William Nordhaus, de Yale – um dos intelectuais mais respeitados no mundo acadêmico –, sobre os desafios ambientais: "Temos que abordar essas questões com a cabeça fria e o coração quente. E respeitando a lógica e a boa ciência".

Uma nova avaliação da natureza que integre os valores da conservação, do desenvolvimento humano, da ciência e da economia precisa considerar o todo; se quisermos uma empresa bem-sucedida, uma boa cidade para viver e um planeta verde, diversificado e vibrante, devemos levar em conta a natureza e reconhecer o real valor dos serviços que ela nos presta.

Um período de limites e escassez não significa necessariamente penúria. Mas significa, sim, cuidados e manejo adequado. Todas as nossas ações terão que incluir e respeitar a natureza. Como sabem há muito tempo os que cuidam da terra, bem cuidados, até os locais mais degradados podem se recuperar, talvez não exatamente como réplicas do que foram, mas vibrantes e adequados à vida. A eterna resiliência de tantos ecossistemas ameaçados nos permite ter esperança. E isso também é um valor da natureza.

Agradecimentos

Tenho muitos colaboradores desde que passei a fazer parte da TNC. Pessoas influentes na comunidade ambientalista me recebem muito bem e me dão conselhos sempre que lhes peço. Por terem me auxiliado, agradeço a Bruce Babbitt, Frances Beinecke, Michael Brune, Eileen Claussen, Brett Jenks, Thomas Kiernan, Fred Krupp, Jonathan Lash, Thomas E. Lovejoy, Bill McKibben, Molly McUsic, Timothy Profeta, Kent Redford, William K. Reilly, Carter S. Roberts, Cristián Samper, Steven E. Sanderson, Larry J. Schweiger, Peter A. Seligman, Philip R. Sharp, James Gustav Speth, Tensie Whelan, Timothy E. Wirth e David Yarnold.

Tive o privilégio de contar com mentores especiais quando me transferi para a comunidade de conservação: John Holdern, Hank Paulson, Wendy Paulson, Walt Reid, Matt Arnold e meu antecessor na presidência da TNC, Steve McCormick. Agradeço também a meus colegas do Goldman Sachs que me auxiliaram a implantar o nosso programa ambiental: Brad Abelow, Abby Joseph Cohen, Megan Guy, Larry Linden, Kyung-Ah Park, John Rogers, Sonal Shah e Tracy Wolstencroft. Quero também transmitir o meu reconhecimento e agradecer aos bons amigos abaixo pelo incentivo e apoio: Marshall Goldsmith, Claudia Madrazo, Susan McCaw, Tashia Morgridge, Christine M. Morse, Ginger Sall, Gene Sykes, Ted Turner, Hansjorg Wyss e Robert W. Wilson.

Alguns amigos e colegas extrapolaram o dever e leram os rascunhos deste livro com vigor e energia: Gretchen Daily, Peter Kareiva, Giulio Boccalletti, Jimmie Powell, Jeremy Grantham e Amy Tercek. M. Sanjayan, Glenn Prickett, Zoe Kant, Jonathan Foley e Karin Paque também olharam os rascunhos em seus estágios iniciais.

A diretoria da TNC foi fundamental para este projeto, dando-me todo o apoio para realizar esta tarefa paralelamente ao meu trabalho como presidente executivo. Agradeço aos membros da TNC que ali trabalharam durante o meu mandato pela participação e sábios conselhos: Teresa Beck, David Blood, Shona L. Brown, Joel E. Cohen, Gordon Crawford, Gretchen C. Daily, Steven A. Denning, Joseph H. Gleberman, Jeremy Grantham, Harry Groome, Frank E. Loy, Jack Ma, Craig O. McCaw, Thomas J. Meredith, Thomas S. Middleton, Roger Milliken Jr., James C. Morgan, John P. Morgridge, William W. Murdoch, Stephen Polasky, Roberto Hernández Ramírez, James E. Rogers, Mary H. Ruckelshaus, John P. Sall, Cristian Samper, Muneer A. Satter, Christine M. Scott, Thomas J. Tierney, Moses Tsang, Frances A. Ulmer, P. Roy Vagelos, Georgia C. Welles, Margaret C. Whitman e Shirley Young. O conteúdo do livro e as recomendações são de minha autoria e não constituem endosso dos funcionários, gerentes e diretores da TNC.

Pela hospitalidade na Louisiana, agradeço a Keith Ouchley, Seth Blitch, Jim Bergan, Jean Landry, Chris Rice e Dan Weber.

Minha agente, Lisa Adams, da Garamond Agency, foi fundamental para erguer este projeto de seus estágios iniciais e ajudá-lo a se desenvolver. Meu editor, TJ Kelleher, reforçou os argumentos e transformou o texto em uma leitura agradável.

Sinceros agradecimentos aos que se seguem por oferecerem seu tempo e sua *expertise* para melhorar este livro: todos os intelectuais, cientistas,

Agradecimentos

advogados e ativistas aos quais pedi auxílio me atenderam prontamente, e corrigiram inúmeros erros factuais e de interpretação. Caso restem alguns, a responsabilidade é minha.

Ricardo Bayon, Mike Beck, Michael Bell, Bob Bendick, Silvia Benitez, Eron Bloomgarden, Justine Browne, Tim Boucher, Cindy Brown, Rob Brumbaugh, Mark Bryer, Teresa Duran, David Cleary, Chuck Cook, Greg Fishbein, Edward Game, Bridgette Griswold, Craig Groves, Judy Haner, Neil Hawkins, Zoe Kant, Robert Lalalsz, Craig Leisher, Frank Lowenstein, Peter Malik, Rob McDonald, Jen Molnar, Jensen Montambault, Jeff Opperman, Aurelio Ramos, Brian Richter, Bill Raynor, Mary Ruckelshaus, Jason Scott, Jeff Seabright, Hather Tallis, Jerry Touval, Ronnie Ulmer, Joni Ward, Sheila Walsh, Janine Wilkin.

Sou inspirado todos os dias pela dedicação da equipe imensamente talentosa e dedicada da TNC. Aprendo tanto com eles que não sei por onde começar para agradecer-lhes. Também sou grato aos apaixonados administradores, membros e apoiadores da TNC, bem como aos nossos muitos parceiros, alguns deles mencionados neste livro. Muito obrigado a todos: vocês são a razão pela qual a TNC progride tanto à medida que seguimos com a nossa missão de salvar as terras e as águas das quais a vida depende.

Sobre a TNC

A The Nature Conservancy (TNC) é uma organização sem fins lucrativos, voltada para a conservação ambiental, cujo objetivo é encontrar soluções para o desafio de proteger os ecossistemas naturais de forma conciliada com o desenvolvimento econômico e social. Fundada em 1951, é a maior e uma das mais antigas ONGs ambientais do mundo. Está presente em mais de 35 países e, com seus mais de 1 milhão de apoiadores, contribui para a proteção de 130 milhões de hectares em todo o planeta.

No Brasil, a TNC trabalha desde 1988 promovendo a conservação ambiental em larga escala em biomas como a Amazônia, a Mata Atlântica, o Cerrado, a Caatinga e o Pantanal, orientando seus esforços por três linhas de atuação – produção sustentável, segurança hídrica e infraestrutura inteligente. As ações propostas, implementadas por meio de estratégias integradas, buscam incorporar as dimensões econômicas e sociais aos objetivos da conservação.

Bibliografia

Todos os endereços URL foram acessados a partir de dezembro de 2012.

Capítulo 1: Afinal, talvez não seja "Chinatown"

Aldaya, M. M. e A. Y. Hoekstra. "The Water Needed for Italians to Eat Pasta and Pizza." *Agricultural Systems* 103 (2010): 351-60.

Bratman, G. N., J. P. Hamilton e G. C. Daily. "The Impacts of Nature Experience on Human Cognitive Function and Mental Health." *Annals of the New York Academy of Sciences* 1249 (2012): 118-36.

"Case against Coca-Cola Kerala State: India. The Rights to Water and Sanitation." <www.righttowater.info/ways-to-influence/legal-approaches/case-against-coca-cola-kerala-state-india>.

"Coca-Cola on the Yangtze: A Corporate Campaign for Clean Water in China." *Law and Public Policy*, 18 de agosto de 2010, <knowledge.wharton.upenn.edu/article.cfm?articleid=2568>.

Cohen, R., B. Nelson e G. Wolff. "Energy Down the Drain: The Hidden Costs of California's Water Supply." Nova York: Natural Resources Defense Council, 2004. <www.nrdc.org/water/conservation/edrain/edrain.pdf>.

Congressional Budget Office. "Future Investment in Drinking Water and Wastewater Infrastructure." 2002. <www.cbo.gov/doc.cfm?index=3983&type=0&sequence=7>.

Dellapenna, J. W. "The Importance of Getting Names Right: The Myth of Markets for Water." *William and Mary Environmental Law and Policy Review* 25 (2000): 317-77. <smartech.gatech.edu/jspui/bitstream/1853/43445/3/DellapennaJ-01.pdf>.

Denning, C. A., R. I. McDonald e J. Christensen. "Did Land Protection in Silicon Valley Reduce the Housing Stock?" *Biological Conservation* 143 (2010): 1087-93.

Dunn, A. D. "Siting Green Infrastructure: Legal and Policy Solutions to Alleviate Urban Poverty and Promote Healthy Communities." *Environmental Affairs* 37 (2010): 41-66. <digitalcommons.pace.edu/lawfaculty/559>.

Fishman, C. *The Big Thirst: The Secret Life and Turbulent Future of Water.* Nova York: Free Press, 2011.

Fuller, R. A., K. N. Irvine, P. Devine-Wright, P. H. Warren e K. J. Gaston. "Psychological Benefits of Greenspace Increase with Biodiversity." *Biology Letters* 3 (2007): 390-94.

Gardiner, B. "Beverage Industry Works to Cap Its Water Use." *New York Times*, 21 de março de 2011. <www.nytimes.com/2011/03/22/business/energy-environment/22iht-rbog-beverage-22.html?pagewanted=all>.

Garrison, N. e K. Hobbs. *Rooftops to Rivers II: Green Strategies for Controlling Stormwater and Combined Sewer Overflows.* Nova York: Natural Resources Defense Council, 2011. <www.nrdc.org/water/pollution/rooftopsii/files/rooftopstoriversII.pdf>.

Garrison, N., R. C. Wilkinson e R. Horner. *A Clear Blue Future: How Greening California Cities Can Address Water Resources and Climate Challenges in the 21st Century.* Seattle: Natural Resources Defense Council, 2009. <www.nrdc.org/water/lid/files/lid_hi.pdf>.

Gill, S. E., J. F. Handley, A. R. Ennos e S. Pauleit. "Adapting Cities for Climate Change: The Role of the Green Infrastructure." *Built Environment* 33 (2007): 115-33. <tinyurl.com/936q5lv>.

Jones, P. "Corporate Giants Back WRI." *Environmental Finance*, 18 de agosto de 2011. <www.environmental-finance.com/news/view/1923> (requer assinatura).

Kloss, C. e C. Calarusse. *Rooftops to Rivers: Green Strategies for Controlling Stormwater and Combined Sewer Overflows*. Washington, DC: Natural Resources Defense Council, 2006. <www.nrdc.org/water/pollution/rooftops/rooftops.pdf>.

Laurence, C. "US Farmers Fear the Return of the Dust Bowl." *The Telegraph*, 7 de março de 2011. <www.telegraph.co.uk/earth/8359076/US-farmers-fear-the-return-of-the-Dust-Bowl.html>.

Lederbogen, F., P. Kirsch, L. Haddad, F. Streit, H. Tost, P. Schuch, S. Wüst, J. C. Pruessner, M. Rietschel, M. Deuschle e A. Meyer-Lindenberg. "City Living and Urban Upbringing Affect Neural Social Stress Processing in Humans." *Nature* 474 (2011): 498-501.

Mildenberg, D. "Pickens Water-to-Riches Dream Fizzles as Texas Cities Buy Rights." *Bloomberg Businessweek*, 14 de julho de 2011. <www.businessweek.com/news/2011–07–14/pickens-water-to-riches-dream-fizzles-as-texas-cities-buy-rights.html>.

Nidumolu, R., C. K. Prahalad e M. R. Rangaswami. "Why Sustainability Is Now the Key Driver of Innovation." *Harvard Business Review*, setembro de 2009. <hbr.org/2009/09/why-sustainability-is-now-the-key-driver-of-innovation/es>.

Olmsted, F. L. "The Value and Care of Parks." Relatório à Assembleia do Estado da Califórnia, 1865. Republicado em *The American Environment*, ed. R. Nash, 18-24. Reading, MA: Addison-Wesley Pub. Co., 1976.

_____. "Yosemite and the Mariposa Grove: A Preliminary Report, 1865." <www.yosemite.ca.us/library/olmsted/report.html>.

Penn, I. "The Profits on Water Are Huge, but the Raw Material Is Free." *Tampa Bay Times*, 16 de março de 2008. <www.tampabay.com/news/environmentwater/article418793.ece>.

Raucher, R. S. "A Triple Bottom Line Assessment of Traditional and Green Infrastructure Options for Controlling CSO Events in Philadelphia's Watersheds: Final Report." 24 de agosto de 2009. Boulder, CO: Stratus Consulting Inc. <permanent.access.gpo.gov/gpo23888/gi_philadelphia_bottomline.pdf >.

Welch, K. "Authority Seals Water Deal with Pickens." *Amarillo Globe-News*, 30 de dezembro de 2011. <tinyurl.com/9xh57al>.

Zimmerman, E. "Hiring in Hydrology Resists the Slump." *New York Times*, 7 de março de 2009. <www.nytimes.com/2009/03/08/jobs/08start.html?_r=1&ref=earth>.

Capítulo 2: Nem uma gota de água potável

Appleton, A. F. "How New York City Used an Ecosystem Services Strategy Carried Out Through an Urban-Rural Partnership to Preserve the Pristine Quality of Its Drinking Water and Save Billions of Dollars." Nova York: Forest Trends-Tokyo, 2002. <moderncms.ecosystemmarketplace.com/repository/moderncms_documents/NYC_H2O_Ecosystem_Services.pdf>.

Asquith, N. e S. Wunder, eds. *Payments for Watershed Services: The Bellagio Conversations*. Santa Cruz de la Sierra: Fundación Natura Bolivia, 2008. <tinyurl.com/8c9bhtf>.

Bratman, G. N., J. P. Hamilton e G. C. Daily. "The Impacts of Nature Experience on Human Cognitive Function and Mental Health." *Annals of the New York Academy of Sciences* 1249 (2012): 118-36.

Brauman, K. A., G. C. Daily, T. K. Duarte e H. A. Mooney. "The Nature and Value of Ecosystem Services: An Overview Highlighting Hydrologic Services." *Annual Review of Environment and Resources* 32 (2007): 67-98.

"Coca-Cola on the Yangtze: A Corporate Campaign for Clean Water in China." *Law and Public Policy*, 18 de agosto de 2010. <knowledge.wharton.upenn.edu/article.cfm?articleid=2568>.

Daily, G. C. e P. Matson. "Ecosystem Services: From Theory to Implementation." *Proceedings of the National Academy of Sciences of the United States of America* 105 (2008): 9455-56. <tinyurl.com/9o2svx7>.

Denning, C. A., R. I. McDonald e J. Christensen. "Did Land Protection in Silicon Valley Reduce the Housing Stock?" *Biological Conservation* 143 (2010): 1087-93.

Dunn, A. D. "Siting Green Infrastructure: Legal and Policy Solutions to Alleviate Urban Poverty and Promote Healthy Communities." *Environmental Affairs* 37 (2010): 41-66. <digitalcommons.pace.edu/lawfaculty/559>.

Fishman, C. "Why GE, Coca-Cola, and IBM Are Getting into the Water Business." *Fast Company* 154, 11 de abril de 2011. <www.fastcompany.com/magazine/154/a-sea-of-dollars.html>.

_____. *The Big Thirst: The Secret Life and Turbulent Future of Water*. Nova York: Free Press, 2011.

Fuller, R. A., K. N. Irvine, P. Devine-Wright, P. H. Warren e K. J. Gaston. "Psychological Benefits of Greenspace Increase with Biodiversity." *Biology Letters 3* (2007): 390-94.

Gardiner, B. "Beverage Industry Works to Cap Its Water Use." *New York Times*, 21 de março de 2011. <www.nytimes.com/2011/03/22/business/energy-environment/22iht-rbog-beverage-22.html?pagewanted=all>.

Garrison, N. e K. Hobbs. *Rooftops to Rivers II: Green Strategies for Controlling Stormwater and Combined Sewer Overflows*. Nova York: Natural Resources Defense Council, 2011. <www.nrdc.org/water/pollution/rooftopsii/files/rooftopstoriversII.pdf>.

Garrison, N., R. C. Wilkinson e R. Horner. *A Clear Blue Future: How Greening California Cities Can Address Water Resources and Climate Challenges in the 21st Century*. Seattle: Natural Resources Defense Council, 2009. <www.nrdc.org/water/lid/files/lid_hi.pdf>.

Gill, S. E., J. F. Handley, A. R. Ennos e S. Pauleit. "Adapting Cities for Climate Change: The Role of the Green Infrastructure." *Built Environment* 33 (2007): 115-33. <tinyurl.com/936q5lv>.

Goldman, R. L., H. Tallis, P. Kareiva e G. C. Daily. "Field Evidence That Ecosystem Service Projects Support Biodiversity and Diversify Options." *Proceedings of the National Academy of Sciences of the United States of America* 105 (2008): 9445-48.

Goldstein, E. "New York State Authorizes 105,000-Acre NYC Watershed Land Acquisition Program to Safeguard Downstate Water Supply and Region's Economy." NRDC *Switchboard*, 16 de fevereiro de 2011. <switchboard.nrdc.org/blogs/egoldstein/new_york_state_authorizes_1050.html>.

Jones, P. "Corporate Giants Back WRI." *Environmental Finance*, 18 de agosto de 2011. <www.environmental-finance.com/news/view/1923> (requer assinatura).

Kenny, A. "Ecosystem Services in the New York City Watershed." *Ecosystem Marketplace*, 10 de fevereiro de 2006. <www.ecosystemmarketplace.com/pages/dynamic/article.page.php?page_id=4130&section=home>.

Kloss, C. e C. Calarusse. *Rooftops to Rivers: Green Strategies for Controlling Stormwater and Combined Sewer Overflows*. Washington, DC: Natural Resources Defense Council, 2006. <www.nrdc.org/water/pollution/rooftops/rooftops.pdf>.

Lederbogen, F., P. Kirsch, L. Haddad, F. Streit, H. Tost, P. Schuch, S. Wüst, J. C. Pruessner, M. Rietschel, M. Deuschle e A. Meyer-Lindenberg. "City Living and Urban Upbringing Affect Neural Social Stress Processing in Humans." *Nature* 474 (2011): 498-501.

Marx, E. "Water Resources Briefing Part 1: Water Scarcity – Draining Away." *Ethical Corporation*, 3 de outubro de 2011. <www.ethicalcorp.com/environment/water-resources-briefing-part-1-water-scarcity-draining-away>.

Olmsted, F. L. "The Value and Care of Parks." Relatório à Assembleia do Estado da Califórnia, 1865. Republicado em *The American Environment*, ed. R. Nash, 18-24. Reading, MA: Addison-Wesley Pub. Co., 1976.

Perrot-Maître, D. "The Vittel Payments for Ecosystem Services: A 'Perfect' PES Case?" Londres: International Institute for Environment and Development (IIED), 2006. <pubs.iied.org/pdfs/G00388.pdf>.

Raucher, R. S. "A Triple Bottom Line Assessment of Traditional and Green Infrastructure Options for Controlling cso Events in Philadelphia's Watersheds: Final Report." 24 de agosto de 2009. Boulder, co: Stratus Consulting Inc. <permanent.access.gpo.gov/gpo23888/gi_philadelphia_bottomline.pdf>.

Salzman, J. "Creating Markets for Ecosystem Services: Notes from the Field." *New York University Law Review* 80 (2005): 870-961.

Tallis, H., R. Goldman, M. Uhl e B. Brosi. "Integrating Conservation and Development in the Field: Implementing Ecosystem Service Projects." *Frontiers in Ecology and the Environment* 7 (2009): 12-20. <www.esajournals.org/doi/pdf/10.1890/080012>.

Warne, D. S. "New York City's Watershed Protection Program." Apresentação feita por David S. Warne, comissário assistente do Departamento de Proteção Ambiental da Cidade de Nova York, sem data. <wren.palwv.org/documents/WarneWatershedProtectionforPA-four.pdf>.

Capítulo 3: Que as planícies inundáveis continuem inundáveis

Barry, J. M. *Rising Tide: The Great Mississippi Flood of 1927 and How It Changed America*. Nova York: Simon & Schuster, 1997.

BBC News. "Colombia Flooding Continues with Thousands Homeless." 16 de dezembro de 2010. <www.bbc.co.uk/news/world-latin-america-12006568>.

Chapman, S. S., B. A. Kleiss, J. M. Omernik, T. L. Foti e E. O. Murray. "Ecoregions of the Mississippi Alluvial Plain." Pôster colorido com mapa, texto descritivo, tabelas resumidas e fotografias; escala do mapa 1:1.150.000. Reston, va: U. S. Geological Survey, 2004. <www.epa.gov/wed/pages/ecoregions/map_eco.htm>.

Criss, R. E. e W. E. Winston. "Public Safety and Faulty Flood Statistics." *Environmental Health Perspectives* 116 (2008): A516. <www.ncbi.nlm.nih.gov/pmc/articles/PMC2599774/>.

Goldenberg, S. "Americans Take a Gamble with the Mississippi Floods." *The Guardian,* 22 de maio de 2011. <www.guardian.co.uk/world/2011/may/22/americans-gamble-mississippi-floods>.

Hilburn, G. "Levee Breached." *The News-Star* (Monroe, LA), 25 de maio de 2009, A-1.

Jenkins, W. A., B. C. Murray, R. A. Kramer e S. P. Faulkner. "Valuing Ecosystem Services from Wetlands Restoration in the Mississippi Alluvial Valley." *Ecological Economics* 69 (2010): 1051-61. <tinyurl.com/8omwj57>.

Newbold, R. "Project Will Take Ouachita Back to Its Origins." *The Piney Woods Journal,* junho de 2009. <www.thepineywoods.com/OuachitaJun09.htm>.

Risk Management Solutions. "The 1927 Great Mississippi Flood: 80-Year Retrospective." Relatório Especial da RMS. Hoboken, NJ: Risk Management Solutions, 2007. <www.rms.com/publications/1927_MississippiFlood.pdf>.

Warner, A. J. J. Opperman e R. Pietrowsky. "A Call to Enhance the Resiliency of the Nation's Water Management." *Journal of Water Resources Planning and Management* (ASCE) 137 (2011): 305-08. <tinyurl.com/9hay5cv>.

Capítulo 4: A nova pesca

American Oceans Campaign v. Daley, 183 F. Supp. 2d 1 (U. S. District Court, District of Columbia), setembro de 2000. <tinyurl.com/d2dmx2y>.

Barringer, F. 2007. "Conservationists Experiment with a Legal Device to Protect Depleted Fisheries." *New York Times*, 7 de novembro de 2007. <www.nytimes.com/2007/11/06/world/americas/06iht-rbogwater.1.8211949.html>.

Beck, M. W., T. D. Marsh, S. E. Reisewitz e M. L. Bortman. "New Tools for Marine Conservation: The Leasing and Ownership of Submerged Lands." *Conservation Biology* 18 (2004): 1214-23. <tinyurl.com/cfdtk8k>.

Bell, M. "Central Coast Groundfish Project: Use of Private Agreements." 2008. <www.mcatoolkit.org/Field_Projects/Field_Projects_US_California_3_Trawler_Buyout.html>.

Bettencourt, Geoff. "New Rules Are Saving Fish and Helping Fishers." *Mercury News*, 11 de janeiro de 2012.

Bilsky, E. A. "Conserving Marine Habitats." *Sustainable Development Law & Policy* (2006): 67-70, 84. <tinyurl.com/9gz6pgr>.

Clover, C. "Sea Change: Deal Saves California Fishing Industry." *The Telegraph*, 5 de junho de 2009. <www.telegraph.co.uk/earth/environment/conservation/5446093/Sea-change-deal-saves-California-fishing-industry.html>.

Coastal Conservancy. "Morro Bay and Port San Luis: Commercial Fisheries Business Plan." San Luis Obispo, CA: Lisa Wise Consulting, Inc., 2008. <tinyurl.com/9cynltm>.

Cushman, J. "Commercial Fishing Halt is Urged for Georges Bank." *New York Times*, 27 de outubro de 1994. Seção B, p. 14.

Dasgupta, P. *The Control of Resources*. Cambridge, MA: Harvard University Press, 1982.

Diamond, J. *Collapse: How Societies Choose to Fail or Succeed*. Nova York: Penguin Books, 2011.

Dunkel, T. "Blue's Ocean." *Nature Conservancy Magazine*, 2009.

Fields, L. L. *The Entangling Net: Alaska's Commercial Fishing Women Tell Their Lives*. Urbana: University of Illinois Press, 1997.

Food and Agriculture Organization of the United Nations. "The State of World Fisheries and Aquaculture 2012." Roma: FAO Fisheries and Aquaculture Department, 2012. <www.fao.org/docrep/016/i2727e/i2727e.pdf>.

Gupta. S. "Pioneers for Sustainable Trawling." *New Scientist* 208 (2010):1.

Gutiérrez, N. L., R. Hilborn e O. Defeo. "Leadership, Social Capital and Incentives Promote Successful Fisheries." *Nature* 470 (2011): 386-89. <tinyurl.com/8bfsanm>.

Huxley, T. H. "Inaugural Address for the Fisheries Exhibition, Londres (1833)." <aleph0.clarku.edu/huxley/SM5/fish.html>.

Jacobs, J. *The Nature of Economies*. Nova York: Modern Library, 2000. [Ed. bras.: *A Natureza das Economias*. São Paulo: Beca, 2001.]

Kura, Y., C. Revenga, E. Hoshino e G. Mock. *Fishing for Answers: Making Sense of the Global Fish Crisis*. Washington, DC: World Resources Institute, 2004.

National Marine Fisheries Service. "Our Living Oceans: Report on the Status of U. S. Living Marine Resources." 6ª ed. Washington, DC: U. S. Department of Commerce, 2009. <tinyurl.com/9xz2ofh>.

"New Fish Practice Seems to Work." Editorial, *Daily Astorian*, 12 de janeiro de 2012. <tinyurl.com/9xgdjxs>.

"New Fishery-Management Regime Pays Off with Less Waste." *Seattle Times*, editorial, 11 de janeiro de 2012. <seattletimes.nwsource.com/html/editorials/2017210967_edit12boatquotas.html>.

Pacific Fishery Management Council. "Pacific Coast Groundfish Fishery Management Plan for the California, Oregon, and Washington Groundfish Fishery." Portland, OR: Pacific Fishery Management Council, 2011. <tinyurl.com/8fjosqt>.

Pew Oceans Commission. "Socioeconomic Perspectives on Marine Fisheries in the United States." Arlington, VA: Pew Oceans Commission, 2003. <tinyurl.com/8l9ublh>.

Shewchuk, B. "Men, Women, and Fishers." CBC *News Online*, 24 de agosto de 2000. <www.cbc.ca/news/indepth/words/fishermen.html>.

Sims, D. W. e A. J. Southward. "Dwindling Fish Numbers Already of Concern in 1883." *Nature* 439 (2006): 660.

Tercek, M. "Keeping More Fish in the Ocean: Good for People, Good for Nature." *Huffington Post*, 22 de março de 2011. <www.huffingtonpost.com/mark-tercek/keeping-more-fish-in-the-_b_838679.html>.

Wilber, C. D. "The Great Valleys and Prairies of Nebraska and the Northwest." Omaha, NB: Daily Republican Print, 1881. <tinyurl.com/9pou9jy>.

Worm, B., E. B. Barbier, N. Beaumont, E. Duffy, C. Folke, B. S. Halpern, J. B. C. Jackson, H. K. Lotze, F. Micheli, S. R. Palumbi, E. Sala, K. A. Selkoe, J. J. Stachowicz e R. Watson. "Impacts of Biodiversity Loss on Ocean Ecosystem Services." *Science* 314 (2006): 787-90.

_____. "Response to Comments on 'Impacts of Biodiversity Loss on Ocean Ecosystem Services'." *Science* 316 (2007): 1285.

Capítulo 5: Alimentar o mundo... e salvá-lo

Assunção, J., C. C. Gandour e R. Rocha. "Deforestation Slowdown in the Legal Amazon: Prices or Policies?" Climate Policy Initiative / PUCRio. Rio de Janeiro: Climate Policy Initiative, 2012. <tinyurl.com/9u5dxcg>.

Brown, D. "The 'Recipe for Disaster' That Killed 80 and Left a £5bn Bill." *The Telegraph*, 26 de outubro de 2000. <www.telegraph.co.uk/news/uknews/1371964/The-recipe-for-disaster-that-killed-80-and-left-a-5bn-bill.html>.

Campos, M. T. e D. C. Nepstad. "Smallholders, the Amazon's New Conservationists." *Conservation Biology* 20 (2006): 1553-56. <tinyurl.com/9nwucml>.

Chomitz. K. M. "At Loggerheads? Agricultural Expansion, Poverty Reduction, and Environment in the Tropical Forests." Washington, DC: The World Bank, 2007. <tinyurl.com/9zzbxq3>.

Cleary, D. "What Should We Do About Beef from the Amazon?" *Cool Green Science: The Conservation Blog of the Nature Conservancy*, 20 de julho de 2009. <blog.nature.org/2009/07/beef-amazon-deforestation-david-cleary/>.

Dobbs, R., J. Oppenheim, F. Thompson, M. Brinkman e M. Zornes. "Resource Revolution: Meeting the World's Energy, Materials, Food, and Water Needs." McKinsey Global Institute e McKinsey Sustainability & Resource Productivity Practice, 2011. <tinyurl.com/8qjdhbn>.

Ewers, R. M., J. P. W. Scharlemann, A. Balmford e R. E. Green. "Do Increases in Agricultural Yield Spare Land for Nature?" *Global Change Biology* 15 (2009): 1716-26. <tinyurl.com/8egpoyt>.

Foley, J. A. "Can We Feed the World and Sustain the Planet?" *Scientific American* 305 (2011): 60-65.

Foley, J. A., G. P. Asner, M. H. Costa, M. T. Coe, R. DeFries, H. K. Gibbs, E. A. Howard, S. Olson, J. Patz, N. Ramankutty e P. Snyder. "Amazonia Revealed: Forest Degradation and Loss of Ecosystem Goods and Services in the Amazon Basin." *Frontiers in Ecology and the Environment* 5 (2007): 25-32. <tinyurl.com/9bhhzb2>.

Foley, J. A., R. DeFries, G. P. Asner, C. Barford, G. Bonan, S. R. Carpenter, F. S. Chapin, M. T. Coe, G. C. Daily, H. K. Gibbs, J. H. Helkowski, T. Holloway, E. A. Howard, C. J. Kucharik, C. Monfreda, J. A. Patz, I. C. Prentice, N. Ramankutty e P. K. Snyder. "Global Consequences of Land Use." *Science* 309 (2005): 570-74.

Foley, J. A., N. Ramankutty, K. A. Brauman, E. S. Cassidy, J. S. Gerber, M. Johnston, N. D. Mueller, C. O'Connell, D. K. Ray, P. C. West, C. Balzer, E. M. Bennett, S. R. Carpenter, J. Hill, C. Monfreda, S. Polasky, J. Rockstrom, J. Sheehan, S. Siebert, D. Tilman e D. P. M. Zaks. "Solutions for a Cultivated Planet." *Nature* 478 (2011): 337-42.

Godfray, H., J. Charles, J. Beddington, I. R. Crute, L. Haddad, D. Lawrence, J. F. Muir, J. Pretty, S. Robinson, S. M. Thomas e C. Toulmin. "Food Security: The Challenge of Feeding 9 Billion People." *Science* 327 (2010): 812-18. <www.sciencemag.org/content/327/5967/812.full>.

Kaufman, M. "New Allies on the Amazon." *Washington Post*, 24 de abril de 2007. <www.washingtonpost.com/wp-dyn/content/article/2007/04/23/AR2007042301903.html>.

Lambin, E. F. e P. Meyfroidt. "Global Land Use Change, Economic Globalization, and the Looming Land Scarcity." *Proceedings of the National Academy of Sciences of the United States of America* 108 (2011): 3465-72. <www.pnas.org/content/108/9/3465.full.pdf+html>.

Macedo, M. N., R. S. DeFries, D. C. Morton, C. M. Stickler, G. L. Galford e Y. E. Shimabukuro. "Decoupling of Deforestation and Soy Production in the Southern Amazon During the Late 2000s." *Proceedings of the National Academy of Sciences of the United States of America* 109 (2012): 1341-46. <www.pnas.org/content/109/4/1341.full.pdf>.

Morton, D. C., R. S. DeFries, Y. E. Shimabukuro, L. O. Anderson, E. Arai, F. del Bon Espirito-Santo, R. Freitas e J. Morisette. "Cropland Expansion Changes Deforestation Dynamics in the Southern Brazilian Amazon." *Proceedings of the National Academy of Sciences of the United States of America* 103 (2006): 14637-41. <www.pnas.org/content/103/39/14637.full.pdf+html>.

Bibliografia

National CJD Surveillance Unit. "Creutzfeldt-Jakob Disease Surveillance in the U. K." 18º Relatório Anual. <www.cjd.ed.ac.uk/Archive%20reports/report18.pdf>.

NationalCreutzfeldt-JakobDiseaseResearch&SurveillanceUnit(NCJDRSU). "Variant Creutzfeldt-Jakob Disease Current Data (August 2012)." <www.cjd.ed.ac.uk/vcjdworld.htm>.

Nepstad, D. C., D. G. McGrath e B. Soares-Filho. "Systemic Conservation, REDD, and the Future of the Amazon Basin." *Conservation Biology* 25 (2011): 1113-16.

Nepstad, D. C., C. M. Stickler, B. Soares-Filho e F. Merry. "Interaction Among Amazon Land Use, Forests and Climate: Prospects for a Near-term Forest Tipping Point." *Philosophical Transactions of the Royal Society* B 363 (2007): 1737-46.

Nepstad, D., B. S. Soares-Filho, F. Merry, A. Lima, P. Moutinho, J. Carter, M. Bowman, A. Cattaneo, H. Rodrigues, S. Schwartzman, D. G. McGrath, C. M. Stickler, R. Lubowski, P. Piris-Cabezas, S. Rivero, A. Alencar, O. Almeida e O. Stella. "The End of Deforestation in the Brazilian Amazon." *Science* 326 (2009): 1350-51. <www.lerf.esalq.usp.br/divulgacao/recomendados/artigos/nepstad2009.pdf>.

Nepstad, D. C., C. M. Stickler e O. T. Almeida. "Globalization of the Amazon Soy and Beef Industries: Opportunities for Conservation." *Conservation Biology* 20 (2006): 1595-603.

Owen, D. *The Conundrum: How Scientific Innovation, Increased Efficiency, and Good Intentions Can Make Our Energy and Climate Problems Worse*. Nova York: Riverhead Books, 2012.

Rudorff, B. F. M., M. Adami, D. Alves Aguiar, M. A. Moreira, M. P. Mello, L. Fabiani, D. F. Amaral e B. M. Pires. "The Soy Moratorium in the Amazon Biome Monitored by Remote Sensing Images." *Remote Sensing* 3 (2011): 185-202. <www.mdpi.com/2072–4292/3/1/185/pdf>.

Tercek, M. "Feeding the World Through Smarter Agriculture." *Cool Green Science: The Conservation Blog of the Nature Conservancy*, 27 de abril de 2012. <blog.nature.org/2012/04/feeding-the-world-without-destroying-our-planet/>.

_____. "How to Feed 7 Billion and Counting." *Huffington Post*, 11 de novembro de 2011. <www.huffingtonpost.com/mark-tercek/how-to-feed-7-billion-and_b_1069666.html>.

Thurow, R. e S. Kilman. *Enough: Why the World's Poorest Starve in an Age of Plenty*. Nova York: PublicAffairs, 2009.

Tscharntke, T., Y. Clough, T. C. Wanger, L. Jackson, I. Motzke, I. Perfecto, J. Vandermeer e A. Whitbread. "Global Food Security, Biodiversity Conservation, and the Future of Agricultural Intensification." *Biological Conservation* 151 (2012): 53-59. <www.sciencedirect.com/science/article/pii/S0006320712000821#>.

World Organisation for Animal Health. "Number of Cases of Bovine Spongiform Encephalopathy (BSE) Reported in the United Kingdom." Chart. Paris: OIE, 2012. <www.oie.int/en/animal-health-in-the-world/bse-specific-data/number-of-cases-in-the-united-kingdom/>.

Capítulo 6: O recife de 1 milhão de dólares

Agardy, T., G. N. di Sciara e P. Christie. "Mind the Gap: Addressing the Shortcomings of Marine Protected Areas Through Large Scale Marine Spatial Planning." *Marine Policy* 35 (2011): 226-32.

Cressey, D. "Plans for Marine Protection Highlight Science Gap." *Nature* 469 (2011): 146. <www.nature.com/news/2011/110110/full/469146a.html>.

Gell, F. R. e C. M. Roberts. "Benefits Beyond Boundaries: The Fishery Effects of Marine Reserves and Fishery Closures." *Trends in Ecology and Evolution* 18 (2003): 448-55.

Hamilton R. J., T. Potuku e J. R. Montambault. "Community-Based Conservation Results in the Recovery of Reef Fish Spawning Aggregations in the Coral Triangle." *Biological Conservation* 144 (2011): 1850-58.

Bibliografia

IUCN World Commission on Protected Areas. "Establishing Resilient Marine Protected Area Networks – Making It Happen." Washington, DC: IUCN-ECPA, NOAA e TNC, 2008. <tinyurl.com/9d8o44n>.

Leisher, C., P. van Beukering e L. M. Scherl. "Nature's Investment Bank: How Marine Protected Areas Contribute to Poverty Reduction." Arlington, VA: TNC, 2007. <tinyurl.com/9mgt8xy>.

Lubchenco, J. e L. E. Petes. "The Interconnected Biosphere: Science at the Ocean's Tipping Points." *Oceanography* 23 (2010): 115-29. <www.tos.org/oceanography/archive/23–2_lubchenco.pdf>.

Partnership for Interdisciplinary Studies of Coastal Oceans (PISCO). "The Science of Marine Reserves." 2ª ed., versão internacional. <www.piscoweb.org/files/images/pdf/SMR_Intl_LowRes.pdf>.

Russ, G. R. e A. C. Alcala. "Enhanced Biodiversity Beyond Marine Reserve Boundaries: The Cup Spillith Over." *Ecological Applications* 21 (2011): 241-50.

United Nations Development Programme, UN Environment Programme, the World Bank, and WRI. "World Resources 2005 – The Wealth of the Poor." Washington, DC: WRI, 2005. <pdf.wri.org/wrr05_full_hires.pdf>.

Weeks, R., G. R. Russ, A. C. Alcala e A. T. White. "Effectiveness of Marine Protected Areas in the Philippines for Biodiversity Conservation." *Conservation Biology* 24 (2010): 531-40.

World Bank Group. *Attacking Poverty: The World Bank Development Report 2000/2001.* Nova York: Oxford University Press, 2000.

Capítulo 7: Investindo no futuro diante da mudança climática

Aldy, J. E. e R. N. Stavins. "The Promise and Problems of Pricing Carbon: Theory and Practice." Harvard Kennedy School Faculty Research Series RWP11-041, 2011. <web.hks.harvard.edu/publications/getFile.aspx?Id=734>.

Angelsen, A. "Forest Cover Change in Space and Time: Combining the Von Thünen and Forest Transition Theories." World Bank Policy Research

Working Paper WPS 4117. Washington, DC: World Bank, 2007. <tinyurl. com/8tryoaz>.

_____, ed. *Moving Ahead with REDD: Issues, Options and Implications*. Bogor, Indonésia: CIFOR, 2008. <tinyurl.com/8knycvm>.

"Better REDD than Dead: A Special Report on Forests." *The Economist*, 23 de setembro de 2010. <www.economist.com/node/17062737>.

Boucher, D. *Out of the Woods: A Realistic Role for Tropical Forests in Curbing Global Warming*. Cambridge, MA: Union of Concerned Scientists, 2008. <www.ucsusa.org/assets/documents/global_warming/UCS-REDD-Boucher-report.pdf>.

Bowen, A. "The Case for Carbon Pricing." Londres: Grantham Institute on Climate Change and the Environment, 2011. <www2.lse.ac.uk/GranthamInstitute/publications/Policy/docs/PB_case-carbon-pricing_Bowen.pdf>.

Busch, J., F. Godoy, W. R. Turner e C. A. Harvey. "Biodiversity Co-Benefits of Reducing Emissions from Deforestation under Alternative Reference Levels and Levels of Finance." *Conservation Letters* 4 (2011): 101-15.

Cleetus, R. "Finding Common Ground in the Debate Between Carbon Tax and Cap-and-Trade Policies." *Bulletin of the Atomic Scientists* 67 (2011): 19-27.

Danielsen, F., M. K. Sorensen, M. F. Olwig, V. Selvam, F. Parish, N. D. Burgess, T. Hiraishi, V. M. Karunagaran, M. S. Rasmussen, L. B. Hansen, A. Quarto e N. Suryadiputra. "The Asian Tsunami: A Protective Role for Coastal Vegetation." *Science* 310 (2005): 643.

Elias, P. e K. Lininger. "The Plus Side: Promoting Sustainable Carbon Sequestration in Tropical Forests." Cambridge, MA: Union of Concerned Scientists, 2010. <www.ucsusa.org/assets/documents/global_warming/The-Plus-Side.pdf>.

Environmental Justice Foundation. "Mangroves: Nature's Defence Against Tsunamis – A Report on the Impact of Mangrove Loss and Shrimp Farm Development on Coastal Defences." Londres: Environmental Justice Foundation, 2006. <www.pacificdisaster.net/pdnadmin/data/documents/2604.html>.

Gilman E. L., J. Ellison, N. C. Duke e C. Field. "Threats to Mangroves from Climate Change and Adaptation Options." *Aquatic Botany* 89 (2008): 237-50.

Gricsom, B., P. Ellis, F. Putz e J. Halperin. "Emissions and Potential Emissions Reductions from Logging Concessions of East Kalimantan, Indonesia." Washington, DC: Usaid, 2011. <tinyurl.com/9x7br2t>.

Hamilton, K., R. Bayon, G. Turner e D. Higgins. "State of the Voluntary Carbon Markets 2007: Picking Up Steam." Washington, DC: Ecosystem Marketplace, 2007. <ecosystemmarketplace.com/documents/acrobat/StateoftheVoluntaryCarbonMarket18July_Final.pdf>.

Hansen, J., M. Sato e R. Ruedy. "Perception of Climate Change." *Proceedings of the National Academy of Sciences of the United States of America*, 6 de agosto de 2012. <www.pnas.org/content/109/37/E2415.full.pdf+html>.

Harris, N. L., S. Brown, S. C. Hagen, S. S. Saatchi, S. Petrova, W. Salas, M. C. Hansen, P. V. Potapov e A. Lotsch. "Baseline Map of Carbon Emissions from Deforestation in Tropical Regions." *Science* 336 (2012):1573-76.

Hoffman, A. J. "Getting Ahead of the Curve: Corporate Strategies that Address Climate Change." Ann Arbor, MI: Pew Center on Global Climate Change, 2006. <www.c2es.org/docUploads/PEW_CorpStrategies.pdf>.

Informal Working Group on Interim Finance for REDD. Discussion Document. 27 de outubro de 2009. <www.theredddesk.org/sites/default/files/resources/pdf/2010/Report_of_the_Informal_Working_Group_on_Interim_Finance_for_REDD_IWG_IFR__October_2009.pdf>.

Kanninen M., D. Murdiyarso, F. Seymour, A. Angelsen, S. Wunder e L. German. *Do Trees Grow on Money? The Implications of Deforestation Research for Policies to Promote REDD.* Bogor, Indonésia: CIFOR, 2007. <www.cifor.org/publications/pdf_files/Books/BKanninen0701.pdf>.

Kindermann G., M. Obersteiner, B. Sohngen, J. Sathaye, K. Andrasko, E. Rametsteiner, B. Schlamadinger, S. Wunder e R. Beach. "Global Cost Estimates of Reducing Carbon Emissions Through Avoided Deforestation." *Proceedings of the National Academy of Sciences of the United States of America* 105 (2008): 10302-07. <www.pnas.org/content/105/30/10302.full>.

Kodas, M. "Life on the Edge (of Wildfire)." *OnEarth*, 7 de agosto de 2012. <www.onearth.org/article/life-on-the-edge-of-wildfire>.

Madsen, T. e N. Willcox. "When It Rains, It Pours: Global Warming and the Increase in Extreme Precipitation from 1948 to 2011." Washington, DC: Environment America Research & Policy Center, 2012. <www.environmentamerica.org/sites/environment/files/reports/When%20It%20Rains%2C%20It%20Pours%20vUS.pdf>.

Matthews, J. H., B. A. J. Wickel e S. Freeman. "Converging Currents in Climate-Relevant Conservation: Water, Infrastructure, and Institutions." PLOS *Biology* 9 (2011): e1001159. doi:10.1371/journal.pbio.1001159.

Nepstad, D., B. Soares-Filho, F. Merry, P. Moutinho, H. Oliveira Rodrigues, M. Bowman, S. Schwartzman, O. Almeida e S. Rivero. "The Costs and Benefits of Reducing Carbon Emissions from Deforestation and Forest Degradation in the Brazilian Amazon." Falmouth, MA: The Woods Hole Research Center, 2007. <www.whrc.org/policy/pdf/cop13/WHRC_Amazon_REDD.pdf>.

Nordhaus, W. D. "The Architecture of Climate Economics: Designing a Global Agreement on Global Warming." *Bulletin of the Atomic Scientists* 67 (2011): 9-18.

_____. "Economic Aspects of Global Warming in a Post-Copenhagen Environment." *Proceedings of the National Academy of Sciences of the United States of America* 107 (2010): 11721-26. <nordhaus.econ.yale.edu/documents/Copen_020310.pdf>.

_____. *A Question of Balance: Weighing the Options on Global Warming Policies.* New Haven, CT: Yale University Press, 2008.

Peters-Stanley, M. e K. Hamilton. "Developing Dimension: State of the Voluntary Carbon Markets 2012." Relatório de Ecosystem Marketplace & Bloomberg New Energy Finance, 2012. <www.forest-trends.org/documents/files/doc_3164.pdf>.

Powell, N., M. Osbeck, S. B. Tan e V. C. Toan. "World Resources Report Case Study. Mangrove Restoration and Rehabilitation for Climate Change Adaptation in Vietnam." Relatório de Recursos Mundiais, Washington, DC. <http://www.worldresourcesreport.org/files/wrr/wrr_case_study_mangrove_restoration_vietnam.pdf>.

Putz, F. E., P. A. Zuidema, T. Synnott, M. Peña-Claros, M. A. Pinard, D. Sheil, J. K. Vanclay, P. Sist, S. Gourlet-Fleury, B. Griscom, J. Palmer e R. Zagt. "Sustaining Conservation Values in Selectively Logged Tropical Forests: The Attained and the Attainable." *Conservation Letters* 5 (2012): 296-303.

Royal Academy of Engineering. "Infrastructure, Engineering and Climate Change Adaptation – Ensuring Services in an Uncertain Future." Londres: The Royal Academy of Engineering em nome de *Engineering the Future*, 2011. <www.raeng.org.uk/adaptation>.

Sathirathai, S. e E. B. Barbier. "Valuing Mangrove Conservation in Southern Thailand." *Contemporary Economic Policy* 19 (2001): 109-22. <tinyurl.com/8lgpmpw>.

Siikamäki, J., J. N. Sanchirico e S. L. Jardine. "Global Economic Potential for Reducing Carbon Dioxide Emissions from Mangrove Loss." *Proceedings of the National Academy of Sciences of the United States of America*, julho de 2012. <www.pnas.org/cgi/doi/10.1073/pnas.1200519109>.

Stavins, R. N. e K. R. Richards. "The Cost of U. S. Forest-Based Carbon Sequestration." Arlington, VA: Pew Center on Global Climate Change, 2005. <www.c2es.org/docUploads/Sequest_Final.pdf>.

Williams, N. "Tsunami Insight to Mangrove Value." *Current Biology* 15 (2005). <tinyurl.com/8ka7lg3>.

Zarin, D. J. "Carbon from Tropical Deforestation." *Science* 336 (2012): 1518-19.

Capítulo 8: Cidade e campo

American Water Intelligence. DC *Water Chief: Right Place, Right Time*. Vol. 3(3): 22-23. Dezembro de 2010.

Bratman, G. N., J. P. Hamilton e G. C. Daily. "The Impacts of Nature Experience on Human Cognitive Function and Mental Health." *Annals of the New York Academy of Sciences* 1249 (2012): 118-36.

"Coca-Cola on the Yangtze: A Corporate Campaign for Clean Water in China." *Law and Public Policy*, 18 de agosto de 2010. <knowledge.wharton. upenn.edu/article.cfm?articleid=2568>.

Cohen, R., B. Nelson e G. Wolff. *Energy Down the Drain: The Hidden Costs of California's Water Supply.* Nova York: Natural Resources Defense Council, 2004. <www.nrdc.org/water/conservation/edrain/edrain.pdf>.

Denning, C. A., R. I. McDonald e J. Christensen. "Did Land Protection in Silicon Valley Reduce the Housing Stock?" *Biological Conservation* 143 (2010): 1087-93.

Dunn, A. D. "Siting Green Infrastructure: Legal and Policy Solutions to Alleviate Urban Poverty and Promote Healthy Communities." *Environmental Affairs* 37 (2010): 41-66. <digitalcommons.pace.edu/lawfaculty/559>.

Fishman, C. "Why GE, Coca-Cola, and IBM Are Getting into the Water Business." *Fast Company* 154, 11 de abril de 2011. <www.fastcompany. com/magazine/154/a-sea-of-dollars.html>.

_____. *The Big Thirst: The Secret Life and Turbulent Future of Water.* Nova York: Free Press, 2011.

Fuller, R. A., K. N. Irvine, P. Devine-Wright, P. H. Warren e K. J. Gaston. "Psychological Benefits of Greenspace Increase with Biodiversity." *Biology Letters* 3 (2007): 390-94.

Gardiner, B. "Beverage Industry Works to Cap Its Water Use." *New York Times*, 21 de março de 2011. <www.nytimes.com/2011/03/22/business/energy-environment/22iht-rbog-beverage-22.html?pagewanted=all>.

Garrison, N. e K. Hobbs. *Rooftops to Rivers II: Green Strategies for Controlling Stormwater and Combined Sewer Overflows.* Nova York: Natural Resources Defense Council, 2011. <www.nrdc.org/water/pollution/rooftopsii/files/rooftopstoriversII.pdf>.

Garrison, N., R. C. Wilkinson e R. Horner. *A Clear Blue Future: How Greening California Cities Can Address Water Resources and Climate Challenges in the 21st Century*. Seattle: Natural Resources Defense Council, 2009. <www.nrdc.org/water/lid/files/lid_hi.pdf>.

Gill, S. E., J. F. Handley, A. R. Ennos e S. Pauleit. "Adapting Cities for Climate Change: The Role of the Green Infrastructure." *Built Environment* 33 (2007): 115-33. <tinyurl.com/936q5lv>.

Jones, P. "Corporate Giants Back WRI." *Environmental Finance*, 18 de agosto de 2011. <www.environmental-finance.com/news/view/1923> (requer assinatura).

Kloss, C. e C. Calarusse. *Rooftops to Rivers: Green Strategies for Controlling Stormwater and Combined Sewer Overflows*. Washington, DC: Natural Resources Defense Council, 2006. <www.nrdc.org/water/pollution/rooftops/rooftops.pdf>.

Land Trust Alliance. 2010 National Land Trust Census Report. <www.landtrustalliance.org/land-trusts/land-trust-census/national-land-trust-census-2010/2010-final-report>.

Lederbogen, F., P. Kirsch, L. Haddad, F. Streit, H. Tost, P. Schuch, S. Wüst, J. C. Pruessner, M. Rietschel, M. Deuschle e A. Meyer-Lindenberg. "City Living and Urban Upbringing Affect Neural Social Stress Processing in Humans." *Nature* 474 (2011): 498-501.

Mell, I. "Green Infrastructure: Concepts and Planning." *FORUM Ejournal* 8 (2008): 69-80.

Nidumolu, R., C. K. Prahalad e M. R. Rangaswami. "Why Sustainability Is Now the Key Driver of Innovation." *Harvard Business Review*, setembro de 2009.

Olmsted, F. L. "The Value and Care of Parks." Relatório à Assembleia do Estado da Califórnia, 1865. Republicado em *The American Environment*, ed. R. Nash, 18-24. Reading, MA: Addison-Wesley Pub. Co., 1976.

_____. "Yosemite and the Mariposa Grove: A Preliminary Report, 1865." <www.yosemite.ca.us/library/olmsted/report.html>.

Raucher, R. S. "A Triple Bottom Line Assessment of Traditional and Green Infrastructure Options for Controlling cso Events in Philadelphia's Watersheds: Final Report." 24 de agosto de 2009. Boulder, co: Stratus Consulting Inc. <permanent.access.gpo.gov/gpo23888/gi_philadelphia_bottomline.pdf>.

Rybczynski, W. *A Clearing in the Distance: Frederick Law Olmsted and America in the Nineteenth Century*. Nova York: Scribner, 1999.

Capítulo 9: As empresas em defesa da natureza

Eccles, R. G., I. Ioannou e G. Serafeim. "The Impact of a Corporate Culture of Sustainability on Corporate Behavior and Performance." Harvard Business School Working Paper 12-035, 9 de maio de 2012. <www.hbs.edu/research/pdf/12–035.pdf>.

Nidumolu, R., C. K. Prahalad e M. R. Rangaswami. "Why Sustainability Is Now the Key Driver of Innovation." *Harvard Business Review*, setembro de 2009.

Tercek, M. "Making the Business Case for Conservation." *Cool Green Science: The Conservation Blog of the Nature Conservancy*, 27 de janeiro de 2012. <blog.nature.org/2012/01/making-the-business-case-for-conservation/>.

_____. "Rio+20: Leadership from New Directions." *Cool Green Science: The Conservation Blog of the Nature Conservancy*, 27 de junho de 2012. <blog.nature.org/2012/06/rio-20-leadership-new-directions-mark-tercek/>.

Walsh, S. "Science in the tnc-Dow Collaboration Analysis #2: Preserving or Restoring Coastal Habitats & Coastal Risk Mitigation." *Science Chronicles*, 16 de abril de 2012. <www.conservationgateway.org/News/Pages/science-tnc-dow-collaboraaspx16.aspx>.

White, A. "Sustainability and the Accountable Corporation." *Environment* 41 (1999): 30-43.

Conclusão

Nordhaus, W. D. "Why the Global Warming Skeptics Are Wrong." *New York Review of Books*, 22 de fevereiro de 2012.

Índice remissivo

3M, 196

abastecimento de água, 21-3, 159
Academia Nacional de Ciências, 126
ácida, chuva, 163-4
Acordo para a Conservação da Pesca,
  na Califórnia, 96-7
Acre, Brasil, 165-6
administração do meio ambiente, 112, 224
Administração Nacional de Oceanos
  e Atmosfera (NOAA), 130-1, 141
Agência de Proteção Ambiental (EPA), 11,
  18, 44, 46, 164, 182-3
  e nível de ozônio, no Texas, 209-10
  multas aplicadas por, 185, 186
agricultores, e projetos de alteração
  de diques, 77-8
agricultura
  cultura favorável à vida silvestre, 121, 122
  dilema dos fertilizantes, 123-4
  e agrossilvicultura, 121

e clima seco, 87-8
e conservação, 103-5, 127
e cultura favorável à vida silvestre, 121
e culturas de OGMs, 125-7
e *fieldprint*, 123-5
e intercâmbios de água, 24-5, 25-7
e modificação de planta, 124-5
e tecnologia, 123-7, 221
eficiência e sustentabilidade, 123-4
fertilizante, 123
intensiva, 119-22
orgânica, 122-3
pegada da, 119-24 (*ver também* pegada
  de carbono; pegada de água)
vs. empresas, e escassez de água, 35
agronegócio, 105, 107
agrossilvicultura, 121
água
  como um direito da humanidade, 28-9
  compra e venda de, 24, 26-7
  da chuva, 181, 182, 184-6
  do Oeste norte-americano, 29

Capital natural

e a infraestrutura verde, 182-4
e as cidades, 181-4
e as florestas, 21-2, 46-7
e infraestrutura de água urbana, 182
e o transbordamento combinado de
  esgoto (cso), 184-6
e o valor da natureza, 21
em Quito (Equador), 46-9
na cidade de Nova York, 41-6
preço e importância da, 29
privado e público, em Nova York, 48
propriedade da, 24-5, 28-9
água, conservação, e negócios, 34-5
água da chuva, 181, 182, 184-7
água-positiva, e Pepsi, 34
Alabama, 130, 147, 148
alagamentos,
  em Iowa, 76
  em Louisiana, 60-2
  enchentes, 181
  Nashville (Tennessee), 155-6
  rio Mississippi, 63-4, 65, 67
Alasca, 91, 196
All the Fish in the Sea (Finley), 87
Amazonas, rio, 107-9
Amazônia
  administração do meio ambiente da, 112
  desmatamento na, e cultura da soja,
    106-11, 113, 114
  desmatamento na, e desenvolvimento
    econômico, 165-6
  desmatamento na, e indústria pecuária,
    113-5
  e clima, global, 112-3
  e o Código Florestal brasileiro, 111-3,
    114
  Ver também Brasil
ambientalistas, e governo, ações judiciais
  contra, 91-2
América Central, desmatamento na, 109
América do Norte, e desmatamento e
  desenvolvimento econômico, 165-6
América do Sul, 86

América Latina, 37
  Coca-Cola femsa na, 21
  desflorestamento na, 168
  fundos da água na, 51
American Electric Power, 213
Amigos da Terra (foe), 114
Anderson, Ray, 199-200, 203
Apo, ilha, Filipinas, 136
Appleton, Al, 44-5
aquecimento global. *Ver* mudança
  climática
aqueduto de Los Angeles, 24
aqueduto do vale Owens, 24
Aquífero Edwards, 30, 32
Archer Daniels Midland, 107
área da baía de San Francisco,
  e infraestrutura verde e água, 183-4
áreas úmidas
  e Dow Chemical, 209-12
  perda das, 76, 146-7
  restauração das, 57-8
  restauração de, em Cape May,
    New Jersey, 169-70
Arnold Arboretum (Boston), 176
arrasto/rede de arrasto, 85, 86, 91-5
Ásia, 168
Assembleia Geral das Nações Unidas
  (agnu), 28
atividade humana benéfica à natureza, 88
aumento do nível do mar, 154-5
Austrália, 28, 30-1, 99, 120, 162, 163
Avaliação Ecossistêmica do Milênio (ma),
  202-3

bacia do Atchafalaya (costa da Louisiana),
  pântanos da, 67
bacias hidrográficas, 77
  Catskill, 41-2, 43-8, 61, 178
  e planícies inundáveis, 61
  investimento em conservação, 54-5
  proteção, em Quito (Equador), 49
  reflorestamento, e rio Cauca, 39-40, 52-3

Índice remissivo

Back Bay Fens (Boston), 176, 178
Banco Interamericano de Desenvolvimento
  (BID), 51
Barry, John, 64
Belterra (plantação de seringueiras), 107,
  109-10
Bill e Melinda Gates, fundação, 125
biofilia, 217-21
biologia sintética, 126-7. *Ver também*
  culturas de OGMs
Black Coral, ilha (oeste do Pacífico), 131-4,
  136
Bluebelt, 178
Bogotá (Colômbia), 39, 51
Bolívia, e a TNC, 213
Borlaug, Norman, 104
Boston, floresta urbana em, 175-6, 177
BP, 192
Brasil, 153, 165-6
  desmatamento no, 111-3
  desmatamento *vs.* economia do, 116-7
  índice de desmatamento no, 166
  Ver também Amazônia; Santarém
Braungart, Michael, 199-200
Brazos, rio, 204-5, 207-9
brejos costeiros, 146-7
  Ver também pântanos
Brooklyn Water Bagel Co., 41
Bunge, 107
Bush, George H. W., 164
Bush, George W., 13

Cadillac Desert (Reisner), 30
Califórnia
  acesso, distribuição e valor da água na,
    27-8
  área da baía de San Francisco, 183-4
  colapso da pesca na, 90-1
  corrente norte da, 92
  direitos à pesca dos peixes de fundo na, 94
  e Acre (Brasil), 165
  e aqueduto de Los Angeles, 24

  e controle da pesca (*ver* controle da
    pesca, na Califórnia)
  e créditos de carbono, 163-4, 165
  e infraestrutura verde e água, 184
  e transferência de água, campo para a
    cidade, 25-7
  escassez de água na, 25-7
  guerra da água, na, 4-5
  Salton Sea, 26-7
  vale Imperial, 26-8
  Ver também Morro Bay (Califórnia)
camada de neve, 159
Caminada (Louisiana), baía, 143,
  144, 145
Cape May (New Jersey), 169
capital, para conservação, 40
capital natural, 18-9, 222
  e Dow Chemical, 193-4, 207
  e investimento em, 153
  Ver também valor da natureza
Captura Máxima Sustentável, 87, 89
Carbon Scam (Greenpeace), 213
carbono azul, 165
Cargill, 106-15, 192
  com Greenpeace e McDonald's, aliança,
    106-11, 113-4
  e desmatamento e plantação de soja,
    na Amazônia, 106-15
  e imagens de satélite, 113, 115
Carolina do Norte, 142-3
Carrefour, 114-5
Carrera, Joshua, 215-8
Carson, Rachel, 19
Cartagena (Colômbia), 21, 37
Caterpillar (companhia), 196
Catskill, bacia hidrográfica de, 41-8,
  61, 178
Cauca, rio, e desmatamento das bacias
  hidrográficas, 39, 52
Cauca, vale (Colômbia), 37, 39, 41,
  52-7
Costa Central (Califórnia), 80, 82, 85
Central Park (Nova York), 175-6

255

Centro de Ciência da Planta Donald Danforth, 131

Centro Internacional para a Agricultura Tropical (ICTA), 54

Chesapeake, baía, restauração do recife de ostras na, 142-3, 144

Ceres. *Ver* Coalizão de Economias Ambientalmente Responsáveis

Cerrado (Brasil), 110-1, 115

Cervecería Nacional, fabricante de cervejas (Quito, Equador), 49

Chapman, Wilbert, 88

Charles, rio, 176

Chevron, 197

Chiapas (México), 157, 159

Chile, 86, 87, 99

China, 25, 60-1, 164

Chinatown (filme), 24

Christensen, Jon, 179

"Cidade Verde, Água Limpa", projeto, (Filadélfia), 186

cidades
benéfico ao meio ambiente, 179-81
e água, 181-4
e enxurradas, 182-3
e infraestrutura verde, 188
vs. natureza, 218
Ver também conservação urbana

classe média, crescimento da, 221

Clay, Jason, 117

Cleary, David, 114

Cleveland (Ohio), incêndio no rio Cuyahoga, 151-2

clima, variabilidade do, 156
Ver também tempo instável

clima do planeta, 112

clima extremo, 58-9, 68, 156

Coalizão de Economias Ambientalmente Responsáveis (Ceres), 197

Coca-Cola, 200-1
e escassez de água, em Kerala (Índia), 32-5
e reabastecimento da água, 34
pegadas da água, 35-6

Coca-Cola FEMSA, 21-3, 39

Código Florestal brasileiro, 111-3

Coffee Island, baía de Portersville (Alabama), restauração do recife de ostras na, 147-8

Colômbia, 21, 37
plantadores de cana na, e falta de água, 39, 40-1
plantadores de cana na, e fundo da água, 52-6

Colorado, rio, 25-7, 123

Columbia Bottomland (Freeport, Texas), floresta de, 210, 211

Colúmbia Britânica (Canadá), 82, 162

commodities
empresas de, 117-8
mercado de, 119

companhias produtoras de alimento, 105

Conselho Administrativo da Pesca no Pacífico, 91, 93, 94
Ver também controle de pesca

Conferência da Terra (Rio de Janeiro), junho de 1992. *Ver* Conferência sobre Meio Ambiente e Desenvolvimento das Nações Unidas

Conselho de Defesa dos Recursos Naturais (NRDC), 181-3, 188

Conselho de Manejo Florestal (FSC), 118

Conselho Empresarial Mundial para o Desenvolvimento Sustentável (WBCSD), 197, 198

Conferência sobre Meio Ambiente e Desenvolvimento das Nações Unidas (ECO-92), 197

conservação
capital para a, 40
e agricultura, 103-5, 127
e empresas, 222
e habitação, 180-1
Ver também conservação urbana

conservação urbana, 170-4
apoio à, 188-9

Índice remissivo

e arquitetos e urbanistas, 172-3
e as cidades benéficas ao meio ambiente, 179-80
e as florestas urbanas, 174-7
e o valor da natureza, 174
e os parques urbanos, 175-7
e paisagismo, 175-6
em San Francisco, 180
Ver também cidades; conservação; infraestrutura verde
conservacionistas, pescadores como, 86, 100-1
Conservation Foundation, 178
consumidores
e fabricantes, registro ambiental dos, 34
e pegadas de água, 36
e pegadas de carbono, 36
consumo, e crescimento populacional, 23
consumo de água, equilíbrio, 27
Cook, Chuck, 93
conduta ambiental corporativa, princípios da, 197
controle da poluição, em Nova York, 43-6
controle de alagamentos, 59
e engenharia, 68
e rio Mississippi, 63-7
controle de pesca
atual postura do, 88
Captura Máxima Sustentável, 89
e ação do congresso, 91
e conselhos regionais e federais, 89, 91-3
Lei de Conservação e Controle da Pesca Magnuson-Stevens, 86-9, 91
sem sentido, 90
Ver também controle de pesca, na Califórnia
controle de pesca, na Califórnia, 93-100
e alimentos marinhos sustentavelmente cultivados, 98
e comportamento do mercado, 98
e eCatch, 99-100
e licenças de arrasto, 93-5
e o Acordo para a Conservação de Pesca, 96

e o Fundo de Cotas Comunitário, 100
e pesca compartilhada, 97
e pesca comunitária, 99-100
Ver também controle de pesca
Corpo de Engenheiros do Exército dos Estados Unidos (Usace), 61, 71, 141, 156, 204
e recife de ostras, restauração do, 144-5
e rio Mississippi, controle do, 64-5, 66-7
Corporação Autônoma Regional do Vale do Cauca (cvc), 52, 53
corporações multinacionais, 191-4
e demanda de consumo, 192
e desenvolvimento sustentável, 193, 194, 198-203
e lavagem verde, 193
e organizações de conservação, 212-3
e responsabilidade ambiental, 196-8
Ver também as corporações individualmente
corrente norte da Califórnia, 92
corte de árvores, 167
e direitos às florestas, 168
Ver também desmatamento; madeira
créditos de carbono, 163-5
Ver também mercado de carbono
crianças, e natureza, tempo na, 219
Criss, Robert E., 67
Croton, rio, 42-4
cso. *Ver* transbordamento de esgoto combinado, 184
cultura da soja,
e desmatamento, na Amazônia, 104-11, 113-4
em Mollicy Bayou, 68-9
moratória para, 110, 113
culturas de ogms, 125-7
cultura de trigo, no México, 104
cultura favorável à vida silvestre, 121
Cumberland, rio, 155-6
currículo ambiental, do fabricante, e consumidores, 34
Cuyahoga, rio, 151-2

cvc. *Ver* Corporação Autônoma Regional do Vale do Cauca

Daily, Gretchen, 13, 40
Daly, Herman, 40
DDT, 18
decreto de calamidade, pesca, 89-90
Deepwater Horizon, vazamento de petróleo, 129, 140-1, 149
Delaware, rio, 42, 184
demanda de consumo, e corporações multinacionais, 192
Denning, Carrie, 179
Design with Nature (McHarg), 189
Departamento de Agricultura dos Estados Unidos, 78
Departamento de Proteção Ambiental da Pensilvânia, 185
Desafio da Micronésia, 134-5
desenvolvimento econômico, desmatamento e mudança climática, relação entre, 165-8
desenvolvimento sustentável
  e a Avaliação Ecossistêmica do Milênio, 202-3
  e as corporações multinacionais, 193, 194, 196-203
  e o modelo de sete pontos de sustentabilidade, 200
  e os especialistas em sustentabilidade, 200-1
  e recursos naturais, uso dos, 196-7
desenvolvimento urbano verde, e emissões de gases do efeito estufa, 173
desertos de Omã, sistemas de fornecimento de água nos, 30
desmatamento,
  desenvolvimento econômico, e mudança climática, relação entre, 165-8
  e emissões de carbono, 168
  e indústria pecuária, na Amazônia, 113-5

e plantação de soja, na Amazônia, 106-11, 113, 114
e reflorestamento, em Quito (Equador), 50
no Brasil, 110-3
vs. economia, do Brasil, 116-7
Ver também corte de árvores, madeira
Diamond, Jared, 81
dilema dos fertilizantes, 123-4
dióxido de carbono, 160, 162, 184
diques, 60
  construção e manutenção dos, 59
  custo ambiental dos, 67
  e Mollicy Bauyou, 69
  e Monroe (Louisiana), 61-2
  e planícies inundáveis, 62
  e projetos de alteração, 77-8
  e rio Mississippi, 63-7, 146, 154-5
  em New Orleans, 62, 64
  falha dos, Mississippi Valley; e inundação dos, 63-4
  nos Estados Unidos, 66-7
  remoção de, e restauração de planície inundável, na Louisiana, 62
  remoção de, e rio Ouachita, 61-2, 74
direito à água, 25-6, 31, 32, 37, 204
direito às florestas, 168
direito da humanidade, água como, 28
diversidade biológica, 167
dívida ambiental, e Código Florestal brasileiro, 111-2
doença da vaca louca. *Ver* encefalopatia espongiforme bovina
Dow Chemical, 191, 192, 195
  e a TNC, 193-4, 205-6, 209, 211
  e capital natural, 193-4, 207
  e estação de tratamento de água, *vs.* construção de pântano, 194-6
  e florestas, pântanos e áreas úmidas, 209-12
  e Freeport, Texas, 204-12
  e infraestruturas verde e cinza, 211
  e rio Brazos, 204-5, 207-9
  e valor da natureza, 203-13

Índice remissivo

DuPont, 104, 196-8

Eating Up the Amazon (Greenpeace), 109
eCatch (Sistema eletrônico de
  comunicação para barcos pesqueiros),
  99-100
Eccles, Robert, G., 201
Economia dos Ecossistemas e da
  Biodiversidade (Teeb), estudo, 202-3
economia, *vs.* desmatamento, no Brasil,
  116-7
ecossistemas, 22-3
  e espécies-chave, 191-2
  Ver também Avaliação Ecossistêmica do
  Milênio
Eddie & Sam's Pizza (Tampa, Flórida), 41
EDF. *Ver* Fundo de Defesa Ambiental
EEB. *Ver* encefalopatia espongiforme
  bovina
efeito indireto, 135-6
Ehrlich, Paul, 118
EKO Asset Management Partners, 188
Emerald Necklace (Boston), 176-7
emissões de carbono, 19, 152-4, 163-4,
  167-9
  e créditos de carbono, 163-5
  Ver também emissões de gases estufa
emissões de gases estufa, 153, 173
  Ver também emissões de carbono
empresas
  e abastecimento de água, 21-3
  e as necessidades humanas, e a natureza,
    relação indireta entre, 40-1
  e conservação, 206, 222
  e conservação da água, 35
  e escassez da água, 32-5
  e programas de promoção da saúde, 220
  e valor da natureza, 34
  vs. agricultura, e escassez de água, 35
encefalopatia espongiforme bovina (EEB),
  ou doença da vaca louca, 106
enchentes, 181

engenharia genética, 125
  Ver também culturas de OGMs
EPA. *Ver* Agência de Proteção Ambiental
Estados Federados da Micronésia, 133-5
Equador, 47, 86, 182
  Ver também Quito (Equador)
era da informação, e indústria pesqueira,
  99-100
escassez de água, 23-5, 29
  e a Coca-Cola, em Kerala (Índia), 32-3
  e a Nestlé, 34
  e empresas *vs.* agricultura, 32-5
  e o aqueduto de Los Angeles, 24
  e os plantadores de cana, na Colômbia,
    57, 59
  impacto da, 36-7
  na Califórnia, 24, 26-7, 27-8
  na China, 25
escola técnica de estudos ambientais
  (Manhattan), 215
Escritório de Recuperação (Estados
  Unidos), 29-30
especialistas em sustentabilidade, 200-201
espécies-chave, 191-2
estação de tratamento de água, *vs.*
  construção de zonas úmidas, 194-6
estacionaridade, do clima, 155-6
Estados Unidos
  diques nos, 66-7
  e emissões de carbono, 153, 163-4
  e imposto do carbono, 161-2
  e pegadas de água, 35-6
  sistema de saúde nos, 220
  sistemas de água nos, 181-2
estiagens, 156-7, 157-8, 181
estresse, e natureza, momento de, 219
estudantes, e o valor da natureza, 215-7
Europa, 162, 166
Exxon Valdez, vazamento de petróleo, 196-7

fabricante, currículo ambiental do,
  e consumidores, 34

259

fertilizante, 123
fieldprint, 123-4
Fieldprint Calculator, 123-4
Fiji, 135-6
Filadélfia, 184-7
filantropos, 40
Filipinas, 136, 138
filtragem de água, em Nova York, 43-5
Finley, Carmel, 87
Fishman, Charles, 31
floresta(s)
    conservação, e emissões de carbono, 153-4
    das bacias hidrográficas,
      do rio Cauca, 39-40, 52-3
    das planícies inundáveis,
      do vale do Mississippi, 63
    e água, 22-3, 47
    e camada de neve, 159
    e diversidade biológica, 167
    e Dow Chemical, 209-12
    hidrologicamente eficiente, 159-60
    tropicais, 153, 165-8
    urbana, 174-6
    Ver também Amazônia
Flórida, 31
Foley, Jonathan, 120, 122, 123
Ford, Henry, 107, 109-10
Fordlândia (plantação de seringueiras), 109
fornecimento de petróleo, 162
França, 142
Franklin Park (Boston), 176
Freeport (Texas), Dow Chemical no,
    204-12
Fundação FEMSA, 51
Fundação Rockefeller, 104
fundo da água, 39-40
    e compensações, 56
    e os plantadores de cana, na Colômbia,
      52-6
    em Quito (Equador), 48-52
    popularidade do, 50-1
Fundo de Cotas Comunitário, Pesca
    controlada, 100

Fundo de Defesa Ambiental (EDF), 94, 198
Fundo Global para o Meio Ambiente
    (GEF), 51
Fundo Mundial para a Vida Selvagem
    (WWF), 11, 54, 117
Fundo para Terras Públicas (TPL), 172
furacão
    de 1938 (Nova Inglaterra), 156
    e mudança climática, 156
    Irene, 156
    Katrina, 62, 139
    Rita, 139
    Sandy, 148
General Mills, 196
General Motors, 213
Georges Bank, zona de pesca, 89
Glaeser, Edward, 179
Golden Gate Park (San Francisco,
    Califórnia), 180
Goldman Sachs, 12, 201, 202
Golfo do México, 74, 76, 139
    e aumento do nível do mar, 154-5
    e o rio Brazos, 208
    e o vazamento de petróleo da Deepwater
    Horizon, 129, 140-1, 149
    pântanos da Costa do, perda dos,
      67, 146-7
    restauração do recife de ostras no,
      141-2, 149
    zona morta no, 145
Goodbye to a River (Graves), 204
governo,
    e infraestrutura verde, 186
    e mercados de carbono, 153-4
    processos contra o, e ambientalistas, 91-2
governo Obama, 163
Graham, Lindsey, 160
Grand Bank, zona de pesca, 89
Grand Isle (Louisiana)
    e aumento do nível do mar, 154-5
    restauração do recife de ostras em,
      139-41, 143-5, 147
Grande, rio, 29

Índice remissivo

Grande Barreira de Coral (Austrália), 137
Grande Furacão de 1938, na Nova
    Inglaterra, 156
Grantham, Jeremy, 118-9, 122
Graves, John, 204
Great Bay (New Hampshire), recifes de
    ostras em, 145
Greenpeace, 212-3
    aliança com McDonald's e Cargill,
        106-13
    e indústria pecuária e desmatamento,
        na Amazônia, 113-5
Grijalva, rio, 157, 158
habitação, 180
Hábitats de Peixes Essenciais, 91
Half Moon Bay, Califórnia, 93, 94, 99
Hardin, Garrett, 84-5, 87
Harte, John, 118
Hawken, Paul, 40, 199
Hawkins, Neil, 203
Hoekstra, Arjen, 35-7
Holdren, John, 118
Hoover, Represa, 30
Howard Buffet, fundação, 125
Hudson, rio, 42, 142
humanos e natureza, 217-8
Huxley, Thomas Henry, 87-8

ilhas do Pacífico, 131
    Ver também Black Coral; Pohnpei
imagem de satélite, 113
incêndios florestais, e estiagens, 156-7
Índia, 104, 164
    falta de água na, e Coca-Cola, 32-3
    Pepsi na, 33
Indonésia, 121, 138, 153, 165, 166, 168
indústria pecuária, e desmatamento,
    na Amazônia, 113-5
indústria pesqueira
    e era da informática, 99-100
    e peixe como troca, 86
    e pesca como uma *commodity*, 86

regulamentação federal, 93
    vs. organizações conservacionistas, 92-3
infraestrutura azul-verde, 182
infraestrutura, e mudança climática, 169-70
    Ver também infraestrutura cinza;
        infraestrutura verde
infraestrutura cinza, 43, 51, 144, 154-5,
    169, 187, 195, 211
    Ver também infraestrutura
infraestrutura de água urbana, 181-2, 182-3
    Ver também infraestrutura
infraestrutura turquesa. *Ver* infraestrutura
    azul-verde
infraestrutura verde, 43, 144, 177-8,
    178-81, 195, 184-5
    e água, 182-4
    e cidades, 188
    e conservação urbana, 171
    e governo, 186
    e infraestrutura urbana de água,
        183-4
    em Nova York, 188
    na Filadélfia, 186
    Ver também infraestrutura; conservação
        urbana
iniciativa do Triângulo de Coral para
    Recifes, Zonas de Pesca e Segurança
    Alimentar, 138
intercâmbio de água, 24-7
Interface (fabricante de revestimento para
    pisos), 198-200
inundação,
    causas de, 77
    dunas e áreas alagadas da costa,
        restauração das, 169-70
    e capacidade de armazenamento de
        água, 76
    em Louisiana, 60
    Lei de Inundação e Controle
        de 1928, 65
    natural, 76
    terras próximas aos rios, 77
Ioannou, Ioannis, 201-2

Iowa
  restauração das planícies inundáveis, 57-8, 75-8
  alagamentos em, 75-8
Iowa's Water and Land Legacy, 75
Irã, 155

Jadwin, Edgar, 64-5, 68
Jamaica Pond (Boston), 176
Jefferson, Thomas, 68-9
Johnson & Johnson, 220
justiça ambiental, organizações de, 172
Kalimantan Oriental (Indonésia), 165
Kent, Muhtar, 201
Kerala, Índia, escassez de água em, e Coca-Cola, 32-5
Kerry, John, 160
Keystone Center (Colorado), 123
Keystone Field to Market, iniciativa, 124
Kolonia (Pohnpei), 132-3
  Ver *também* Pohnpei

laboratório para inovação financeira da infraestrutura natural (NatLab), 188
Lafitte, Jean, 139
Last Child in the Woods (Luov), 219
lavagem verde, 193
Leaf. *Ver* Líderes em Ação Ambientalista para o Futuro
lei da água, do Texas, 31
Lei da Água Limpa, 149, 185
Lei de Conservação e Controle da Pesca Magnuson-Stevens, 89
Lei de Recursos e Sustentabilidade dos Ecossistemas, Oportunidades Turísticas e Economias Renovadas dos Estados da costa do golfo, 149
Lei do Ar Limpo, 164, 209
Lei do Santuário de Pohnpei, 134
Lei Federal do Transporte, 149
Levi's, e os jeans Water<Less, 37

liberdade dos comuns, 84
licença para usar rede de arrasto, na Califórnia, 93-5
licenças para poluir, 164
Líderes em Ação Ambientalista para o Futuro (Leaf), 215, 217-9
Lieberman, Joseph, 160
"Live for Life", programa de promoção da saúde, 220
Liveris, Andrew, 193, 203
lontras-do-mar, como espécie-chave, 192
Louisiana, 144, 145, 185-6
  e áreas alagadas, perda de, 146
  e Mollicy Bayou, restauração do, 68-75
  e pântanos da bacia do Atchafalaya, 67
  planícies inundáveis em, 60-1
  projetos de recuperação do Corpo de Engenheiros do Exército dos Estados Unidos na,
  recuperação de recifes de ostras, 130
  restauração das planícies inundáveis na, e diques, remoção de, 62
  Ver também Grand Isle (Louisiana); New Orleans (Louisiana)
Lowenstein, Frank, 157
Luov, Richard, 219
Lynas, Mark, 125

Maathai, Wangari, 19
madeira, de reflorestamento, 118.
  Ver também corte de árvores
madeireiras, 167-8, 192
Magnuson, Warren G., 89, 91
manguezais, 137
mata atlântica (Brasil), 110-1, 115
Maumee, rio, 31
McDonald, Rob, 180
McDonald's, 106, 109-10, 198
McDonough, William, 199-200
McHarg, Ian, 177-9
McPhee, John, 66
Mead, lago, 159

Índice remissivo

meio ambiente,
administração do, 112, 224
cidades benéficas ao, 179-80
Memphis (Tennessee), 59
mercado da água, 28, 30-2
mercado de carbono, 153-4, 165-6
Ver também créditos de carbono
mercado de peixes, 78
mercados, 31
Ver também mercado de carbono;
mercado de água
Metropolitan Waterfront Alliance, 169
México, 104, 157-8
cultura de trigo no, 104
e desmatamento, e desenvolvimento
econômico, 166
Mississippi, rio, 57, 60, 76-7, 145
alagamentos, 63-5, 67
e controle de inundação, 63-7
e diques, 63-7, 146, 154-5
e Plano Jadwin, 64-5
e restauração das planícies inundáveis, 68
sistema de comportas, 66
Missouri, rio, 57
Mobile, baía (Alabama), restauração
do recife de ostras em, 139-40
modificação de planta, 124-5
Mollicy Bayou, restauração do, 68-75
Mollicy Farms, 69-74
moluscos, 144-5
Monroe (Louisiana), 70, 71, 74-5
Monterey (Califórnia), 93
Morro Bay (Califórnia), 89, 91-2, 93, 95
e eCatch (sistema de comunicação
eletrônica para barcos pesqueiros),
99-100
e pesca comunitária, 99-100
e pesca diversificada, declínio na, 82-3
e recuperação da pesca, 98-9
sobrepesca na, 80-3
Moss Landing (Califórnia), 93, 94
movimento de conservação, desafios do,
40-1

mudança climática, 19, 57, 67, 76, 222
desmatamento, e desenvolvimento
econômico, relação entre, 165-8
e aumento do nível do mar, 154-5
e capital natural, investimento em, 153
e condições extremas de tempo, 59-60,
68, 156
e créditos de carbono, 163-4
e emissões de carbono, 152-4, 164, 169
e estacionaridade, 155-6
e furacões, 156
e infraestrutura, 169
e pântanos, 154-5
e pesca diversificada, 84
e precificação do carbono, 160-3, 164
e secas, 156-7
e valor da natureza, 156-7
e variação de tempo na, 156
efeitos cascata da, 159
Muddy, rio, 176, 185
Mulholland, William, 23-4, 26
Murray-Darling, bacia do rio, 31
Myers, Norman, 109

Napoleon (Ohio), sopas Campbell em, 31
Nashville (Tennessee), alagamento de, 155-6
NatCap. *Ver* Projeto Capital Natural
natureza
atividade humana é benéfica à, 87-8
e necessidades humanas e empresariais,
relação entre, 40-1
e seres humanos, 218
investimento na, 223
propriedade da, 28
resiliência da, 221-2
tempo na, 219
vs. cidades, 218
Ver também valor da natureza
necessidades humanas e empresariais,
relação entre natureza e, 40-1
Nestlé, 31, 34
New Hampshire, recifes de ostras em, 145

263

Capital natural

nível de ozônio, no Texas, 209-10

NOAA *Ver* Administração Nacional de Oceanos e Atmosfera

Nova Inglaterra
  decreto de calamidade para a pesca, 89-90
  e o Grande Furacão da Nova Inglaterra, em 1938, 156
  e o furacão Irene, 156

Nova Orleans (Louisiana), 62, 64

Nova York, 37
  água em, 41-6
  Central Park, 175
  como capital mundial da ostra, 142
  e água, privada e pública, 48
  e bacias hidrográficas de Catskill, 41-2
  e controle da poluição, 43-6
  e o furacão Sandy, 169
  e o Onze de Setembro, 168-9
  filtragem da água em, 43, 44-5
  floresta urbana em, 175
  infraestrutura verde em, 43, 188
  Projeto Redesigning the Edge em, 169
  restauração do recife de ostras, 147-8
  sistemas de aquedutos em, 42
  Staten Island, 175, 178

Nordhaus, William, 161, 223

NRDC. *Ver* Conselho de Defesa de Recursos Naturais

Oceana, 91

oceanos, 137-8

Ohio, rio, 60

Olmsted, Frederick Law, 175-8, 185, 218

Onze de Setembro, 168-9

Opep, 162-3

Oregon, 90

organismos geneticamente modificados (OGMs). *Ver* culturas de OGMs

organizações ambientais. *Ver* organizações de conservação

organizações de conservação, 172
  apoio para, 218-21

e arrasto, no fundo do mar, 92-3

e conservação urbana, 170

e corporações multinacionais, 191-4, 212-3

e direitos de pesca de espécies de fundo, na Califórnia, 94

e empresas de *commodities*, 117-9

e pescadores, colaboração entre os, e licença de arrasto, 93-6

e vigilantes ambientais, 212-3

vs. indústria pesqueira, 93

orla, erosão da, 146-7

Ostrom, Elinor, 79-80, 85, 132, 136, 138

Ouachita, rio, 60-3, 68-76
  e dique, remoção do, 71-3
  e planícies inundáveis, reconexão com as, 61-2
  e restauração de vegetação de várzea, 68-73

Ouchley, Keith, 70-2

Ouchley, Kelby, 70-2, 74

ouriços-do-mar, 192

paisagista/paisagismo, 175-6
  e conservação ambiental urbana, 172-3
  Ver também infraestrutura verde; Olmsted; McHarg

pântanos
  da costa do golfo, perda de, 67, 146
  e Dow Chemical, 209-12
  e mudança climática, 154

Paquistão, 59, 104

Pará (Brasil), 165

páramo, em Quito (Equador), 47-8, 182, 216

Parceria de Fundos de Água da América Latina, 51

paróquia de St. Bernard, Louisiana, restauração do recife de ostras em, 146

Parque Estadual Blue Springs (Flórida), 31

parques urbanos, 175-7

Paul, Dakio, 131-5

Paulson, Henry M., 201

Índice remissivo

pegada de água, 35-7
   Ver também agricultura, pegada da;
    pegada de carbono
pegada de carbono, 35, 36, 124
   Ver também agricultura, pegada da;
    pegada de água
peixe, como recurso infinito, 87-8
PepsiCo, 33-5
Perez, Beatrice, 201
Peru, 86, 87
pesca
   como benefício ao peixe, 88, 91-2
   completamente explorada ou
    superexplorada, 81
   diversificada, 82-3
   e arrasto/redes de arrasto, 85, 91-3
   e Captura Máxima Sustentável, 86-7
   e decreto de calamidade, 89-90
   e direitos territoriais, 86-7
   e frotas pesqueiras estrangeiras, 86
   e Hábitats de Peixe Essenciais, 91
   e mudança climática, 84
   e recursos comuns, gerindo a, 84-5
   e regras comunitárias da, 131-2
   e sobrepesca, 80-2
   e tragédia dos comuns, 84-5
   sustentável, 79-80
pesca compartilhada, 97
pescadores
   como conservacionistas, 86, 92
   e organizações de conservação,
    colaboração entre, licenças de arrasto,
    93-6
petróleo, compra e venda de, 27
Phoenix (Arizona), 29
Pineville (Louisiana), 185
planície inundável do Mississippi, 60
planícies inundáveis, 59, 77
   e bacia hidrografica, 61
   e diques, 68
   em Monroe (Louisiana), 60
   reconexão com, e rio Ouachita, 61-2
   restauração das, 60-1, 68

restauração das, e diques, remoção dos,
   em Louisiana, 62
restauração das, em Iowa, 57-8, 75-6
restauração das, em Mollicy Bayou,
   68-75
plano de controle de enchentes, 77-8
plantadores de cana, na Colômbia,
   e escassez de água, 39-41
   e fundo para a água, 52-6
Plum Creek Timber, 192
Pohnpei (ilha do Pacífico)
   e reservas marinhas de pesca restrita,
    134, 136-7
   efeitos indiretos em, 135-6
   reservas marinhas em, 134
   restauração do recife de corais na, e
    regras para a pesca comunitária,
    131-5
poluição da água, 151-2, 182-3
poluição de origem não pontual, 43
poluição do ar, 151-2
população, crescimento, 23, 182, 188,
   221
Port Fourchon, 154
pradarias marinhas, conservação e
   restauração, 130-1
precificação do carbono, 153-4, 160-4
Prickett, Glenn, 127
produtos comuns, pegada de água, 36
Programa Cooperativo de Pesquisa e
   Produção de Trigo (México), 104
Programa das Nações Unidas para o Meio
   Ambiente (Pnuma), 202
Projeto Capital Natural (NatCap), 54
Projeto do Vale Central (Califórnia),
   29-30
Projeto Rio Mississippi e Tributários, 65
propriedade
   da água, 24-5, 29
   da natureza, 28-9
propriedade comum, o oceano como, 137
proteção à biosfera, 197
psicologia ambiental, 219-21

Capital natural

Quito, Equador
água em, 46-8
e água, usuários privados e públicos, parceria entre, 49, 51
e florestas, e água, 46-7
fundo da água em, 48-51
páramo em, 46-7, 187
reflorestamento em, 50

Raynor, Bill, 133
reabastecimento da água, e Coca-Cola, 34
recifes, conservação e restauração dos, 130-1
Ver também recifes de corais; recifes de ostras
recifes de corais
e reservas marinhas de pesca restrita, 134, 136-7
e Triângulo de Coral, conservação do, 138-9
na ilha Black Coral, 131-5
restauração dos, 130-1
restauração dos, em Pohnpei, e regras de pesca comunitárias, 131
recifes de ostras
conservação e recuperação dos, 130-1
restauração dos, em Coffee Island (Portersville Bay, Alabama), 147-8
restauração dos, em Grand Isle (Louisiana), 139-41, 143-7
restauração dos, em Nova York, 148
restauração dos, na baía de Chesapeake, 144-5
restauração dos, na baía de Mobile (Alabama), 148
restauração dos, na Lousiana, 130
restauração dos, na paróquia de St. Bernard (Louisiana), 146
restauração dos, no golfo do México, 141-2, 149
recursos comuns, do governo ou privados, 84

recursos naturais
como infinitos, 87-8, 221-2
de livre acesso, 85
e desenvolvimento sustentável, 196-8
mercados para, 31-2
Recursos para o Futuro (RFF), 14
Rede da Pegada de Água (WFN), 37
rede de arrasto/arrasto, 85, 86, 91-5
Rede de Combate pelas Florestas Tropicais (RAN), 212
Redesigning the Edge, projeto (Nova York), 169
Reid, Walt, 202
Reisner, Marc, 30
reflorestamento, em Quito, Equador, 50
Ver também desmatamento
regras de pesca comunitárias, em Pohnpei, 131-5
Reino Unido, 28, 106, 109, 162
represas, 58, 59, 131
reserva de alimento, 105
Reserva Nacional de Vida Selvagem do Alto Ouachita, 70
reservas marinhas de pesca restrita, 134-6
responsabilidade ambiental, e corporações multinacionais, 196-8
responsabilidade ambiental corporativa, 198
Responsabilidade Social Corporativa, 198
restauração ambiental, 196-7
Restore Coastal Alabama, 147-9
retorno econômico dos, 148-9
Revolução Verde, 104
Rio Tinto, 191, 206
rios
controle dos, 61, 75, 77
Ver também os rios individualmente
Rising Tide (Barry), 64
Roosevelt, Theodore, 19
rótulos dos produtos, pegada de água nos, 36-7
Royal Dutch Shell, 197
Rússia, 115
Rybczynski, Witold, 176

Índice remissivo

SABMiller, 34, 35
Salazar, Carlos, 21-3, 35, 37, 39-40
Salton Sea, 27
San Diego (Califórnia), 25-7
Santa Fé (Novo México), 29
Santarém (Brasil), desmatamento e cultura
    da soja em, 107, 109, 113
San Francisco (Califórnia), 180-1
saúde
    custo da, 220-1
    e natureza, tempo na, 219-21
    programas de promoção da, 220-1
SC Johnson, 198
Schmidheiny, Stephan, 197
Schumacher, E. F., 40
Schuylkill, rio, 184
Schwarzenegger, Arnold, 155
Seadrift (Texas), 194
Seattle (Washington), 29
Secretaria de Comércio dos Estados
    Unidos, 89
Serafeim, George, 201
Serviço de Pesca e Vida Selvagem (FWS), 70
Serviço Florestal dos Estados Unidos, 159
Shell Oil, 165
silvicultura
    agrossilvicultura, 121
    e corte de árvores, 166-7
Simon, Julian, 118
sistema de alimentação mundial, 119
sistemas de água, 30-1, 159, 181-2, 185-7
sistemas de aqueduto, em Nova York, 42
Slaughtering the Amazon (Greenpeace), 114
Smith & Hawken, empresa de jardinagem,
    199-200
Sociedade Americana de Engenheiros
    Civis, 67, 181-2
Sociedade Americana pela Ação Climática
    (Uscap), 163
Sociedade de Conservação da Vida
    Selvagem (WCS), 14
South Bronx Sustentável, 172
Staten Island, 175-6, 178

Stevens, Ted, 89

Tapajós, rio, 107
Tata, companhia (Índia), 192
taxa do carbono, 161-3
técnicas de engenharia, e controle de
    alagamento, 68
tecnologia, e agricultura, 123-7, 221
Teeb. *Ver* Economia dos Ecossistemas e da
    Biodiversidade
tempo instável, 58-9, 157-8
Tennessee, 59
Tesalia Springs, companhia (Quito,
    Equador), 49
Texas, 204
    e o Aquífero Edwards, 30
    lei da água no, 32
    mercado da água no, 30-1
    nível de ozônio no, 209-10
    restauração no recife de ostras, 146
*The Big Thirst: The Secret Life and
    Turbulent Future of Water* (Fishman), 31
The Control of Nature (McPhee), 66
The Ecology of Commerce (Hawken), 199
The God Species (Lynas), 125
The Nature Conservancy (TNC), 51, 54, 70,
    153, 172, 188
    e Bolívia, 213
    e Dow Chemical, 193-4, 205-6, 209, 211
    e eCatch (sistema de comunicação
        eletrônica para barcos pesqueiros), 99
    e licenças de arrasto, na Califórnia, 93-6
The New Economy of Nature (Daily), 13
The Triumph of the City (Glaeser), 179
Thoreau, Henry David, 175
Tierra y Libertad (Chiapas, México),
    157-60
TNC. *Ver* The Nature Conservancy
tragédia dos comuns, 84-5
Train, Russell, 11, 178
transbordamento de esgoto combinado
    (CSO), 184, 186-7

transferência de água do campo para
a cidade, 25-7
transparência, e responsabilidade
ambiental corporativa, 198
transtorno de déficit de natureza, 219
Triângulo de Coral, conservação do, 138
Twain, Mark, 63

União Europeia, 153-4, 163
Unilever, 200
Universidade da Pensilvânia,
Departamento de Paisagismo, 178
Universidade de Minnesota, 120
Universidade de Stanford, 54
Urbanism in the Age of Climate Change
(Calthorpe), 173
urbanistas, 41, 57, 78, 172
Usace. *Ver* Corpo de Engenheiros do
Exército dos Estados Unidos
Uscap. *Ver* Sociedade Americana pela
Ação Climática
usinas elétricas, regulamentação das, 163-4

vale aluvial do baixo Mississippi, 70
vale do Mississippi, 63-5
vale Imperial, Califórnia, 26-7
valor da natureza, 14-5, 17-8, 217-8, 221-4
e a água, 21
e a conservação urbana, 174-5
e a Dow Chemical, 203-13
e a mudança climática, 156-7
e as empresas, 34-5
e os mercados, 31
Ver também capital natural; natureza
vantagem competitiva, e Código Florestal
brasileiro, 112
várzea, restauração da, e rio Ouachita, 68-74
vazamento de petróleo, 129, 140-1, 125,
149, 196-7
Venezuela, 115
vigilantes ambientais, 212-3

Walmart, 98, 114, 115, 200
Walden, lago, 175
Washington, DC, 181-2, 187
Washington, estado, 90-1
Water<Less jeans (Levi's), 37
West Roxbury Park (Boston), 176
Whole Foods Inc., 98
Wilber, Charles Dana, 88
Willamette, rio, 60
Wilson, E. O., 218
Winston, Andrew, 200
Worm, Boris, 82-3
WWF. *Ver* Fundo Mundial para a Vida
Selvagem

Xerox, 200

Yangtzé, rio, 60, 76
Young, Michael, 31

Zambezi, rio, 76